경찰학개론 Ⅰ

남재성 · 이정덕

도서출판 대영문화사

머리말

행정학과 사회과학의 일부분으로 여겨지던 경찰학이 눈부신 학문적 발전과 팽창으로 영역을 확대해 가고 있다. 또한 전문성도 인정받고 있다. 이러한 경찰학의 성장 배경에는 학문적 토대를 만들기 위해 다양한 노력을 아끼지 않은 여러 교수님의 노력과 학생들의 탐구열이 있다.

그런데, 최근 경찰학개론은 큰 문제에 봉착하고 있다. 학문적 역량과 위상을 높이기 위한 학문적 영역의 발전이 중요한 가운데에서 경찰공무원 채용고시에 대한 부담이 그것이다. 따라서 대학이나 연구자 입장에서는 이론적 부분에 모든 역량을 투입할 수도, 그렇다고 수험과 관련된 부분에 모든 역량을 투입할 수도 없는 상황이다. 더구나 이러한 고민은 경찰학을 공부하는 학생들의 입장에서도 마찬가지이다.

따라서 이번 『경찰학개론』은 학문적 영역의 내용의 발전과 함께 경찰공무원을 준비하는 수험생들에게도 동시에 도움이 될 수 있는 방안을 찾는 가운데에서 집필 작업을 시작했다. 즉, 이론적 내용과 함께 경찰공무원 채용고시에도 적용될 수 있는 교과서가 필요하다는 믿음에서 출발한 것이다.

이러한 과정을 통해 이번 『경찰학개론』은 Ⅰ, Ⅱ라는 두 가지로 분리하여 서술했다. 『경찰학개론』Ⅰ은 흔히 총론으로 불리는 내용으로 경찰의 개념 및 역사, 비교경찰론, 경찰관계법, 경찰관리 등이 포함되었다. 반면에 『경찰학개론 Ⅱ』는 주로 실무상의 내용으로 생활안전, 수사, 경비, 교통, 정보, 보안, 외사 등 경찰의 일선 현장에서 직무를 수행하기 위해 필요한 내용들로 구성했다.

원고를 마무리하고 나니 저자들에게는 아직도 많은 아쉬운 점, 부족한 점이 보인다. 하지만, 이번 교재를 통해 경찰학을 공부하는 학생들이 좀 더 쉽게 이론에 접근하고 경찰공무원의 원대한 꿈에 좀 더 쉽게 한 걸음 더 나아갈 수 있기를 기대한다. 아울러 이 책에서 미처 담지 못한 내용과 부족한 내용은 시간을 두고 지속적인 보완을 해 나갈 방침이다.

끝으로 금번『경찰학개론』이 발간되기까지 너무나 많은 격려와 관심을 보여주신 동국대 이윤호 교수님과 경기대 이민식 교수님, 그리고 한세대 신현기 교수님과 원주 한라대 장노순 교수님, 강원도립대 이강훈 교수님께 진심으로 감사의 말씀을 올린다. 아울러 무엇보다 두 저자의 든든한 버팀목이 되어준 사랑하는 가족들에게 사랑의 말씀을 드리고 싶다.

2013년 2월

원주 한라대 교양관 연구실에서

남재성 · 이정덕

차 례

머리말 / 3

제 1 장 경찰과 경찰학 ………… 11

제 1 절 경찰의 개념 ………… 11

1. 경찰 개념 정립의 필요성 / 11
2. 경찰 개념의 역사적 변천 과정 / 12
3. 경찰 개념의 구분 / 17
4. 경찰의 종류 / 19

제 2 절 경찰의 기본적 임무 및 수단 ………… 23

1. 경찰의 기본적 임무 / 23
2. 경찰의 수단 / 31
3. 경찰권(경찰활동의 기초) / 33
4. 경찰의 관할(경찰권의 범위) / 36
5. 경찰활동의 유형과 법적 성질 / 39

제 2 장 한국 경찰의 역사와 제도 ………… 41

제 1 절 갑오개혁 이전의 경찰제도 ………… 41

1. 개관 / 41
2. 부족국가 시대 / 41
3. 삼국 시대 / 44

4. 통일신라 시대 / 46
5. 고려 시대 / 46
6. 조선 시대 / 49

제 2 절 갑오개혁~한일합병 이전의 경찰 50
1. 개관 / 50
2. 갑오개혁과 근대 경찰의 창설 / 51
3. 광무개혁과 경부경찰 체제 / 53
4. 을사조약과 한국 경찰권의 박탈 / 53

제 3 절 일제 식민지기의 경찰 55
1. 개관 / 55
2. 조선총독부의 설치 / 56
3. 헌병경찰제도(1910~1919) / 56
4. 보통경찰제도(1919~1945) / 57

제 4 절 미군정기의 경찰 58
1. 개관 / 58
2. 경찰제도의 정비 / 59
3. 미군정기 경찰의 특징 / 61

제 5 절 정부 수립 이후 1991년 경찰법 제정 이전의 경찰 61
1. 개관 / 61
2. 1948년~1974년(내무부 산하의 치안국 시대 / 62
3. 1974년~1991년 이전(내무부 산하의 치안본부 시대) / 64

제 6 절 1991년 경찰법 제정과 경찰청 체제 65
1. 경찰법 제정 / 65
2. 경찰법 제정의 의의 / 65

제 3 장 외국 경찰의 역사와 제도 67

제 1 절 경찰의 개념 67

제 2 절 경찰제도의 세 가지 패러다임 67
1. 개요 / 67
2. 경찰제도의 세 가지 패러다임 / 68

제 3 절 영국의 경찰 70

1. 영국 경찰의 역사 / 70
2. 영국의 경찰조직 / 76

제 4 절 미국의 경찰 …… 82
1. 미국 경찰의 역사 / 82
2. 미국의 경찰조직 / 85

제 5 절 독일의 경찰 …… 91
1. 독일 경찰의 역사 / 91
2. 독일의 경찰조직 / 93

제 6 절 프랑스의 경찰 …… 96
1. 프랑스 경찰의 역사 / 96
2. 프랑스의 경찰조직 / 97

제 7 절 일본의 경찰 …… 101
1. 일본 경찰의 역사 / 101
2. 일본의 경찰조직 / 104

제 4 장 경찰행정과 그 법적 토대 …… 107

제 1 절 법치행정 …… 107
1. 법치행정의 의의 / 107
2. 법치주의의 내용 / 108
3. 경찰활동에서의 법치주의(법과 경찰활동과의 관계) / 109

제 2 절 경찰법의 법원 …… 109
1. 의의 / 109
2. 경찰법의 특색 / 110
3. 성문 법원 / 112
4. 불문 법원 / 113
5. 경찰법 법원의 효력 / 113
6. 훈령의 법원성 여부 / 115

제 3 절 경찰조직법 …… 115
1. 기초 개념 / 115
2. 경찰조직법 / 127

제 4 절 경찰공무원법 …… 136

1. 서설 / 136
2. 경찰공무원의 근무 관계 / 140
3. 불이익처분에 대한 구제제도(권익보장제도) / 147
4. 경찰공무원의 권리와 의무 및 책임 / 152

제 5 절 경찰작용법 165
1. 서설 / 165
2. 경찰권의 근거와 한계 / 166
3. 경찰작용의 유형 / 174
4. 경찰강제와 경찰벌 / 182
5. 경찰관직무집행법 / 189

제 5 장 경찰관리 202

제 1 절 경찰관리의 의의 202
1. 경찰관리의 개념 / 202
2. 경찰관리의 효율화 / 202
3. 경찰관리자의 역할과 자세 / 203

제 2 절 경찰조직관리 207
1. 경찰조직의 의의 / 207
2. 관료제 / 208
3. 경찰조직의 편성 원리 / 210

제 3 절 경찰인사관리 216
1. 인사관리의 의의 / 216
2. 근무성적평정 / 221
3. 사기관리 / 224
4. 교육훈련 / 229

제 4 절 예산관리 231
1. 예산의 의의 / 231
2. 예산의 종류 / 232
3. 경찰예산의 편성 및 집행 / 233
4. 결산 및 회계 관계 경찰공무원의 책임 / 237
5. 예산제도 / 238

제 5 절 경찰 홍보 240

1. 경찰 홍보의 의의 / 240
2. 경찰 홍보의 특성 및 일반 원칙 / 241
3. 현행 경찰 홍보조직 / 242

제 6 절 기타 관리 ········ 243

1. 장비관리 / 243
2. 경찰보안관리 / 246

제 6 장 경찰에 대한 통제 ········ 253

제 1 절 경찰통제의 의의 ········ 253

1. 행정책임 / 253
2. 경찰책임 / 253
3. 경찰통제의 의의 / 254
4. 경찰통제의 필요성 / 254

제 2 절 경찰통제의 기본 요소 ········ 255

1. 권한의 분산 / 255
2. 공개 / 256
3. 참여 / 257
4. 책임 / 258
5. 환류 / 258

제 3 절 통제의 유형 및 장치 ········ 259

1. 민주적 통제와 사법적 통제 / 259
2. 사전적 통제와 사후적 통제 / 260
3. 내부적 통제와 외부적 통제 / 261

제 7 장 한국 경찰의 향후 과제 ········ 265

제 1 절 경찰제도의 개혁 ········ 265

1. 행정개혁 / 265
2. 경찰제도의 개혁 / 268

제 2 절 수사구조의 개혁 ········ 270

1. 개관 / 270
2. 외국의 경찰수사권 / 271
3. 우리나라의 경찰수사권 / 274

4. 수사권 조정 찬반론 / 277
제 3 절 통합 경찰작용법의 제정 279
1. 필요성 / 279
2. 현행 경찰관직무집행법의 문제점 / 280

참고 문헌 / 282
찾아보기 / 286

Chapter 01

경찰과 경찰학

제 1 절 경찰의 개념

1 경찰 개념 정립의 필요성

경찰의 개념은 역사성을 띠고 있으며, 국가마다 고유한 전통과 사상이 반영된 것이어서 일률적으로 정의하기에는 어려움이 있는 등 역사성과 다양성을 가지고 있다.

그럼에도 불구하고 경찰 개념의 형성과 변천사를 연구함으로써 경찰의 탄생 과정과 역사상의 경찰 기능을 이해할 수 있고, 이를 통해 오늘날의 경찰의 존재 이유와 미래의 나아갈 방향을 설정하는 데 기여할 수 있다.

또한 경찰 개념의 정립을 통해 경찰의 정체성을 확립할 수 있고, 이를 통해 경찰 구성원들에게 경찰의 존재 목적과 역할을 인식시켜 정당한 직무수행을 가능하게 할 수 있다.

2 경찰 개념의 역사적 변천 과정

경찰(police 또는 polizei)이라는 용어는 라틴어의 politia에서 유래한다.

1) 대륙법계 국가의 경찰 개념: 경찰 개념의 축소 과정

(1) 고대국가

politia는 도시국가(polis)에 관한 일체의 정치로서, 국가 · 국헌(國憲) · 국가활동 전체를 의미했다(이황우, 2002: 4).

(2) 중세국가

중세국가 시대인 14세기 말 프랑스에서 경찰(la police)이라는 개념은 국가 목적 · 국가작용 · 국가의 평온한 질서 있는 상태를 의미했다. 이러한 개념이 15세기 말 독일에 계수되어 종래 봉건제후의 통치권으로서 전통적으로 인정되던 재판권, 입법권, 과세권 등 영주고권의 체제에 경찰권이 접목되기에 이르렀다.

16세기에는 독일의 제국경찰법(1530)에 의해 경찰의 개념은 국가작용 중 교회행정의 권한을 제외한 일체의 국가작용을 의미하게 되어, 경찰은 세속적인 사회생활의 질서를 공권력에 의해 유지하는 작용으로 축소되었으며, 경찰권은 절대주의적 국가 권력의 기초가 되었다.

(3) 경찰국가(17세기)

중세국가 이후 왕권신수설과 군주주권론에 바탕을 둔 절대군주 체제가 성립됨에 따라 절대군주가 경찰로써 통치권의 전반을 행사하는 경찰국가 시대가 전개되었다. 이 시기에는 국가활동이 점차 분업화 · 전문화되어 감에 따라 종래 경찰 개념 속에 포함되었던 외교 · 군사 · 재정 · 사법(司法)작용 등이 경찰에서 분리되어, 경찰은 사회 공공의 안녕과 복지에 직접적으로 관계되는 내무행정 전반을 의미하게 되었다. 따라서 내무행정에 관한 국가의 임무, 즉 경찰은 소극적인 사회 질서 유지뿐만 아니라 적극적인 복지 증진을 위해서도 강제력을 행사하는 작용으로 이해되었다.

경찰관을 포함한 모든 관료는 절대군주의 권력에 복종·헌신하여 절대군주제의 유지·강화에 기여했으며, 반면 국민에 대해서는 전제적·포괄적인 권한에 근거하여 법적 구속이나 재판 통제도 받지 않고 일방적으로 국민 생활 전반에 간섭하고 지배하는 체제였다.

(4) 자유주의적 법치국가(18세기 후반 이후)

18세기 중반 계몽주의사상의 영향으로 자연법사상 및 사회계약설에 기초한 국민주권론이 등장하고, 미국의 독립혁명(1776)·프랑스혁명(1789)을 계기로 시민의 자유 및 인권 존중을 이념으로 하는 권력분립주의와 법치주의가 성립되어 군주의 권력도 법의 구속을 받는 법치국가 시대가 도래했다.

이에 따라 경찰국가하에서는 국왕의 절대적인 경찰권의 객체에 지나지 않았던 시민이 그 주체성을 회복하고, 경찰 분야에서도 적극적인 복지경찰 분야가 제외되면서 경찰은 내무행정 중에서도 소극적으로 사회 질서 유지를 위한 위험 방지 작용만을 의미하게 되었다(김상호 외, 2004: 4-5).

한편, 제2차 세계대전 후 독일에서는 '비경찰화(탈경찰화)' 작업이 이루어졌다. 연합국은 히틀러의 나치독일 시대에 국가경찰기관에 집중되었던 소방·영업·도로·위생·건축 등의 사무를 경찰로부터 분리하여 일반행정기관의 사무로 이관하는 조치를 취했는 바, 이로써 경찰은 사회 공공의

핵심 대륙법계 국가에서 경찰 개념에 대한 중요 사례 - 경찰의 임무를 소극적 질서 유지를 위한 위험 방지에 국한시킴

- 1776년 – Johann Stephan Pütter: 복지의 증진은 본래 경찰의 임무가 아니다."
- 1794년 – 프로이센 일반주법: "공공의 평온·안녕 및 질서를 유지하고 또한 공중 및 그의 개개의 구성원들에 대한 절박한 위험을 방지하기 위해 필요한 조치를 취하는 것이 경찰의 직무이다."
- 1795년 – 프랑스 경죄처벌법전(죄와 형법법전): "경찰은 공공의 질서, 개인의 자유·재산·안전을 유지함을 그 임무로 한다."
- 1882년 – 크로이츠베르크 판결(Kreuzberg-Urteil): 독일의 프로이센 고등행정법원이 베를린의 크로이츠베르크 언덕에 있는 전승기념비의 조망을 확보하기 위해 주변 토지에 대한 건축물의 높이를 제한한 베를린 경찰청장의 명령에 대해 그러한 명령은 심미적 이유로 내려진 것으로 복지의 증진을 목적으로 하는 것이므로 무효라고 함으로써, 경찰의 임무는 소극적인 위험 방지에 한정된다고 하는 사상이 법해석상 확정되는 계기가 되었다.

그림 1-1 크로이츠베르크 판결의 원인이 되었던 베를린 전승기념탑

핵심 비경찰화

- 범죄 예방과 검거 등 보안경찰 이외의 다른 행징경찰사무, 즉 영업경찰 · 건축경찰 · 위생경찰 · 환경경찰 등의 사무를 다른 행정관청의 사무로 이관하는 것을 말한다.
- 비경찰화의 대상 사무는 협의의 행정경찰사무이다.
- 비경찰화는 학자에 따라 '탈경찰화'라는 용어로 쓰이기도 한다.

핵심 대륙법계 국가에서의 경찰 개념 변천 요약

시기	경찰 개념	특징
고대국가	도시국가(polis)에 관한 일체의 정치, 국정 전반	경찰과 다른 국가작용의 미분화
중세국가	교회행정의 권한을 제외한 모든 국가작용	
경찰국가	외교, 군사, 재정, 사법(司法)을 제외한 일체의 내무행정 전반 (소극적 질서 유지 + 적극적 복리 증진)	경찰과 다른 국가작용의 분화
법치국가	• 내무행정 중 소극적인 질서 유지 및 위험 방지작용 (적극적 복리 증진작용은 제외) • 제2차 세계대전 후 '비경찰화' → 협의의 행정경찰사무를 제외한 보안경찰작용	

안녕과 질서 유지라는 보안경찰 임무로 더욱 축소되었다.

(5) 대륙법계 경찰 개념의 특징

대륙법계 경찰 개념의 특징으로는 첫째, 경찰권이라고 하는 통치권적 개념을 전제로 하여(즉, 국왕의 절대적 권력으로부터 유래하는 경찰권을 전제로 하여) 그 발동 범위와 성질을 기준으로 경찰 개념이 형성되었으며, 역사적으로 축소를 거듭해 왔다는 점이다.

둘째, 대륙법계에서의 경찰이란 국민의 자유·권리 등을 제한하는 소극적 기능이라고 보고, "사회 공공의 안녕과 질서를 유지하기 위해 일반 통치권에 의거하여 국민에게 명령·강제함으로써 그 자연적 자유를 제한하는 작용"이 경찰이라고 보았다.

셋째, 권력적·명령적·강제적 요소가 있는 국가 기능을 경찰이라고 봄으로써 공공의 안녕과 질서의 유지에 관계되고 그 작용이 명령적·강제적일 때에는 모두가 경찰에 해당된다고 보게 되어 경찰 개념을 확장하게 되었다.

넷째, 권력에 봉사하는 경찰과 시민이 대립하는 구도하에서 경찰과 국민과의 관계는 권력 실행적 관계에 있게 되며, 그 지위·역할 등이 수직적 관계에 놓이게 되었다.

다섯째, 이와 같은 배경에서 일반 조항에 의한 경찰권의 발동을 억제하고자 경찰권 발동의 한계이론이 형성되었다고 할 것이다.

2) 영·미법계 국가의 경찰 개념: 상대적 확대의 과정

영·미법계에서는 시민자치권의 일종으로 경찰 개념이 형성되었으며, '경찰은 무엇인가'라는 문제보다는 '경찰은 무엇을 하는가', 즉 영·미의 경찰 개념은 주권자인 시민으로부터 자치 권한을 위임받은 조직체로서의 경찰이 시민의 안전을 위해 수행하는 기능 또는 역할을 중심으로 형성되었다.

이에 의하면, 경찰이란 사회 공공의 질서를 유지하고 범죄와 위해로부터 국민 개개인의 생명과 재산을 보호하며 다양한 공공 서비스를 제공해 주는 것이라고 한다. 이를 위한 경찰 목적 달성의 수단과 방법은 반드시 권력작용에 국한되지 않고, 계몽·지도하거나 다양한 서비스를 제공하여 봉사하는 것을 포함한다.

핵심 대륙법계와 영·미법계의 비교

구분	대륙법계	영·미법계
경찰권의 기초	• 일반통치권	• 자치권
경찰 개념	• 경찰권의 성질 내지 발동 범위를 기준으로 형성 • 공권력을 통한 사회 공공의 안녕·질서 유지 중심	• 경찰의 역할·기능 기준으로 형성 • 법집행 및 다양한 서비스 제공을 통한 시민 개개인의 생명·재산 보호 중심
경찰과 시민과의 관계	• 경찰권(규제)과 시민권(자유)의 대립 • 시민은 경찰권의 객체(수직적·대립 관계)	• 시민으로부터 위임받은 경찰권 • 상호 협력·동반자 관계(수평적 관계)
발전 과정	• 경찰권 발동 범위 축소·제한의 역사 • 경찰권 발동의 조리상 한계이론 형성 (일반조항에 의한 경찰권 발동 억제 목적)	• 경찰활동 범위 확대 경향: 적극적인 공공 서비스 제공(community policing)
양자의 종합 (현대적 입장)	• 경찰이란 공공의 안녕과 질서를 유지하기 위한 조직체로서, 주권자인 시민을 위해 때로는 명령·강제 등 권력적 수단이나 수사 권한을 동원하여 법을 집행하고, 때로는 서비스를 통해 적극적으로 봉사하는 임무를 수행하는 활동	

3) 한국의 경찰 개념

(1) 개념 형성 과정

한국에서 근대적 경찰 개념 및 제도가 도입된 것은 갑오경장(1894) 이후이다. 당시 프랑스에서 1795년 제정된 「경죄처벌법전」은 일본에서 1875년 「행정경찰규칙」의 모범이 되었고, 이를 모델로 하여 한국의 「행정경찰장정」이 1894년에 제정되었다. 이 법은 1953년 「경찰관직무집행법」이 제정되기까지 존속했는바, 「경찰관직무집행법」의 원전(原典)은 프랑스의 「경죄처벌법전」이라고 할 수 있다. 그러므로 한국 경찰의 뿌리는 대륙법계에 그 기반을 두고 있는 것이다. 특히, 이후에도 일제 식민지 지배 과정을 통해 대륙법계의 경찰 개념과 제도를 수용한 일본의 영향을 받아 대륙법계의 경찰 개념이 도입되었다.

그러나 제2차 세계대전 후에는 해방과 더불어 미국의 영향을 받았으며, 미국의 경찰 개념을 수용한 일본의 1947년 「경찰관 등 직무집행법」이 한국의 1953년 「경찰관직무집행법」 제정에 영향을 미쳤다(신현기 외, 2012: 27).

(2) 경찰 개념의 특징

한국의 경찰 개념상 특징은 혼합적 개념이라는 점이다. 즉, 대륙법계의 공권력을 통한 사회 질서 유지 중심의 경찰 관점과 영·미법계의 민주주의적 이념에 따른 시민의 생명과 재산 보호의 경찰 관점이 혼합되어 있다는 것이다. 특히, 해방 이후에는 한국에서도 연합국(미국)에 의해 '비경찰화'가 추진되었으며, 영·미법계의 영향으로 1953년 「경찰관직무집행법」에 국민의 생명·신체·재산 보호 이념이 도입되기도 했다.

3 경찰 개념의 구분

1) 형식적 의미의 경찰

형식적 의미의 경착 개념은 경찰작용의 성질과는 무관하게 담당기관을 기준하여 법적·제도적으로 파악한 개념이다. 실정법상(정부조직법, 경찰법, 경찰관직무집행법 등) 보통경찰기관에 분배되어 있는 임무를 달성하기 위해 행해지는 경찰활동을 의미한다. 즉, 실정제도상 보통경찰기관(경찰청장·지방경찰청장·해양경찰청장·경찰서장·해양경찰서장)의 권한에 속하는 모든 작용을 말한다.

그런데, 경찰의 범위를 실정법상 어떻게 규정할 것인가의 문제는 각 국가의 전통이나 현실적 환경에 따라 다르다(입법정책상의 문제). 즉, 형식적 의미의 경찰 개념에 입각한 경찰활동의 범위는 나라마다 차이가 있을 수 있다. 이와 관련하여 한국에서 형식적 의미의 경찰 개념에만 속하는 작용은 정보경찰활동, 보안경찰활동, 범죄의 수사 등 사법경찰활동, 경찰의 서비스적 활동(김남진, 2002: 16-17) 등이다.

2) 실질적 의미의 경찰

실질적 의미의 경찰 개념은 담당기관을 불문하고, 작용의 성질을 기준하여 이론적·학문적으로 파악한 개념이다. 이러한 관점에서는 보통경찰기관의 소관에 속하거나 다른 행정기관의 소관에 속하거나 간에 일정한 성질의 작용을 경찰이라고 한다. 즉, "사회 공공의 안녕과 질서를 유지하기 위해 일반통치권에 의거해서 일반 국민에게 명령·강제하는 권력적 작용"을 모두 의미한다.

실질적 의미의 경찰 개념은 학문상 정립된 개념으로 이른바 '일반조항'의 존재를 전제로 경찰관청에 대한 권한의 포괄적 수권과 법치국가적 요청을 조화시키기 위해 구성된 도구 개념이다. 경찰권 발동의 한계론도 이와 같은 배경에서 형성된 것이다. 따라서 실질적 의미의 경찰 개념에만 속하는 작용에는 건축 허가와 같은 건축 경찰활동, 위생 또는 영업 경찰활동, 산림, 경제, 풍속 활동(김남진, 2002: 17-18) 등이 있다.

핵심 실질적 의미의 경찰 개념 요소

1. 권력적 기초: 실질적 의미의 경찰은 일반통치권에 의거한 활동이다.
   ⇒ 특별권력 관계에 기초한 특별권력에 의거하여 명령·강제하는 활동(의원경찰·법정경찰)과는 구별된다.
2. 목적: 실질적 의미의 경찰은 소극적으로 일반 사회 공공의 현재 및 장래의 안녕과 질서를 유지함을 목적으로 하는 사회 목적적 작용이다.
   ⇒ 국가 자체의 존립과 안전을 직접 목적으로 하는 외교·재정·군사 등의 국가 목적적 작용과 구별된다.
   ⇒ 공공복리의 증진을 위한 적극적인 작용(예: 유료도로의 요금납부명령)은 이에 해당하지 않는다.
   ⇒ 특별권력 관계 내부의 질서 유지를 목적으로 하는 작용(의원경찰·법정경찰)과 구별된다.
   ⇒ 사인 상호간의 법률 관계의 질서 유지를 목적으로 하는 민사작용과 구별된다.
   ⇒ 과거의 범법행위에 대해 제재로써 형벌을 가하는 것을 목적으로 하는 형사작용과 구별된다.
3. 수단: 실질적 의미의 경찰은 권력으로 국민에게 명령·강제하는 작용이다 (예: 보행위반자 단속, 교통법규 위반 차량 적발, 통행 금지의 해제 등).
   ⇒ 비권력적 수단에 의한 작용(예: 서비스 활동, 도로 안전표지의 수리 등)은 해당되지 않는다.

참고 **의원경찰과 법정경찰**

- 의원경찰: 국회의장이 국회의 원내 질서를 유지하기 위해 국회의원이나 방청인 기타 원내에 있는 자에 대해 실력으로써 명령·강제하는 작용이다(국회법 제143조).
- 법정경찰: 법정의 질서를 유지하고 심판의 방해를 제지·배제하기 위해 법원(재판장)이 행하는 권력작용을 말한다(법원조직법 제58조). 이는 실질적으로 경찰작용이 아니라 재판작용이라 할 것이다.
- 양자의 성질: 의원경찰이나 법정경찰은 모두 경찰이라는 말로 불리지만 형식적 의미의 경찰이 아니며 또한 일반통치권을 전제로 하지 않고 부분 사회의 내부 질서 유지 목적의 활동이므로 실질적 의미의 경찰작용에도 해당되지 아니한다.

4 경찰의 종류

1) 행정경찰과 사법경찰

행정경찰과 사법(司法)경찰이란 경찰공무원이 직무를 수행하는 목적에 따라서 구분되는 개념이다.

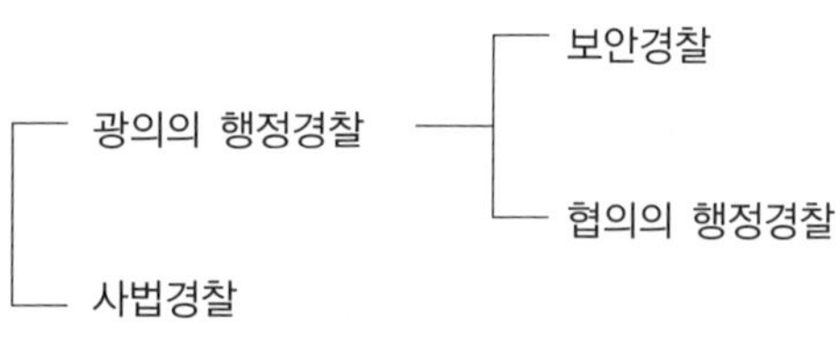

그림 3-1 행정경찰과 사법경찰의 모형도

(1) 분류 기준 및 연혁

행정경찰과 사법경찰은 경찰활동의 직접적인 목적과 3권분립 사상에 의해 구분되는 개념이다. 양자의 구별은 3권분립의 사상에 투철했던 프랑스에서 확립된 것으로 대륙법계 국가에서 보편화되었다. 프랑스 경죄처벌법전 제18조는 "행정경찰은 공공 질서 유지·범죄 예방을 목적으로 하고 사법경찰은 범인의 수사·체포를 목적으로 한다"라고 규정함으로써 처음으로 법제화했다. 따라서 영·미법계에서는 이러한 구분이 존재하지 않는다.

(2) (광의의) 행정경찰과 사법경찰(수사경찰)

(광의의) 행정경찰 개념은 사회 공공의 안녕과 질서를 유지하는 권력작용인 실질적 의미의 경찰 개념이다. 따라서 광의의 행정경찰 개념에는 교통 · 풍속 · 경비 · 영업 · 소방 · 해양 경찰활동 등의 보안경찰 개념과 환경 · 건축 · 보건 · 철도 · 산림 경찰활동 등 협의의 행정경찰 개념이 모두 포함된다.

반면에 사법경찰(수사경찰)은 범죄를 수사하고 범인을 체포하는 권력작용으로 실질적으로는 사법작용(형사사법권의 보조적 작용)이며, 형식적 의미의 경찰에 해당한다.

(3) 한국에서 양자의 관계

- 행정경찰은 공공 질서의 유지 · 범죄 예방을 목적으로 하고, 사법경찰은 범죄의 수사 · 체포를 목적으로 한다.
- 행정경찰은 사회에 야기된 현재 및 장래의 사태에 대해 발동하는 작용이지만, 사법경찰은 과거의 사태에 대한 작용이다.
- 행정경찰은 행정법의 일반 원칙과 각종 경찰법에 의해 작용하지만, 사법경찰은 형사소송법에 의해 권한을 행사한다.
- 행정경찰의 사무는 경찰청장의 지휘 · 감독을 받지만, 사법경찰의 사무는 검사의 지휘 · 감독을 받는다.
- 행정경찰은 실질적 의미의 경찰에 해당하고, 사법경찰은 형식적 의미의 경찰에 해당한다.
- 우리나라에서는 조직법상으로는 행정경찰과 사법경찰로 구분되어 있지 않으며, 보통경찰기관이 양 사무를 모두 담당한다(이황우, 2002: 10-11).

2) 보안경찰과 협의의 행정경찰

보안경찰과 협의의 행정경찰의 구분 기준은 업무의 독자성이다. 보안경찰은 사회 공공의 안녕 · 질서를 유지하기 위해 다른 종류의 행정작용에 부수되지 아니하고 오직 경찰작용만이 독립하여 행정의 일부분을 구성하고 있는 것을 말한다. 대표적인 예로는 교통경찰, 풍속경찰, 방범(생활안전)경찰, 소방경찰, 해양경찰 등이 있으며, 경찰청장 또는 해양경찰청장, 광역자치단체장(소방)의 소관 사무이다.

협의의 행정경찰은 다른 행정작용(예: 건축행정 · 보건행정 등)에 부수하여 그 다른 행정 분야에서 생길 수 있는 사회 공공의 안녕과 질서를 유지하기 위해 행해지는 작용을 말한다(이황우, 2002: 11-12). 대표적인 예로는 건축경찰, 위생경찰, 산업경찰, 산림경찰, 관세경찰, 철도경찰, 경제경찰 등으로 해당 주무부처 장관의 소관사무이다.

3) 예방경찰과 진압경찰

예방경찰과 진압경찰의 구분 기준은 경찰권 발동 시점이다. 예방경찰은 사전에 경찰상의 위해(危害)의 발생을 방지하기 위한 작용으로 행정경찰보다는 좁은 개념으로 방범순찰, 정신착란자의 보호 조치, 총포 · 화약류 등의 취급 제한, 전염병에 걸린 가축 등의 도살 처분 등이 해당한다.

진압경찰은 이미 발생한 경찰상의 위해를 제거하기 위한 권력적 작용으로 범죄의 제지 · 진압 · 수사, 피의자 체포 등이 포함된다.

4) 질서경찰과 봉사경찰

질서경찰과 봉사경찰의 구분 기준은 경찰활동의 질과 내용이다. 질서경찰은 강제력을 수단으로 사회 공공의 안녕과 질서 유지를 위해 법집행을 주로 하는 경찰활동으로 범죄 수사 · 진압, 경찰상 즉시강제, 교통 위반자에 대한 처분(범칙금 통고처분, 면허 취소) 등이 포함된다.

반면에 봉사경찰은 강제력이 아닌 서비스 · 계몽 · 지도 등을 통해 경찰직무를 수행하는 경찰활동으로 방범 지도, 청소년 선도, 교통정보의 제공, 지리 안내, 방범순찰, 수난 구호 등이 있다(이황우, 2002: 12).

5) 평시경찰과 비상경찰

평시경찰과 비상경찰은 공공의 안녕과 질서에 대한 위해의 정도, 적용법규, 위해를 제거할 담당기관에 따라 구분된다. 평시경찰은 일상적 상태에서 보통경찰기관이 일반경찰법규에 따라 행하는 경찰작용을 말한다.

비상경찰은 주로 군대로서 전국 또는 어느 한 지방에 비상사태가 발생하여 계엄령 또는 위수령이 선포될 경우에 군대가 병력으로 공공의 안녕과 질서를 유지하기 위해 행정사무의 일환으로 경찰사무를 관장하는 경우를 말한다. 비상경찰이 경찰사무를 관장하는 경우는 계엄령과 위수령이 대표적인바, 계엄령은 전시·사변 또는 이에 준하는 국가비상사태에서 병력으로써 사태를 진압할 필요가 있거나 공공의 안녕·질서를 유지할 필요가 있을 때에 「계엄법」에 따라 대통령이 선포한다. 위수령은 재해 또는 비상사태 시에 시·도지사로부터 병력 출동의 요청을 받은 위수사령관이 육군참모총장의 승인을 얻어 이에 응할 수 있다(「위수령(대통령령)」 제12조).

6) 국가경찰과 자치경찰

국가경찰과 자치경찰은 경찰 유지의 권한과 책임의 소재에 따라 구분된다.

(1) 국가경찰

국가경찰은 국가가 설립하고 관리하는 경찰, 즉 경찰의 조직권·인사권·경비 부담 책임 및 사회 질서 유지 책임을 국가가 부담하는 경찰제도를 말한다. 제도상의 장점으로는 조직의 통일적 운영으로 명령 계통의 일원성 유지, 경찰활동의 능률성 및 기동성 확보, 다른 행정 부문과의 긴밀한 협조·조정의 원활, 전국적으로 균등한 경찰 서비스의 제공 가능, 전국적인 통계 자료의 정확성 등이 있다. 반면에 단점으로는 각 지방의 특수성 및 창의성 저해, 지역 주민과 멀어지고 관료화될 우려, 정부의 특정 정책의 수행에 이용되어 본연의 임무를 일탈할 우려 등이 있다.

(2) 자치경찰

자치경찰은 지방자치단체가 설립하고 관리하는 경찰, 즉 경찰의 조직권·인사권·경비 부담 책임 및 사회 질서 유지 책임을 지방자치단체가 부담하는 경찰제도를 말한다(이상안, 1999: 238). 제도상의 장점으로는 각 지방 특성에 맞는 경찰행정이 가능하고, 주민의 인권 보장과 민주성 보장으로 주민의 지지를 받기가 용이하며, 지역 주민에 대한 경찰의 책임감이 높고 자치단체별로 독립된 조직이므로 조직 및 운영의 개혁이 용이하다. 단점으로는 전국적·광역적 활동에 부적합하고, 다른 경찰기관과의 협조·응원 체제가 곤란할 뿐만 아니라 지방 세력가의 경찰행정 개입으로 경찰 부패가 초래될 가능성이 크며, 전국적인 통계 자료의 정확성을 기하기 힘들다는 것이다.

한편, 현재 한국에서는 제주특별자치도에 한해 전국 유일의 자치경찰제가 시행되고 있다.

제 2 절 경찰의 기본적 임무 및 수단

1 경찰의 기본적 임무

경찰의 임무는 행정조직법상의 경찰기관을 전제로 한 것이다. 그러나 우리나라는 작용법인 경찰관직무집행법에 조직법적인 임무 규정이 포함되어 있는 특색이 있다. 국민의 생명·신체·재산의 보호, 범죄의 예방 등은 공공의 안녕의 한 요소를 이루는 것으로, 궁극적으로는 공공의 안녕과 질서에 대한 위험의 방지가 경찰의 기본적 임무라고 할 수 있다.

경찰은 공공의 안녕과 질서 유지라는 소극적 목적을 위해 발동되는 작용이며, 적극적으로 공공복리를 위해서는 활동할 수 없다. 어떠한 법익에 대한 손해가 발생한 경우에는 경찰 위반의 상태가 되고, 그것이 형법이나 행정법규에 위배되는 범죄 구성 요건을 충족시키는 경우에는 경찰 수사의 대상이 된다.

오늘날 경찰에게는 질서 유지, 범죄의 수사와 같은 전통적인 법집행적 임무뿐만 아니라, 적극적인 서비스 지향적 활동을 통해 국민에게 봉사하는 역할의 중요성이 강조되고 있다. 오늘날 경찰의 세 가지 기본 임무로는 공공의 안녕과 질서에 대한 위험의 방지, 범죄의 수사, 대국민 서비스 활동이 논의되고 있다.

※ 경찰의 직무 범위를 규정한 법

경찰법(제3조: 경찰의 임무)	경찰관직무집행법(제2조: 직무의 범위)
1. 국민의 생명 · 신체 및 재산의 보호 2. 범죄의 예방 · 진압 및 수사 3. 경비 · 요인 경호 및 대간첩작전 수행 4. 치안정보의 수집 · 작성 및 배포 5. 교통의 단속과 위해의 방지 6. 그 밖의 공공의 안녕과 질서 유지	1. 국민의 생명 · 신체 및 재산의 보호 2. 범죄의 예방 · 진압 및 수사 3. 경비 · 요인 경호 및 대간첩작전 수행 4. 치안정보의 수집 · 작성 및 배포 5. 교통의 단속과 위해의 방지 6. 기타 공공의 안녕과 질서 유지

1) 공공의 안녕과 질서에 대한 위험의 방지

(1) 공공의 안녕

공공의 안녕이란 "법질서의 불가침성, 국가의 존립과 기능성, 개인의 권리와 법익의 불가침성"을 의미한다(허경미, 2013: 10). 공공의 안녕은 국가 등 집단과 관련되어 있음은 물론 개인과도 관련되어 있는 이중적 개념이므로 경찰은 임무수행 시에 양자를 균형 있게 고려해야 한다.

① 법질서의 불가침성

법질서의 불가침성은 공공의 안녕의 제1요소이다. 법질서는 공법(公法) 질서와 사법(私法) 질서로 나누어 논의될 수 있다.

가. 공법 질서의 침해

공법 규범에 대한 위반은 보통 공공의 안녕에 대한 위험으로 취급된다. 형법이나 행정법령 등으로 구성되는 공법 규범들이 침해되었거나 침해될 우려가 있는 경우에는 그 규범에 의해 보호되는 법익이 개인적 법익이든 공공적 법익이든 불문하고 경찰권 발동의 대상이 된다.

법익의 침해 또는 위해(危害)의 상태가 객관적으로 존재하면 족하고, 고의 등 주관적 구성 요건, 유책성, 구체적 가벌성 등은 요하지 않는다.

나. 사법 질서의 침해

사법 질서의 침해는 원칙적으로 민사법원에 의해 보호된다. 다만 보충성의 원칙에 의해 사법(私法)상 권리의 법적 보호가 적시에 이루어지지 않고 경찰의 원조 없이는 법을 실현시키는 것이 무효화되거나 사실상 어려워질 경우에만 경찰이 개입할 수 있다.

참고 보충성의 원칙

경찰의 국민생활 관계에 대한 간섭 또는 개입은 다른 조치가 효과를 발휘하지 못하거나 다른 조치를 기다릴 시간적 여유가 없을 경우에 최소한도에서 발동되어야 한다.

다. 경찰개입청구권

오늘날 복지국가적 행정을 요구하고 있는 시대적 요청에 따라 법질서의 구성 부분으로서 보호되고 있는 생명, 건강, 자유, 명예, 재산 등 개인의 법익 보호를 위해 경찰이 활동을 할 권한 또는 의무가 있는가 하는 문제와 관련하여 경찰재량의 0으로의 수축과 반사적 이익의 보호 법익화가 논의되면서, 각 개인에게 경찰의 개입을 청구할 수 있는 경찰개입청구권을 인정하기에 이르렀다(허경미, 2013: 134-137).

경찰재량의 0으로의 수축과 반사적 이익의 보호 법익화

• 경찰재량의 0으로의 수축
- 의의: 경찰권 행사의 편의주의 원칙상 경찰관청이 현존하는 위험에 대해 개입하지 않더라도 반드시 위법한 것은 아니나, 학설과 판례는 예외적인 상황하에서는 오직 하나의 결정(조치)만이 의무에 합당한 재량권 행사로 인정된다고 보고 있는바, 이것은 경찰재량의 0으로의 수축이라 한다.
- 효과: 재량권이 0으로 수축되는 경우 당해 재량행위는 내용적으로는 기속행위가 되고, 부작위에 대해서는 의무이행심판 및 부작위위법확인소송, 그리고 그로 인해 손해가 발생한 경우에는 손해배상 소송을 제기하여 구제받을 수 있다.
  예) 이와 같은 대표적 판례가 김신조 일당 무장공비 사건이다.

• 전통적 반사적 이익론: 행정관청의 규제 권한의 행사를 오직 공익 목적만을 위한 것으로 보고, 혹 이로 인해 어떠한 사인이 특정한 이익을 향유하더라도 그것은 반사적 이익에 불과하여 법률상의 권리라고 할 수 없으므로, 가령 경찰관청이 권한의 행사를 게을리하여 그 결과 관계자가 손해를 입더라도 행정소송상 원고 적격이 인정되지 아니하고, 국가배상법상 보호의 대상으

로 되지 아니했다.

• 반사적 이익의 보호 법익화: 종래에는 반사적 이익으로 보았던 것도 관계 법규가 공익과 동시에 개인적 이익도 보호하는 것으로 해석함으로써, 당해 이익에 법적으로 보호되는 이익 또는 공권으로서의 성격이 인정되는 경우가 점차 증가하고 있다. 국가배상법의 경우에도 규제 권한의 불행사를 직무 의무에 위반한 위법으로 구성하여 배상의 범위를 확대하고 있는 것이다.

참고

• 행정개입청구권의 법리는 1960. 8. 18. 독일 연방행정재판소의 띠톱 판결(Bandsgeurteil, BVerwGE 11, 95)에서 정립되었다. 이 사안은, 주거지역에 설치된 석탄 제조업체에서 사용하는 띠톱에서 배출되는 먼지와 소음 등으로 피해를 받고 있던 인근 주민이 행정청에게 건축경찰상의 금지처분을 발할 것을 청구하자, 행정청은 이 업소의 조업은 건축 관계 법규에 위반되지 않는 것이라 하여 기각했고, 이에 인근 주민들이 기각처분에 대한 취소소송을 제기한 것이다.

베를린 고등법원은, 원고에게는 건축 법규에 기한 특정처분을 청구할 수 있는 권리가 없다고 보고 원고의 청구를 기각했다. 그러나 연방재판소는, 경찰법상의 일반수권 조항의 해석에서, 첫째 인근 주민의 무하자재량행사청구권을 인정하고, 둘째 재량권의 0으로의 수축이론에 의거하여 원고의 청구를 인용했다.

이 판례는, 첫째 경찰법규의 목적은 공익의 보호뿐만 아니라 국민 개개인의 사익도 보호하려는 것이다, 둘째 경찰 개입 여부는 원칙적으로 재량이지만, 일정한 상황하에서는 재량권이 영으로 수축되고, 이때 개인은 경찰당국에 대해 당해 조치를 취할 것을 청구할 수 있는 권리를 가진다고 판시했다는 점에서 종래 판례에 대한 획기적인 전환점을 이룬 것으로 평가되고 있다.

② 국가의 존립과 기능성

국가의 존립을 유지하고 국가기관 및 국가시설의 존속과 기능을 보장하는 것도 공공의 안녕의 본질적 요소이다. 군(軍)이 대적(對敵) 개념에 입각하여 적국과의 관계에서 국가의 존립을 보호할 국방 의무가 있는데 비해 경찰은 사회 공공과 관련하여 국가의 존립과 기능을 보호할 의무가 있다.

국가의 존립에 대한 침해는 형법이 내란죄나 외환죄로 처벌한다. 경찰은 이러한 침해를 방지하기 위해 내란·외환의 죄에 이르기 전인 범죄의 예비음모 단계에 관심을 가져 형법적 가벌성의 범위 내에 이르지 아니했을지라도 국민의 자유와 권리를 침해하지 않는 범위 내에서 수사나 정보, 보안, 외사활동을 할 수 있다.

경찰은 국회 · 정부 · 법원 · 자치단체 등 국가기관의 정상적인 기능 발휘를 보호해야 한다. 행정관청의 활동에 대한 중대한 방해는 형법의 범죄 구성 요건을 충족시킨다.

그러나 경찰은 방지되어야 할 위험의 범주를 지나치게 확대해서는 안 된다. 지나치면 오히려 시민과의 충돌이 나타날 수 있으며, 경찰활동에 대한 시민의 저항을 불러일으킬 수 있다. 따라서 폭력성과 명예훼손행위 없이 표출되는 국가조직에 대한 모든 종류의 비판은 언론의 자유, 예술의 자유 및 집회의 자유에 관한 헌법적 보호의 대상이 되고 있어 경찰이 개입할 문제가 아니다.

③ 개인의 권리와 법익의 불가침성

공공의 안녕과 관련하여 경찰은 인간의 존엄성, 명예, 생명, 건강, 자유와 같은 개인적 법익뿐만 아니라 사유재산적 가치 또는 무형의 권리도 보호해야 한다.

다만 사법(私法)적인 법익에 대한 보호는 1차적으로 민사법원에 의해 행해져야 할 것이기 때문에 개인은 효과적인 보호의 시기를 놓쳐 권리가 무효화될 우려가 있을 때에만 경찰에 원조를 요청할 수 있으며, 이 경우에도 경찰의 원조는 잠정적 보호에 국한되어야 하고 최종적인 규제는 법원이 해야 한다(보충성 원칙).

경찰은 개인 법익에 대한 침해가 동시에 형법이나 행정법 등의 공법 규범을 위반하는지 여부를 확인해 보아야 한다.

(2) 공공의 질서

공공 질서란 원만한 공동체 생활을 위해 불가결한 전제 조건이 되는 각 개개인의 행동에 대한 법규범 이외의 불문의 사회 규범의 총체를 의미한다. 공공 질서의 개념은 절대적 · 고정적인 것이 아니며, 시대의 지배적인 윤리와 가치관이 변함에 따라 변화하는 상대적 · 유동적 개념이다.

오늘날 거의 모든 생활 영역에 대해 법적 규범화가 이루어지고 있기 때문에 공공 질서 개념의 적용 분야는 점차 축소되고 있다. 또한 법치주의 · 민주주의의 원칙에서 보아 법규범이 아닌 사회 규범에 의해 요구되는 것을 경찰 권력에 의해 강요할 수 없으므로 통치권의 집행을 위한 개입의 근거로 될 수 있는 이 개념은 엄격한 합헌성 요구를 받는다(김남진, 2001: 134).

(3) 위험의 방지

① 위험과 손해의 개념

경찰상 위험이란 “현재의 상황을 그대로 방치하면 가까운 장래에 공공의 안녕이나 질서에 손해가 나타날 수 있는 가능성이 충분히 존재하는 상태”로서 경찰상 보호 법익에 대한 침해 가능성을 말하며, 이러한 위험이 현실화된 때를 위해 또는 경찰 위반의 상태라고 한다(허경미, 2013: 11).

경찰법상 손해란 “보호받는 개인 및 공동의 법익에 관한 정상적 상태의 객관적 감소”를 뜻하며, 보호 법익의 현저한 침해행위가 있어야만 한다. 따라서 단순한 성가심, 불편함 등은 경찰법상의 손해의 개념에 해당되지 아니하며 경찰 개입의 대상이 아니다. 그러나 그 성가심의 빈도나 기간이 일정 수준에 도달하여 평균적 인간의 판단으로 볼 때 손해나 더 나아가서는 위험의 한계를 넘었다고 생각될 때 경찰 개입의 여지가 생긴다.

② 위험의 분류

가. 구체적 위험과 추상적 위험(☞ 이 두 가지의 위험에 대해 경찰 개입 가능)

구체적 위험	개개의 경우에 손해 발생의 가능성이 충분히 실제로 존재하는 상태를 말한다.
추상적 위험	구체적 위험이 가설적·상상적으로 예상되는 상태를 말한다.

나. 주관적 위험과 객관적 위험

경찰의 위험에 대한 인식·판단은 일정 사실을 기초로 향후 발생·전개될 사건에 관한 주관적 추정이다. 그러나 그러한 판단의 기초는 객관적으로 정당화될 수 있어야 하며, 객관적으로 정당화되지 못하는 사실 인식에 기초한 위험 판단과 그에 따른 경찰 개입은 의무 위반이 되어 위법에 따른 책임이 부과된다.

다. 경찰의 위험 판단

외관적 위험	• 경찰이 의무에 합당한 상황 판단을 했음에도 불구하고 결과적으로는 위험을 잘못 긍정하는 경우를 말한다(예: 심야에 순찰 중인 경찰관이 '사람 살려'라는 비명소리를 듣고 남의 집 출입문을 부수고 들어갔는데, 실제로는 귀가 어두운 노인이 TV형사극을 크게 틀어놓아 그 소리가 밖으로까지 들렸던 경우). • 외관적 위험의 경우 객관화를 이루는 사전 판단이 정당화되므로, 손실보상과 손해배상의 문제가 발생하지 않는다.
위험 혐의	• 경찰의 의무에 합당한 상황 판단에 의할 때 위험의 가능성은 있으나 위험의 존재 여부가 불확실한 경우를 말한다. 이 경우 경찰의 개입은 위험의 존재 여부가 명백해질 때까지는 예비적 조치에만 한정되어야 한다. • 위험 혐의 역시 객관화를 이루는 사전 판단이 정당화되므로, 손실보상과 손해배상의 문제가 발생하지 않는다. 혐의는 위험조사 차원의 개입을 정당화시킨다.
오상 위험 (추정성 위험)	• 이성적이고 객관적으로 판단할 때 위험의 외관도 위험 혐의도 정당화되지 않음에도 불구하고 경찰이 위험의 존재를 잘못 긍정한 경우를 말한다. 이러한 경우 경찰의 개입은 의무에 어긋나는 것이 되어 손해배상과 손실보상의 문제가 발생한다.

자료: 허경미(2013: 11-12).

③ 경찰 개입의 요건

위험 또는 위해의 발생, 법익 침해를 사전에 예방하고 사후에 진압하는 것이 경찰의 임무이다. 따라서 위험의 존재는 경찰 개입의 최소 요건으로 위험 이전 단계에서 사전 배려 차원의 개입은 허용되지 않으며, 구체적 또는 추상적 위험이 존재할 때 개입이 가능하다.

그러나 위험이 보호 법익에 대해 필수적으로 존재해야 하는 것은 아니다. 예를 들어 차가 다니지 않는 야간에 보행자가 빨간 불에 차도를 건너는 경우 구체적 위험은 존재하지 않더라도 경찰책임자가 되어 경찰의 단속 대상이 된다. 이는 도로교통법 위반행위로서 법질서의 불가침성의 침해, 그리고 공공의 안녕의 보호 법익인 도로 교통을 침해하기 때문이다.

경찰책임자(경찰상의 위험 또는 위해를 야기한 자)가 누구인지는 불문한다. 따라서 인간의 행위 외에도 동물, 전염병, 자연재해와 같이 경찰상 위험・위해에 직접적 원인을 야기시킨 경찰책임자가 없는 경우에도 경찰은 위험을 예방 또는 제거해야 한다.

경찰은 일반적인 위험 방지, 즉 범죄의 예방 분야나 장래의 위험 방지를 위한 준비행위(예: 순찰, 교통 감시)를 목적으로 활동할 수 있다(김남진, 2002: 134).

2) 범죄의 수사

범죄의 수사란 범죄의 혐의 유무를 명백히 하여 공소의 제기와 유지 여부를 결정하기 위해 범인을 발견, 확보하고 증거를 수집, 보전하는 수사기관의 활동이라 할 수 있다(김충남, 2004: 3).

따라서 범죄의 수사는 사법경찰작용으로서 수사경찰의 주된 임무이며, 이와 관련하여 경찰법과 경찰관직무집행법은 각각 범죄의 수사를 경찰의 임무로 규정하고 있다. 또한 수사에 관한 일반법적 성질을 가지는 형사소송법은 검사의 지휘를 받는 한도 내에서 경찰에 수사권을 수권하고 있다(형사소송법 제196조).

형사소송법 제196조는 "~수사를 하여야 한다"고 법정주의의 원칙을 천명하고 있으므로 경찰은 편의주의에 따라 수사의 여부를 결정할 재량이 없으며 범죄행위가 있으면 친고죄 등 특별히 법정된 경우를 제외하고는 원칙적으로 수사를 해야 할 의무가 발생한다. 이러한 점이 행정경찰과의 차이점이다.

3) 서비스의 제공

21세기적 복지행정이 강하게 요구되면서 오늘날의 경찰은 소극적 위험 방지를 위한 명령·강제나 범인 체포, 수사 등의 법집행 임무뿐만 아니라 적극적 서비스 활동을 통해 국민에 봉사하는 급부행정적 역할이 요구되고 있다(이황우, 2002: 9).

서비스 활동의 예로는 교통정보 또는 지리정보의 제공, 인명구조와 같은 각종 보호의 제공, 어린이 교통안전 교육, 순찰활동을 통한 범죄의 예방활동 등을 들 수 있다. 또한 경찰의 규제적 권한 행사는 공익의 보호뿐만 아니라 국민 개개인의 사익 보호와도 연결되어 있으므로 위험 방지활동이나 범죄 수사활동을 넓은 의미의 서비스 제공 임무와 별개의 것이 아닌 궁극적으로 서비스를 위한 위험 방지 및 수사로 파악해야 한다.

2 경찰의 수단

전통적으로 경찰작용은 개인에게 명령·강제하는 권력작용이다. 즉, 경찰은 권력으로 개인에게 명령하고 강제함으로써 자연의 자유(사람이 출생하면서부터 가지고 있는 것으로서 사실상 어떤 것을 하거나 또는 하지 아니할 자유)를 제약하거나 제약된 자유를 회복시켜 주는 작용이다. 플레인트(Fritz Fleint)도 1912년 "경찰은 교훈과 훈계가 아니라 강제를 통해 목적을 달성할 수 있다"고 했다.

그러나 21세기적 복지행정이 강하게 요구되고 있는 오늘날의 경찰에게 주어진 다양한 임무는 경찰하명과 같은 고전적인 수단만으로는 수행할 수 없게 되었고, 이에 따라 점점 더 비권력적인 경찰 수단의 필요성이 요구되고 있다.

1) 경찰작용의 구체적 수단

(1) 행정경찰작용을 위한 수단

① 권력적 수단(명령과 강제)

가. 경찰하명

경찰하명은 개인에게 일정한 작위·부작위(금지)·급부 또는 수인의 의무를 명하는 것이다. 예컨대 운전 면허가 없는 자는 자동차를 운전해서는 안 되는데, 이는 경찰 금지에 해당한다.

경찰하명이 발해지면 개인에게는 경찰 의무가 발생되고, 그 의무의 실현을 통해 공공의 안녕과 질서에 대한 위험 또는 경찰 위반의 상태를 방지·제거하게 되는 것이다(최영규, 2004: 237).

나. 경찰강제

경찰강제는 실력을 행사하여 사실상 일정한 경찰 목적에 적합한 상태를 실현하는 작용이다.

경찰강제에는 경찰상 강제집행과 경찰상 즉시강제의 두 가지가 있는바, 경찰관직무집행법은 그 중 즉시강제의 기본법이다.

다. 기타

종류	내용
경찰허가	경찰허가란 일반적으로 과해져 있는 부작위 의무(금지)를 구체적인 경우에 해제하는 작용으로 예를 들어 운전 면허, 총포 · 도검 · 화약류 등의 영업 허가 등과 같은 경찰작용을 말한다 (최영규, 2004: 242).
경찰면제	일반적으로 과해져 있는 작위 · 급부 · 수인 의무를 특정한 경우에 해제하는 작용이다(예: 예방접종 면제, 적성검사 면제, 수수료 납부의 면제 등).
경찰상 확인	특정한 사실 또는 법률 관계에 관해 의문이나 다툼이 있는 경우에 경찰기관이 공권적으로 그 존재 또는 정부(正否)를 판단하는 행위이다 (예: 당선인의 결정, 시험 합격자의 결정, 행정심판의 재결 등).
경찰상 공증	다툼 · 의문이 없는 특정한 사실 또는 법률 관계에 관해 경찰기관이 공권적으로 그 존재 또는 정부(正否)를 판단하는 행위이다 (예: 운전면허증의 발급, 합격증서의 발급 등).
경찰상 통지	특정인 또는 불특정 다수인에게 특정 사실을 알리는 작용이다 (예: 대집행의 계고, 수수료 납부의 독촉 등).
경찰상 수리	사인의 경찰행정청에 대한 각종 신청 · 신고 등의 행위를 유효하다고 받아들이는 작용이다. 예를 들어 원서의 수리, 공무원의 사표 수리, 행정심판청구서의 수리 등이 여기에 포함된다 (김남진, 2001: 198).

② 비권력적 수단

오늘날 경찰의 활동 중에 개인의 자유에 개입하지 않으면서 특별한 권한의 구체적 수권 없이도 임무에 관한 일반 조항만으로도 행할 수 있는 광의의 위험 방지활동이 관심의 대상이 되고 있다.

경찰의 이러한 활동에는 이른바 서비스 지향적 활동에 속하는 도보순찰 · 차량순찰, 일상적인 교통의 관리, 정보의 제공, 지리 안내, 주의, 권고 · 조언 · 지도 · 물건의 임의 제출 등의 행정지도와 범죄 예방에 기여하는 수많은 활동이 포함된다.

정보경찰이 수행하는 정보의 수집이나 작성·배포활동도 비권력적 활동에 속한다. 그러나 경찰의 정보활동에는 일정한 제한이 따른다.

(2) 범죄수사(사법경찰작용)를 위한 수단

형사소송법(제199조)은 수사 목적의 달성과 인권 보장의 조화를 위해 임의수사를 원칙으로 하고 강제수사는 예외적으로 허용하고 있다. 임의 수단이든 강제 수단이든 경찰은 범죄 수사에서 피의자 등의 인권을 존중하는 데 특히 주의해야 한다.

강제 수단	• 체포, 구속, 압수, 수색 등의 영장이 대표적인 것으로, 각각에 대해서는 요건, 기간 등이 엄격히 법정되어 있으며, 이를 위반할 경우에는 위법 수사의 문제가 발생되고, 경찰관은 형법상의 직권 남용 등으로 처벌되거나, 국가배상법상의 배상책임의 대상이 될 수 있다. • 강제수사는 국민의 인권을 침해할 우려가 큰 분야이므로 가능하면 국민의 권리를 침해하지 않는 수단을 선택하고, 영장이 발부되더라도 영장 기재 내용에 위반되지 않도록 신중한 자세가 필요하다.
임의 수단	• 상대방의 동의나 임의의 협력을 얻어서 행해지는 수사활동이다. 예컨대 임의제출물 등의 압수, 피의자 신문, 참고인 조사, 사실 조회와 같은 것이 이에 해당되는데 영장 없이도 수사활동이 가능하다(이재상, 2004: 32-42).

3 경찰권(경찰활동의 기초)

종래의 경찰 개념인 실질적 의미의 경찰 개념은 경찰이란 사회 공공의 안녕과 질서를 유지하기 위해 일반통치권에 의해 국민에게 명령·강제하는 권력적 작용이라고 보고, 이러한 통치권적 권한을 경찰권이라고 했다.

그러나 이러한 개념에 의하면 형식적 의미의 경찰 권한과 일치하지 못할 뿐만 아니라 비권력적인 서비스 활동·범죄 수사활동 등의 경찰활동을 제대로 설명할 수 없다. 따라서 경찰권은 종래의 경찰권 개념(협의의 경찰권)과 수사권을 포괄하는 광의의 개념이라고 할 것이다.

1) 협의의 경찰권

(1) 의의

협의의 경찰권이라 함은 사회 공공의 안녕과 질서를 유지하기 위해 일반통치권에 의거 국민에게 명령·강제하는 권한을 의미한다. 즉, 실질적 의미의 경찰작용을 행할 수 있는 권한을 뜻하며, 국가와 국민 사이의 일반통치관계를 전제로 하는 것이다.

(2) 성질

협의의 경찰권은 일반통치권에 기초를 두고 일반 사회 공공의 안녕과 질서를 유지하기 위한 작용이므로 특별권력 관계에서 특별권력에 의한 명령·강제작용은 경찰이 아니다.

따라서 국회의 질서를 유지하기 위해 국회의장이 행하는 명령·강제작용(국회법 제143조)인 의원(議院) 경찰권이나 법정의 질서를 유지하기 위해 재판장이 행하는(법원조직법 제58조) 법정경찰권은 협의의 경찰권에 해당되지 아니한다.

(3) 대상

① 원칙

법률에 특별 규정이 없는 한 일반통치권에 복종하는 모든 자는 자연인·법인 또는 내국인·외국인을 불문하고 경찰권의 대상이 된다.

② 예외

외국인 중 치외법권을 가진 자(외교사절 등)나 조약상 특례가 있는 경우는 제외된다.

③ 공공행정의 주체가 경찰권의 대상이 될 수 있는지 여부

다른 행정기관이나 행정 주체가 경찰상 의무에 위반하는 경우 경찰권의 발동 대상이 될 수 있는가에 대해 통설은 공공행정의 주체가 통치권을 행사하지 않고 일반 사인처럼 사법적(私法的) 활동을 하는 경우에는 경찰권 발동이 허용된다고 본다.

④ 경찰책임자 아닌 자에 대한 발동 여부

협의의 경찰권의 발동은 경찰책임자에게만 가능한 것이 원칙이나 예외적으로 법령상 근거가 있고 긴급한 필요가 있는 경우에는 경찰책임자가 아닌 자에 대해서도 발동될 수 있다.

2) 수사권

(1) 의의

수사권이란 국가형벌권 행사를 위해 형사소송법에 근거하여 경찰에게 부여된 권한으로 범죄사건의 공소 제기 여부 결정이나 이를 유지·수행하기 위한 준비로서 범죄 사실을 조사하고 범인 및 증거를 발견·수집·보전하기 위한 경찰의 권한이다(임창호, 2004: 21).

(2) 성질

수사권의 발동은 사법경찰작용에 해당하며, 형식적 의미의 경찰작용의 기초가 된다.

(3) 대상

① 원칙

특별한 규정이 없는 한 자연인·법인(법인의 경우는 제한이 있음), 내국인·외국인을 불문하고 발동될 수 있다.

② 예외

다만 외교사절은 면책특권이 인정되고 SOFA 협정에 의한 공무 집행 중의 미군 범죄에 대해서는 미국이 1차적 재판권을 가지므로 수사권에 제한을 받고 있으며, 대통령과 국회의원에 대해서도 일정한 제한이 따른다.

③ 협의의 경찰권에 의해서는 일반처분이 가능하고 경찰책임자 이외의 비책임자에게도 권한이 발동될 수 있는데 대해, 수사권의 경우는 피의자나 참고인 등 형사소송법에 규정된 관계자 이외에는 발동될 수 없다.

4 경찰의 관할(경찰권의 범위)

경찰의 관할이란 경찰기관이 법령상 유효하게 국가 의사 또는 판단을 결정·표시, 집행할 수 있는 직무의 범위를 말한다.

1) 사물 관할

(1) 개념

경찰이 처리할 수 있고 또 처리해야 하는 사무 내용의 범위(발동 범위의 설정 기능)를 말한다.

(2) 사물 관할의 근거 규정

사물 관할의 근거 규정은 경찰법과 경찰관직무집행법이 대표적이다. 특히, 경찰관직무집행법 등의 범죄 수사 관련 임무는 영·미법계의 영향을 받아 인정되었다. 한편, 우리나라는 일반적 경찰작용법이라 할 수 있는 경찰관직무집행법에 조직법적인 임부 규정이 포함된 것이 특징이다(경찰공제회, 2006: 33).

2) 인적 관할

(1) 개념

광의의 경찰권이 발동될 수 있는 인적 범위, 경찰권이 어떤 사람에게 적용될 수 있는가를 의미한다.

(2) 범위

① 원칙

대한민국 내에 있는 모든 사람에게 발동된다.

② 예외

국내법적으로는 대통령과 국회의원에 대해, 국제법적으로 외교사절과 주한 미군에 대해 일정한 제한이 있다.

3) 지역 관할

(1) 개념

광의의 경찰권이 발동될 수 있는 지역적 범위이다.

(2) 범위

① 원칙

대한민국 영역 내의 모든 지역에 적용됨이 원칙이다.

② 예외

다른 행정관청이나 기관과의 관계상 또는 국제법적 근거에 의해 일정한 한계를 갖는다. 구체적인 예외는 다음과 같다.

가. 해양에서의 경찰사무

해양에서의 경찰사무는 해양수산부 소속의 해양경찰청에서 관할한다.

나. 열차 내 및 역 구내에서 발생한 사건

경찰청과 국토교통부 간의 수사 업무 한계 협정에 따라 예외가 된다.

※ 경찰청과 국토교통부 간의 수사 업무 한계 협정

1. 철도시설 및 열차 안에서 발생하는 철도안전법에 규정된 범죄와 역 구내 및 열차 안에서 발생한 현행범 처리 일체를 국토교통부에서 책임 처리하고 그 외의 범죄는 경찰청에서 처리한다.
2. 역 구내 및 열차 안에서 발생한 현행범 중 살인·화재·변사 등 중요 사건에 대해 국토교통부로부터 협조 의뢰가 있을 때에는 경찰청에서 처리한다.
3. 열차사고는 경찰청에서 처리함을 원칙으로 한다.
4. 경찰청에서 처리해야 할 사건에 대해 국토교통부는 신속하게 이를 통보하고, 사건 현장 보존 조치를 하는 등 사건 처리에 협조해야 한다.
5. 국토교통부에서 처리해야 할 사건에 대한 사건 수배는 국토교통부의 수사 협조 의뢰가 있을 때에만 수배한다.
6. 역 구내 및 열차 안, 철도 부지 및 시설물에 대한 방범활동과 행정 단속은 국토교통부에서 전담한다.
7. 즉결심판 청구사건은 국토교통부에서 관련 서류 등을 구비하여 관할 경찰서장에게 인계한다.
8. 국토교통부로부터 피의자의 입감 의뢰가 있을 때에는 협조한다.
9. 특별한 경우에는 역 구내에 경찰관을 배치할 수 있으며, 국토교통부와 경찰청은 위에서 정하는 사항 외에도 범죄 예방과 수사에 관해 적극 협력한다.

다. 국회 내부

국회의장에게는 국회 경호 권한이 있어 국회 안에서 경호권을 행사(국회법 제143조 및 제144조). 국회의장은 필요 시 정부에 대해 경찰관의 파견을 요청할 수 있으나 이 경우에도 경찰관은 회의장 건물 밖에서만 경호하도록 제한된다.

국회 안에 현행범인이 있을 때에는 경찰관은 이를 체포한 후 의장의 지시를 받아야 하며, 다만 회의장 안에 의원이 있는 경우에는 의장의 명령 없이 이를 체포할 수 없다.

라. 법원 내부

법원의 법정경찰권은 재판장이 행사(법원조직법 제58조)한다. 재판장의 경찰관 파견 요청이 있는 경우, 법정 내외의 질서 유지에 관해서는 재판장의 지휘를 받아야 한다.

마. 치외법권 지역

외교공관이나 외교관의 개인 주택(외교사절의 승용차·보트·비행기 등 교통 수단을 포함한다)은 국제법상 치외법권지역으로 외교사절의 요구나 동의가 없는 한 경찰은 직무 수행을 위해 들어갈 수 없다. 다만, 화재나 전염병의 발생처럼 공안을 유지하기 위해 긴급을 요하는 경찰 상태의 경우에는 외교사절의 동의 없이도 공관에 들어갈 수 있음이 국제적 관습으로 인정된다.

바. 미군 영내

한미행정협정은 미군 당국이 부대 영내·외에서 경찰권을 행사케 함으로써 자체적으로 질서와 안전을 위해 필요한 조치를 취할 수 있도록 하고 있다.

미군 당국은 그 시설 및 구역 내에서 범죄를 행한 모든 자를 체포할 수 있다. 미군 당국이 동의한 경우와 중대한 죄를 범하고 도주하는 현행범인을 추적하는 때에는 대한민국 경찰도 미군시설 및 구역 내에서 범인을 체포할 수 있다.

대한민국 경찰이 체포하려는 자로서 한미행정협정의 대상이 아닌 자가 이러한 시설 및 구역 내에 있을 때에는 대한민국 경찰이 요청하는 경우에 미군 당국은 그 자를 체포하여 즉시 인도해야 한다.

체포 절차는 미군, 군속, 그 가족을 체포했을 경우는 가까운 경찰관서로 동행한 후 미군 당국에 통보한다. 신병을 미군 당국에 인도하기 전에 사건에 대해 예비 수사를 할 수 있으며, 범죄를 인지하는 즉시(24시간 내) 관할 검사에게 보고해야 한다.

대한민국 당국은 미군 당국이 동의하는 경우가 아니면 시설 또는 구역 내에서 사람이나 재산에 관해 또는 시설 및 구역 내외를 불문하고 미군 재산에 관해 압수·수색 또는 검증을 할 수 없다. 그러나 이에 관한 대한민국 당국의 요청이 있을 때에는 미군 당국은 필요한 조치를 취해야 한다.

5 경찰활동의 유형과 법적 성질

경찰활동의 유형과 법적 성질은 다음과 같다(경찰공제회, 2006: 35).

유형	구체적 사례	법적 성질	구제
즉시강제	• 불심검문, 정신착란자 등의 보호조치, 위험 발생의 방지, 범죄의 예방과 제지, 위험 방지를 위한 출입, 경찰장구의 사용, 분사기 등의 사용, 무기의 사용 등 경찰관직무집행법 3조 이하의 즉시강제 조치	권력적 사실행위	• 항고소송 제기 곤란 • 손해배상 청구 가능
범죄 수사	• 형사소송법상의 범죄 수사를 위한 모든 활동	기속행위	• 부작위 시 직무 유기
행정처분	• 범칙금납부통고서의 발부, 운전 면허의 정지 및 취소 등	법률행위 권력행위 규제행위	• 항고소송 가능 • 손해배상청구 가능
급부행정	• 금전의 급부: 중요 범죄 신고 또는 검거자에 대한 포상금의 지급 • 서비스의 제공: 정보의 제공, 각종 보호의 제공, 어린이 교통안전교육, 순찰활동 등 • 시설의 설치: 신호기, 도로 표지의 설치 등	비권력적 행위	손해배상만 청구 가능
사유재산권 보호	• 유실물의 관리	보충적 작용	
행정지도	• 생활안전 지도, 청소년 선도 등	비권력적 사실행위	손해배상만 청구 가능
정보 수집	• 각종 경찰활동을 하는 데 기초가 되는 활동	비권력적 사실행위	손해배상만 청구 가능

참고 **용어 정리**

- 항고소송: 행정 관청의 위법한 처분이나 부작위로 인해 권리를 침해당했다고 하는 당사자가 재심사를 요구하기 위해 제기하는 소송을 말한다. 행정소송의 가장 보편화된 방식으로 개인의 권리 보호를 목적으로 한다. 취소 소송, 무효 등 확인 소송, 부작위 위법 확인 소송 따위가 있다.
- 사실행위: 행정상의 사실행위란, 직접적으로 일정한 사실상의 효과를 발생케 하는 행정주체의 행위를 말한다. 즉, 법률적 행위와 같이 일정한 법률적 효과를 발생시키기 위한 것이 아니라, 사실상의 결과 발생만을 직접 목적으로 하는 일체의 행위를 의미한다.
- 권력적 사실행위: 사실행위에는 권력적 사실행위와 비권력적 사실행위가 있다. 행정청의 일방적 의사결정에 기하여, 특정의 행정 목적을 위해 국민의 신체·재산 등에 실력을 가해 행정상 필요한 상태를 실현하고자 하는 권력적 행위로 전염병 환자의 강제격리, 송환대상자의 강제출국 조치, 토지 출입조사, 대집행의 실행 등이 이에 해당한다.
- 가속행위와 재량행위
  - 기속행위: 행정청에게 어떤 행위를 할 수도 있고 안 할 수도 있는 자유가 인정되어 있는 것이 아니라, 법이 정한 일정한 요건이 충족되어 있을 때 법이 정한 효과로서의 일정한 행정행위를 반드시 해야 하는 행정행위
  - 재량행위: 행정행위를 행할 때, 또는 행위의 내용을 결정할 때 행정기관에 자유로운 재량이 인정되는 처분. 기속행위의 상대 개념(홍정선, 2007: 207).

Chapter

02 한국 경찰의 역사와 제도

제 1 절 갑오개혁 이전의 경찰제도

1 개관

갑오개혁 이전의 경찰은 경찰 기능과 다른 행정작용 · 군사작용이 미분화되어 통합적으로 행사되었으며, 경찰 기능은 치안 질서를 유지함으로써 전제왕권의 공고화를 도모하는 데 있었다. 또한 법적 근거 없이 지배 세력의 필요에 따라 경찰작용이 이루어졌고 재판의 통제도 받지 않는 전제적인 경찰권이 행사되었다. 그런데, 갑오경장 이전의 한국 경찰은 법령과 관제 등에서 중국의 영향을 많이 받았다는 점에서 특징을 찾을 수 있다.

2 부족국가 시대

이 시기에는 지배 세력이 체제를 유지하기 위한 재판, 형집행, 군사 등의 기능과 경찰 기능이 분화됨이 없이 통합적으로 작용되었던 것으로 보인다.

1) 고조선

(1) 8조금법

고조선 사회는 8조금법(八條禁法)이라는 형벌 법령이 존재했고 그 중 3조목이 현재까지 전해지고 있다. 8조금법 중 현재까지 내려오는 3조목의 내용은 다음과 같다.

① 살인죄: 사람을 죽인 자는 바로 죽인다(相殺以當時償殺).

② 상해죄: 남에게 상해를 가한 자는 곡물로 배상한다(相傷以穀償).

③ 절도죄: 남의 물건을 훔친 자는 남자인 경우 그 집의 노(奴)로, 여자인 경우 비(婢)로 되나, 스스로 속(贖)하려 하는 자는 50만 전을 내야 한다(相盜者男沒入爲基家奴 女子爲婢 欲自贖者 入五十萬)(강용길 외, 2010: 26).

(2) 고조선의 사회상

8조금법을 통해 고조선 사회는 형벌 법령을 집행할 만큼 어느 정도의 체제와 힘을 갖추고 있었고, 다만 오늘날과 같이 경찰과 재판 및 형집행 기능은 따로 분화되어 있지 아니하고 지배 세력이 모든 권한을 행사했으리라는 추정을 할 수 있다. 또한 고조선 시대에 이미 생명, 신체 및 사유재산의 보호 사상이 있었음을 알 수 있다(조철옥, 2007: 26-27).

2) 한사군 시대

기원전 108년 한(漢)의 침략으로 고조선에는 한사군(漢四郡)이 설치되어 313년까지 지속되었다. 한은 군현경정리(郡縣卿亭理)의 행정 체제를 취해 군(郡)에는 문관과 무관을 두고, 현에는 현장(縣長) 밑에 위를, 경(卿)에는 유요를 두어 도적을 막는 일을 담당하게 했으며, 정에는 정장(亭長), 리에는 리괴(里魁)를 두어 풍속을 담당하게 했다.

이로써 경찰 기능이 어느 정도 정비되어 한(漢)의 사군(四郡) 지배의 수단으로 이용되었으며, 위와 유요 및 정장에게는 각각 5병(활 · 창 · 방패 · 검 · 갑옷)이 주어졌는데, 이들이 오늘날의 경찰 기능을 담당했다(이운주, 2001: 62).

3) 부족국가 시대

중국의 『삼국지(三國志)』 위지동이전(魏志東夷傳)에 부여, 고구려, 옥저, 동예, 삼한 등의 부족국가에 대한 기록이 있다. 이 시대에는 군사와 경찰 및 재판 기능은 통합되어 행사되었고, 개인의 생명과 재산 보호에도 관심을 가졌으며, 지배 세력이 가부장적 사회 질서를 유지하기 위해 간음과 부인의 투기에 대해 강력히 처벌했다(김상호 외, 2004: 32-33).

(1) 부여

부여는 북만주의 송화강 유역에 자리잡은 부족국가로서 왕과 마가, 우가, 저가, 구가 등의 관직이 있어 이들에 의해 지배 세력이 형성되었고, 국방과 경찰 기능도 이들에 의해 수행되었다.

부여에는 전국 도처에 죄인을 감금하기 위한 감옥이 상당수 존재했으며, 살인자는 사형에 처하고 그 가족은 노비로 삼았다. 또한 사회 질서를 유지하기 위해 남의 물건을 훔친 자는 12배로 배상케 하고(一責十二法), 남녀간의 간음과 부인의 투기에 대해 사형에 처하도록 하는 등 가부장적 사회 체제를 유지하기 위해 강력히 처벌했으며, 제천 행사인 '영고(迎鼓)' 때에는 형옥(刑獄)을 중단하고 죄인을 석방하기도 했다.

(2) 고구려

초기 부족국가로서 고구려에는 부여와 같은 감옥은 없었던 것으로 보인다. 그러나 일정한 형벌 체계는 존재했던 것으로 볼 수 있는데, 대표적으로 범죄인은 대가에 의한 제가평의의 결정에 따라 사형에 처하고, 그 가족은 노비로 삼았다.

특징적인 점으로는 절도범의 경우 부여와 같이 12배를 배상토록 하는 일책십이법(一責十二法)이 존재했다는 것이다.

(3) 옥저, 동예

고구려와 예속 관계에 있던 옥저와 동예는 왕이 없이 거수들이 읍락을 지배했다.

이 가운데 동예에서는 각 읍락마다 경계가 설정되어 있어서 서로 경계를 침범하는 일이 있으면 노예나 우마로써 배상하는 책화제도(責禍制度)가 있었으며, 살인자는 사형에 처하고 도둑이 적었다고 전해진다.

(4) 삼한

한강 이남에 위치하고 있던 마한・진한・변한의 삼한의 부족국가는 제정이 분리되어 있었다. 따라서 신지(臣智) 또는 읍차(邑借) 등으로 불리었던 부족 지배자들에 의해 세속의 질서가 유지되었을 것으로 추정되며, 제사장인 천군(天君)이 주관하는 소도(蘇塗)는 정치적 군장의 세력이 미치지 못하는 곳으로, 죄인이 도망을 하여 이곳에 숨더라도 잡아가지 못했다(허남오, 1998: 77-82).

3 삼국 시대

삼국 시대에는 왕을 중심으로 하는 중앙집권적인 국가의 성립, 율령 반포, 관등의 정비 등으로 제도가 정비됨으로써 경찰 기능도 약간 모습을 드러낸다. 그러나 이 시기에도 행정과 군사 및 경찰이 일체를 이루고 있어서 경찰 기능의 분화는 이루어지지 않았고, 치안 유지 임무는 군사행정의 일환으로 수행되었다. 다만 중앙집권적인 체제의 확립에 따라 반역죄를 엄벌하고, 공무원에 해당하는 관인(官人)의 범죄가 처벌 대상으로 부상했다.

1) 고구려

고구려에서는 왕권 확립, 율령 반포(372년) 등을 통해 5세기에는 정치・군사・경제제도 등을 완비하게 되었다. 특히, 신분 관제로서 14관등 체계를 갖추었고, 지방을 5부로 나누고 욕살(褥薩)이라는 지방장관을 두어 지방행정과 치안 책임을 병행하게 했다(김상호 외, 2004: 34).

또한 절도범에 대해 일책십이법(一責十二法)에 따라 12배의 배상을 하게 했으며 반역죄, 전쟁 패배나 항복죄, 살인행겁죄, 가축살상죄 등이 있었다. 한편, 요수 서쪽에는 '무려라(武厲邏)'를 설치하여 국경경비대의 기능을 담당하도록 했다(임재강 · 한태천, 2008: 207).

2) 백제

백제는 고이왕(234~286년) 때에 6좌평을 두고 16관등을 정하는 등 고대 국가의 기틀을 마련하고, 근초고왕(346~375년) 때에 중앙집권적인 국가 체계를 갖추었다.

백제 초기에는 6좌평제가 실시되어, 이 중 위사좌평은 궁중 및 수도 경비, 조정좌평은 형옥을 관장했으며, 병관좌평은 지방의 상비 군마를 관장하던 최고책임자였는데 국내 치안을 담당했다(정진환, 2006: 61).

지방관제는 수도에 5부를 두어 달솔(達率)이, 지방에는 5방제를 취해 방령(方領)이 다스리게 했는데 이들이 지방행정과 함께 치안 책임도 수행했으리라고 추정된다. 한편, 백제에는 반역죄, 절도죄, 간음죄 특히 관인수재죄(官人受財罪)를 처벌함으로써 공무원에 해당하는 관인들의 범죄가 새롭게 처벌의 대상이 되었다.

한편, 신라는 엄격한 골품제도와 17관등제를 통해 신분 질서 및 지배 체제를 유지했는데, 특히 병부, 품주, 사정부 등의 관부를 설치하여 국사를 담당하도록 했다(조철옥, 2007: 104-105).

3) 신라

신라는 눌지마립간(417~458년) 때 고대국가의 기틀을 마련한 후 법흥왕(514~540년) 때 율령을 반포하는 등 중앙집권적 국가 체제가 형성되었다. 지방에는 5주를 두고 군주(軍主)로 하여금 다스리게 했는데, 이들이 군사 업무는 물론 경찰 기능도 수행했으리라고 추정된다.

특히, 법흥왕(520년)이 율령을 반포한 이후 사회 질서 유지를 위한 제도 확립을 서둘렀고, 이에 따라 반역죄, 살인죄, 상해죄, 절도 등 재산 범죄, 관인들의 범죄를 엄격하게 처벌했다(조철옥, 2007: 105).

4 통일신라 시대

신라는 통일 후에도 행정관제는 삼국 시대의 것을 그대로 답습했다. 따라서 통일신라의 중앙관제 중 경찰과 관련된 조직은 병부, 사정부(司正府), 이방부(理方府) 등이 있는데, 이 중 이방부는 범죄 수사와 집행을 담당했다.

지방 통치의 기본이 된 것은 주·군·현 제도였다. 특히, 지방을 9주5소경(九州五少京)으로 나누고, 주에는 총관(總管)을 두고 소경에는 사신을 두었으며, 주 밑에는 군(태수), 현(현령), 촌(촌장), 향·소·부곡 등을 두었다. 이러한 지방통치 체제에 따라 주의 총관에서 현령에 이르기까지 중앙귀족이 임명되어 9서당10정(九誓幢十停)의 군사조직과 함께 통일신라의 통치조직의 근간을 이루고 있었으므로, 경찰 기능도 이들에 의해 수행되었으리라고 추정된다(신현기, 2010: 50).

한편, 형벌 체계로 부모에 대한 살인 등 5역죄·절도죄 이외에 모반죄, 배공영사죄(背公營私罪) 등의 관리들의 직무와 관련된 범죄를 처벌했으며, 왕권을 보호하기 위한 범죄로 지역사불고언죄(知逆事不告言罪)가 있었다. 그뿐만 아니라 형의 종류도 세분화되고 집행 방법도 잔인화되어 족형, 거열형, 사지해형, 기시형, 참형, 자진형, 유형, 장형 등이 존재했다(임준태, 2002: 88).

5 고려 시대

고려 시대에는 사회의 발달에 따라 다양해진 범죄에 대응하기 위해 범죄의 죄목이 더욱 분화되었다. 모반죄, 대역죄, 살인죄, 절도죄 등 전통적 범죄 외에, 공무원 범죄, 문서 훼손에 관한 범죄, 무고죄, 도주죄, 방화죄, 실화(失火)·연소죄, 간(姦)범죄 등 성범죄, 도박죄, 유기죄, 인신매매죄에 관한 범죄, 장물죄 등이 새롭게 처벌되었다(신현기, 2010: 50-51).

고려 시대의 경찰 역할 수행 기관으로는 병부와 형부, 금오위, 어사대, 순군부, 안찰사와 병마사, 군과 현의 장, 위아, 삼별초, 순군만호부(순마소) 등이 존재했다.

1) 병부와 형부

고려는 성종 때 3성6부의 중앙관제와 12목의 지방관제의 정비가 이루어졌는데, 경찰 기능은 병부와 형부에서 담당했던 것으로 보인다. 군사 기능을 담당했던 병부는 평상시에는 치안 유지의 역할을 하고, 형부는 법률·소송 및 사법경찰 업무를 관장했다(김충남, 2004: 55).

2) 금오위

군 조직으로는 서울의 경군으로 2군(軍) 6위(衛)가 있었는데, 이 중 금오위(金吾衛)가 수도의 경찰 업무를 담당하여, 수도 개경의 순찰 및 포도금란, 즉 도적을 잡고 반란을 방지하는 업무와 비위 예방을 담당했다(강용길 외, 2010: 31).

3) 어사대

어사대(御史臺)는 3성 6부와 독립하여 내외의 비위를 규탄하고 풍속 교정을 담당하는 등 풍속경찰의 임무를 수행했다. 오늘날의 단순 공무원 감찰기관과는 상이한 것으로 청치의 득실과 내외의 비위는 물론 풍속경찰의 임무를 수행하는 관청이므로 일종의 경찰기관의 특수 형태로 봄이 타당할 것이다(정진환, 2006: 65).

4) 순군부

순군부(巡軍府)는 고려 건국 초기 국가사회 질서 유지를 위한 최고경찰기관으로 각 부대를 순찰하며 도적을 잡고 분란(紛亂)을 금지하는 임무를 담당했다(허남오, 1998: 97-98).

5) 안찰사와 병마사

고려 시대 12목의 지방관제는 그 후 5도 양계로 정착되었다. 이 가운데 도의 장인 안찰사(按察使)는 경찰 업무를 포함한 행정, 군사, 사법 등의 사무를 총괄 처리했다. 병마사(兵馬使)는 비상시 군의 출동이 필요할 때 임명되는 지휘관이었다.

6) 군과 현의 장

5도 밑에 설치된 군(郡)과 현(縣)과 장들은 그 지역의 지방사무를 담당하면서 경찰 기능을 수행했다.

7) 위아

현위(縣尉)를 장으로 하는 위아(尉衙)라는 지방기관이 설치되어 있었는데, 이 기관의 성격에 대해 위아를 현재의 경찰서, 현위를 경찰서장이라고 주장하는 견해가 있다. 현위는 현 내의 비행(非行) 및 범죄의 방지와 그 처리, 치안 불안 지역에서의 실서 회복 · 유지 임무를 담당했다고 한다.

8) 삼별초

최씨 무신정권하에서 사병(私兵) 역할을 했던 삼별초(三別抄)는 경찰, 전투 등의 공적인 업무도 수행했다(이기백, 1986: 141).

9) 순군만호부(순마소)

몽고 지배하의 충렬왕 때 설치된 순마소가 개편된 순군만호부(巡軍萬戶府)는 순찰 · 포도 · 형옥 등의 방도금란(防盜禁亂) 임무 외에 왕권 보호 등의 정치경찰적 활동도 수행했다(허남오, 1998: 98-99).

6 조선 시대

조선 시대 역시 경찰 기능은 다른 행정 기능과 분리되어 있지 아니하고 행정 기능과 통합적으로 수행되었다. 특히 경찰은 군사 기능과 분리되지 아니하여 군대가 경찰 업무를 수행하는 것이 보통이었다. 경찰작용은 법적 근거 없이 지배 세력의 필요에 따라 이루어졌고 재판의 통제도 받지 않았으며, 백성을 위한 치안 질서 유지가 아니라 전제왕권의 강화를 위해 경찰 기능이 행해졌다. 갑오경장 이전의 조선은 중국의 영향 아래 법령과 관제가 정비되었고, 따라서 경찰도 중국의 영향을 많이 받았다(강용길 외, 2010: 33).

조선 시대의 경찰 역할 수행기관으로는 의금부, 사헌부, 직수아문, 관찰사와 수령, 포도청 등이 존재했다.

1) 의금부

고려 말의 순군만호부(巡軍萬戶府)는 순위부, 의용순금사를 거쳐 태종 14년에 의금부(義禁府)로 개칭되어 포도금란, 즉 순찰・도둑 체포・질서 유지의 임무를 담당했으며, 후에 의금부는 중요한 특별 범죄를 관장한 특별사법기관으로서 다음의 범죄를 처리했다.

- 왕족의 범죄 및 현직관리 또는 퇴직관리로서 관규(官規)를 문란케 한 자
- 국사범, 모역죄, 반역죄 등의 사건, 사교(邪敎)에 관한 금령을 범한 자
- 상민으로서 왕실에 대한 범죄, 기타 사헌부에서 탄핵한 사건 등

2) 사헌부

사헌부(司憲府)는 감찰기관으로서 시정을 논하고 백관을 규찰하며 풍속의 교정을 담당했다. 특히, 사헌부에서는 정치의 당·부당을 논집하는 것, 백관을 규찰하는 것, 풍속을 교정하고 원통함과 억울함을 풀어주는 것, 권력 남용과 허위를 금하는 것 등에 대한 임무를 담당했다(임병준, 2003: 27).

3) 직수아문

조선 시대 중앙의 각 관청은 소관 사무와 관련하여 직권에 의해 위법자를 체포·구금할 수 있었는데, 이와 같은 권한을 가지는 중앙관청을 직수아문(直囚衙門)이라 했다. 이는 조선 시대의 경찰권이 일원화되지 못했음을 의미한다(조철옥, 2007: 107-108).

4) 관찰사와 수령

중앙에 다양한 경찰 역할 수행기관이 존재했던 것과 달리 지방에는 관찰사와 수령들이 지방행정과 함께 경찰 기능도 수행했다.

5) 포도청

포도청(捕盜廳)은 전국적으로 들끓는 도적의 횡포를 막기 위해 성종 2년 포도장제(捕盜將制)에 기원을 두고 처음으로 임시 설치되었으며, 중종 때 이르러 비로소 포도청이란 명칭이 등장하고 항구적 기관이 되었다(차인배, 2008: 32-33).

포도청은 도적의 예방 및 체포를 위해 야간순찰, 기타 금조(禁條)에 저촉되는 행위를 적발하는 임무를 수행했다. 또한 양반집의 수색과 여자 도적 체포를 위해 '다모(茶母)'라는 여자 관비도 존재했다(김상호 외, 2004: 37).

한편, 포도청은 1894년 갑오경장과 함께 한성부에 '경무청'이 설치되면서 폐지되었다.

제 2 절 갑오개혁~한일합병 이전의 경찰

1 개관

이전까지의 경찰이 일반행정 및 군사 기능 등과 통합적으로 운영되던 미분화 상태에서 갑오개혁 때 분권화되어 제도적 의미의 경찰이 탄생되었다. 특히, 이 시기는 「경무청관제직장」과 「행정경찰장정」의 제정을 통해 우리나라에서도 경찰의 조직법적 근거와 경찰의 작용법적 근거 규정이 처음으로 마련되었다는 점에서 한국 최초로 외형상 근대 국가적 경찰 체제를 갖추게 되었다는 점에서 의의를 찾을 수 있다.

그러나 경찰의 임무가 지나치게 포괄적이어서 경찰 업무와 일반행정작용의 완전한 분화는 이루어지지 못했다. 또한 자주적인 입장을 견지하지 못하고 철저하게 일본의 의도와 계획에 따라 창설·정비·통일되었으며, 법제 면에서도 일본의 경찰제도가 그대로 이식되어 일본의 제국주의적 침략을 위한 수단으로 활용되었다. 즉, 이 시기의 경찰 이념은 국민의 인권보호가 아닌 통치권의 보호와 그 뒤에 숨겨진 일본의 제국주의적 침략을 확보하는 데 있었다고 볼 수 있다.

2 갑오개혁과 근대 경찰의 창설

1) 근대 경찰의 탄생

우리나라에 근대적 의미의 경찰 개념이 도입된 시기는 갑오경장 이후의 일이다. 동학농민항쟁을 구실로 청(淸)과 함께 공동 출병한 일본은 그 기회에 조선에서 청의 세력을 완전히 축출하려는 의도로 청에 공동으로 조선에서 내정개혁을 추진할 것을 제의했다. 이러한 제의는 청에 의해 거절되고 일본의 공격으로 시작된 청·일전쟁에서 승리한 일본은 내정개혁의 실시를 조선 정부에 요구했다.

1894년 일본이 조선에 요구한 내정개혁 중에는 '경성(京城) 및 중요 도시에 완전한 경찰을 설치할 것'이 포함되어 2년 이내 실시하도록 요구했다. 일본의 요구에 따라 영의정 김홍집이 총재관이 되어 군국기무처를 두고 내정개혁에 착수(갑오개혁)했고, 1894년 6월 28일(음력) '각아문관제'에서 '법무아문 관리사법행정경찰'이라고 정하면서 처음으로 경찰이라는 용어를 사용했으며, 경찰을 법무아문하에 창설할 것을 정했다.[1)]

2) 경무청의 창설과 「경무청관제직장」의 제정

1894년 7월 「경무청관제직장(警務廳官制職掌)」에 의해 좌우포도청을 합설하고 한성 5부의 경찰 업무를 통합하여 당초 법무아문 소속에서 내무아문 소속하에 경무청을 창설하여 한성부 내의 일체의 경찰사무를 담당하게 했다.

경무청의 장으로 경무사(警務使)를 두어 경무사로 하여금 경찰사무와 감옥사무를 총괄하도록 했고, 범죄인을 체포・수사하여 법사(法司)에 이송하도록 하는 임무를 부여했다. 또한 이 관제에 의해 최초로 한성부의 오부자(五部字) 내에 '경찰지서'가 설치되었고, '경무관'을 서장으로 보했다(임준태, 2002: 91; 김충남, 2004: 68-69).

따라서 이와 같은 근대적 의미의 변화를 가져온 「경무청관제직장」은 한국 최초의 경찰조직법이라 할 것이다.

하지만, 「경무청관제직장」은 일본의 '경시청관제'를 모방한 것으로 일본의 경시청을 경무청으로, 일본의 경찰계급인 경시총감・경시・경부・순사를 경무사・경무관・총순・순검으로 각각 바꾸어 사용하는 등 일본 것을 거의 그대로 이식한 것이라는 점에서 한계를 가진다(김상호 외, 2004: 415-417).

3) 경찰작용법인 행정경찰장정 제정

갑오개혁을 통해 경무청의 설치와 함께 경찰작용의 근거법으로 「행정경찰장정(行政警察章程)」을 제정했다. 이는 제1절 총칙, 제2절 총순의 집무장정, 제3절 순검의 직무장정, 제4절 위경죄의 즉결장정, 제5절 순검의 선용장정 등 5개 절로 이루어져 있다.

이와 같은 「행정경찰장정」은 경찰의 목적과 경찰관의 복무 요령, 경찰범의 기결 및 순검의 채용 방법을 일괄해서 표명한 헌장이라 할 수 있는데, 이는 일본의 「행정경찰규칙」(1875)과 「위경죄즉결례」(1885)를 혼합하여 한

---

1) 갑오개혁의 원안에서는 법무아문 소속이었으나 이후 개혁 당시에는 내무아문 소속으로 변화했다.

문으로 옮겨놓은 것이다(강용길 외, 2010: 35).

여기에는 영업, 소방, 위생, 교통, 언론, 풍속 등의 광범위한 사무가 포함되어 있어 경찰 업무 영역의 광범성 및 직무규정의 포괄성 등 근대 국가에서 흔히 나타나는 경찰 업무와 일반행정과의 미분화 현상을 엿볼 수 있다(임준태, 2002: 91; 伊藤俊介, 2010: 71).

3 광무개혁과 경부경찰 체제

우리나라에서는 1897년 연호를 광무로 개칭하고, 국왕을 황제로 칭하고, 국호를 대한민국으로 바꾸는 등 각종 제도의 개편이 있었다. 이후 1900년 6월 9일에는 고종황제의 조칙(詔勅) '경부(警部)를 설치하는 건'에 따라 3일 후인 6월 12일 경부관제(警部官制)가 반포되어 내부(內部)로부터 독립된 중앙관청으로 경부가 설치되었다.

경부경찰 체제는 경찰이 내부 직할에서 중앙관청인 경부로 독립한 점에는 역사적으로 의미를 부여할 수 있으나, 관장 범위가 한성 및 각 개항 시장의 경찰사무 및 감옥사무로 제한되고, 지방에는 총순(總巡)을 두어 관찰사를 보좌하도록 하는 등 이원적인 체제로 운영되었으며(강용길 외, 2010: 36-37). 경부 신설 이래 약 1년여 만에 경부대신이 1대 조병식부터 11대 이지용까지 11번이나 바뀌는 등 문제가 많아 「경무청관제」를 통해 전국을 관할하는 경무청(警務廳)을 신설하게 된다(허남오, 1998: 218). 한편 경무청은 갑오경장기의 경무청이 한성부만을 대상으로 한 데 대해, 전국을 관할하는 기관이었던 점에서 오늘날 경찰청의 원형으로 볼 수 있다.

4 을사조약과 한국 경찰권의 박탈

1) 고문경찰제도의 성립

1904년 8월의 제1차 한일협약을 통해 한국에서 이른바 고문정치가 시작되는데, 경찰은 다케시다(丸山重俊) 경시가 경무고문으로 초빙되어 한국 경찰제도에 대한 심의기안권을 차지하는 등 한국 경찰권을 통제하기 시작했다.

경무고문은 그 보좌기관으로서 경무청, 한성부 내의 5개 경찰서, 전국 각 지방에 일본인으로 경시, 경부 등을 배치하여 한국의 경찰을 장악해 나가기 시작했다(김충남, 2004: 62).

2) 통감정치의 시작과 경무부경찰 체제

1905년 을사조약에 의해 한국의 외교권이 완전히 박탈되고 통감정치가 시작되었다. 1905년 2월 내부관제와 경무청관제에 의거, 경무청이 다시 한성부 내의 경찰로 축소되고, 내부대신의 관할하에 있던 경찰이 '경무부'로 독립되어 경무총장이 경찰사무를 관장하게 되었다. 한편, 이와는 별도로 통감부에 경무고문부가, 각 도에는 경무고문 지부가 설치되어 직접 통감의 지휘를 받아 한국의 경찰을 사실상 지배해 나갔다.

3) 경시청 시대

1907년 7월 27일 「경무청관제」(칙령 1호)가 개정되어, 종래의 경무청이 경시청(警視廳)으로, 경무사는 경시총감으로, 경무관은 경시로 각각 개칭되었다. 이것은 한국의 경찰관청과 계급의 일본화를 위한 것이었다(임재강·한태천, 2008: 210).

이어 1907년 8월에는 한일협약 제5조에 따라 일본인 경무고문(警務顧問)이 경시총감이 되고, 각 도의 경무고문 보좌관을 각 도의 경시로 임명함으로써 한국 경찰의 수뇌부를 일본인으로 구성했다.

특히, 1907년 10월 일본인 경시 21인, 경부 78인, 순사 1205인이 한국 경찰로 임용되어 형식적으로 한국에 있는 일본 경찰이 한국 경찰에 흡수·통합되었다. 또한 1907년 12월 18일 내부관제로 종전처럼 내부(內部)에 경무국을 두고 경찰사무를 총괄케 했는데 이때 종전의 감옥사무는 경찰사무에서 제외되었다(김충남, 2004: 62).

4) 경찰권의 박탈

일본은 1908년 10월 29일 내각총리대신 이완용과 이토 히로부미(伊藤博文)에 의해 체결된 '경찰사무에 관한 취극서'를 통해 경찰사무의 지휘·감독권을 위양(委讓)하면서 우리나라의 경찰권을 박탈하기 시작한다.

이후 1909년 3월 15일 '재한국 외국 인민에 대한 경찰에 관한 한일협정'을 통해 한국에 있는 외국인에 대한 경찰사무의 지휘·감독권을 일본계 한국 경찰이 행사하도록 했으며, 1909년 7월 12일에는 '한국 사법 및 감옥사무 위탁에 관한 각서'를 체결하여 한국의 사법경찰권을 포함하는 사법권과 감옥사무가 일본으로 넘어가게 되었다(김충남, 2004: 62-63).

또한 한일합병이 이루어진 1910년 6월 24일에는 '한국 경찰사무 위탁에 관한 각서'가 체결되어 일본의 육군대신 데라우치 마사다케(寺內正毅)가 통감으로 부임하면서 이에 의해 한국의 경찰권은 완전히 상실되었다(이운주, 2001: 79).[2)]

제 3 절 일제 식민지기의 경찰

1 개관

일제 식민지기의 경찰은 일제 식민 지배의 중추기관이었다. 특히, 총독에게 주어진 제령권과 경무총장·경무부장 등의 명령권 등을 통해 전제주의

2) 갑오경장 이후 일본의 헌병은 최초 한성과 부산 간의 군용 전신선 보호 명목으로 대구에 본부를 두고 조선에 주둔했다. 일본의 헌병조례(1881년)에 의하면, 헌병은 군사경찰 이외에도 행정경찰, 사법경찰을 겸했고, 이 체제는 그대로 조선에도 적용되었으므로 사실상 헌병경찰로 보아도 좋을 것이며, 특히 반란 등의 사찰이나 정탐 등을 임무로 하고 있었으므로 조선 내에서 동학혁명의 정탐 이외에 진압 등에도 동원되었을 것으로 보인다. 일본 헌병의 한국 주둔은 한일합병 이후의 헌병경찰제의 시발점이 되었다. 또한 이들은 사회단체의 단속, 항일인사의 체포, 일본 관민의 보호 등 고등경찰 업무도 수행했다.

적 · 제국주의적 경찰권을 행사했을 뿐만 아니라 경찰 이념 역시 일본의 식민 지배를 공고히 하는 데 있었다.

또한 당시는 인간의 사상이나 이념까지 통제하는 사상경찰적 영역까지 경찰 기능이 확대되었으며, 중 · 일전쟁 이후에는 경제경찰 영역까지 확대되었다. 1919년 3 · 1운동 이후에는 헌병경찰제도로부터 보통경찰제도로 전환되었다고는 하나, 기본적으로 경찰의 직무와 권한에는 변화가 없었다.

따라서 이 시기는 경찰에 대한 '국민의 뼈저린 불신의 풍토'가 축적된 시기라 할 수 있을 것이다.

2 조선총독부의 설치

한일합병 이후 일본은 식민지 지배 체제의 공고화를 위해 일본은 한국의 국호를 대한제국에서 조선으로 환원시키고 통치기구로 통감부 대신에 총독부를 새로이 설치했다. 총독은 육 · 해군 대장 중에서 임명되었으며 「조선에서 시행할 법령에 관한 법률」을 통해 총독에게 주어진 제령권에 의해 한국에서의 입법권 · 행정권 · 사법권 및 군통수권을 장악하고 헌병을 포함한 경찰력을 행사했다 (신현기, 2010: 42-43).

3 헌병경찰제도(1910~1919)

조선총독부 초대 총독인 데라우치는 통치 방침으로서 질서 유지를 언명하고 이를 위해 헌병경찰제도를 실시했다. 따라서 1910년 9월 10일 헌병경찰 활동의 법적 근거인 「조선주답헌병조령(朝鮮駐剳憲兵條令)」(칙령 343호)에 의해 헌병이 신분을 유지한 채 일반 치안 업무를 담당할 수 있도록 했다 (임상곤, 2003: 28).

헌병경찰제도에 의해 중앙의 경무총감에는 주한헌병사령관이, 지방 각 도의 경무부장에는 각 도의 헌병대장이 임명되었다 (역사학연구소, 2004:

111). 특히, 일반경찰관이 주로 개항장이나 도시에 배치된 데 대해, 약 각 2만여 명의 헌병과 헌병보조원[3]은 주로 군사경찰상 필요한 지역이나 의병활동 지역 등에 배치되어 이들을 토벌하는 임무에 투입되었다(김당택, 2007: 375).

전국적으로 배치된 헌병은 첩보 수집, 의병 토벌, 검사직무 대리, 범죄의 즉결, 민사소송 조정, 도살 가축 검역, 납세 의무의 독려, 산림 감시 등 광범위한 활동을 했다. 한국인의 하찮은 언동도 단속 대상이 되었고, 특히 지방에서는 한국민의 생사여탈권을 쥐고 있었다.

또한 칙령을 통해 경무총장, 경무부장에게 경찰명령권이 주어져 세계에서 유례 없는 강력한 경찰 체제가 형성되었다(이운주, 2001: 79).

4 보통경찰제도(1919~1945)

헌병정치 또는 무단통치로 불리던 일본의 통치 방식은 1919년 3·1운동의 주원인이 되었으며, 이를 통해 헌병경찰제도 역시 마감하게 되었다. 일본은 헌병경찰정치를 버리고 소위 문화정치를 실시하여 식민정책의 일부를 수정했는데, 이 당시 경찰은 헌병경찰제도에서 보통경찰제도로 전환하게 된다.

따라서 종래의 총독부 직속의 경무총감부는 폐지되고, 그 대신에 경무국을 설치하여 전국의 경찰사무와 위생사무를 감독하도록 했다. 지방에서도 각 도에 제3부(1920년에 경무부로 개칭)를 도지사의 직할로 두어 경찰사무와 위생사무를 관장하도록 했다(신현기, 2010: 44).

그러나 이 당시 경찰제도는 헌병경찰제도로부터 보통경찰제도로 전환되었다고는 하나, 조직은 증대되고 기본적인 직무와 권한에는 변화가 없었다. 특히, 제도 시행 이후 1년 만에 경찰의 인력을 약 3배 증원하고, 전국 각지

---

3) 헌병보조원제란 한국인 중에서 무뢰배를 모집하여 그들의 사기, 강간, 강도 등의 악행을 묵인해 주는 대신 민족운동을 탄압하기 위한 밀정으로 이용했던 것을 말한다.

에 경찰서, 주재소, 파출소 등 경찰기관은 736개소에서 2,746개소로 증가했다(김당택, 2007: 393). 또한 치안 유지 업무 이외에 조장행정에의 원조, 민사쟁송사무, 집달리 사무 등도 계속하여 경찰이 맡아 수행했다.

오히려 정치범처벌법 등 각종 치안입법을 제정하고 일본의 「치안유지법」(1925)을 국내에 적용하는 등 탄압의 지배 체제를 오히려 한층 강화했다. 심지어 1937년 중일전쟁 이후에는 경찰 업무가 경제경찰, 외사경찰에까지 확대되었으며, 1941년 예비검속법 등을 통해 독립운동에 대한 탄압을 강화하는 한편, 전시 동원 체제를 공고히 하는 데 경찰이 이용되었다(임준태, 2002: 94).

제 4 절 미군정기의 경찰

1 개관

일본 패망 후 1945년 8월 15일부터 1948년 8월 대한민국 정부 수립 때까지 3년간 과도적 미군정이 실시되었다. 미국의 한국에 대한 정책 방침은 한국을 독립의 대상으로 삼지 아니하고, 점령 통치의 대상으로 삼아 조선총독부(1945년 9월 19일에 미군정청으로 개칭)를 통한 통치가 유지되고, 태평양미군총사령부 포고 1호를 통해 군정의 실시와 구관리(舊官吏)의 현직 유지가 포고되었다(김상웅, 1999: 5).

경찰제도에서는 아래와 같이 일제 시대에 비해 경찰의 활동 영역이 축소되고, 경찰의 이념에 민주적 요소가 도입되었으며, 여성 경찰제도가 신설되었다. 그러나 식민지기의 경찰제도과 인력에 대한 청산이 미흡하여 국민의 경찰에 대한 부정적인 태도가 불식되지 못했다.

2 경찰제도의 정비

1) 위생 업무의 이관 등 비경찰화

미군정기에는 경무국의 위생과를 폐지하고 신설된 위생국으로 위생사무를 이관하고, 경제경찰과 고등경찰을 폐지하는 등 일제하 광범위했던 행정경찰사무가 경찰에서 분리되는 비경찰화 작업이 진행되었다.

또한 소방 업무를 시, 읍, 면, 동의 소방부로 이관했으며, 종전 경무부에서 관장하던 각종 허가권의 일부를 각 도지사 또는 서울시장에게 이관했다(허남오, 1998: 218). 아울러 선박 및 선원의 단속과 현장조사 및 수색 업무 역시 재무부 세관국으로 이관했다.

2) 정보과의 신설

국민들을 감시하던 고등경찰을 폐지하는 대신 정보 업무를 담당할 정보과가 신설되어 정보경찰사무는 유지되었다.

3) 치안 입법의 폐지

일제 식민지 지배 체제를 유지시켜 주던 각종 치안 입법, 즉 치안유지법, 정치범처벌법, 예비검속법, 보안법, 집회 단속에 관한 법률, 신문지법, 출판법 등이 폐지되었다(김창윤, 2009: 226).

4) 경찰사법권의 폐지

일제 시대 행해졌던 경찰서장의 즉결처분 및 훈계방면권을 폐지하고, 1946년 사법부로 이관했다.

5) 경찰 이념의 민주적 요소 도입

1946년 미군정청의 「국립경찰조직에 관한 기본지침」에서는 기본적으로 행정의 능률화를 표방했다. 그러나 경찰봉의 도입, 여경제도의 신설, 경제

경찰의 폐지 등(허남오, 1998: 285-286). 종전에 제국주의적 치안 유지에 중점을 두었던 경찰의 임무가 미군정기 시기에 국민의 생명과 재산의 보호라는 자각이 생겼으며, 이를 통해 경찰 이념에 민주적 요소가 되입되었다.

6) 중앙경찰위원회 설치

1947년 11월에는 6인의 위원으로 구성된 중앙경찰위원회를 설치했다. 이 위원회를 통해 중요 경무정책의 수립 및 심의・결정, 경찰관리의 소환・심문・임면 등에 대한 경찰통제가 시도되는 등 민주적 요소가 강화되었다(임재강・한태천, 2008: 213).

7) 여성 경찰관제의 도입

1946년 5월에는 최초로 여자 경찰관을 채용하여 교육을 실시한 후 동년 7월 배치했다(김상호 외, 2004: 43).

8) 과학수사의 도입

1945년 10월 30일 법령에 기인하여 법무국 형사과 지문계가 관장하던 지문록 및 형사조사제도가 경무국에 이관되었으며, 경무부 수사국 산하에 '법의학실험소(Criminal Laboratory)'를 설치, 운영했다.

9) 공보 업무의 개시

1947년 3월 6일 각 관구경찰청 및 제주도 경찰감찰청에 경찰공보실을 설치했다.

10) 경찰검의 폐지와 표어의 제정

미군정기에는 칼 대신 경찰봉을 휴대하고 근무하도록 했으며, 경찰의 표어를 '봉사와 질서'로 채택하고 그 정신을 함양하기 위해 그 표어의 마크를 제복 상의 좌측 흉장의 위쪽에 패용하게 했다(강용길 외, 2010: 47-51).

3 미군정기 경찰의 특징

1) 부대로서의 경찰조직

미군정기 초기에는 해방 이후의 혼란에 대비하기 위해 일시적으로 경찰은 국방사령부의 지휘 감독을 받았는데, 이에 따라 이 시기에는 일종의 부대로서 경찰을 조직했다.

2) 경찰활동의 축소

군정의 실시와 더불어 시작된 구시대의 치안 입법의 정비와 함께 조직법적 정비도 이루어져 고등경찰이 폐지되고, 위생사무 등이 다른 행정청으로 이관되면서 그만큼 경찰의 활동도 축소되었다.

3) 경찰제도의 인력 개혁 미흡

치안입법 및 조직법적 정비와 더불어 경찰위원회를 설치하는 등 민주적 요소를 도입했으나, 미군정청은 좌익에 대항하기 위해 일제 식민지기의 경찰제도와 인력을 그대로 활용함으로써 경찰을 민주적으로 개혁할 기회를 갖지 못했다. 따라서 일제 시대 때 국민에게 각인된 경찰에 대한 부정적 이미지를 청산·불식하지 못했다.

제 5 절 정부 수립 이후 1991년 경찰법 제정 이전의 경찰

1 개관

이 시기는 독립국가로서 역사상 처음으로 자주적인 입장에서 경찰을 운용한 시기이다. 그러나 동족상잔의 비극(6·25동란), 계속되는 초기 민주주의의 시행착오, 경제 개발과 민주주의 간의 갈등 및 남북 분단이라는 시대적·상황적 한계를 지니고 있었다.

다만, 경찰작용에 관한 기본법으로서 「경찰관직무집행법」이 제정되었으며, 과거 식민 통치에 봉사하던 경찰이 처음으로 국민의 생명과 신체 보호 및 공공의 안녕과 질서 유지의 임무를 수행하게 되었다는 점에서 의의를 찾을 수 있다.

하지만, 경찰이 부정선거에 개입하는 등 정치적 중립을 해치는 일탈과 과오를 저질렀던 뼈아픈 시기였다. 그 때문에 국민의 경찰에 대한 최대의 요구는 정치적 중립이었으며, 경찰 내부적으로도 경찰기관의 독립이 숙원이었다. 1991년 경찰법의 제정은 이러한 배경 속에 이루어진 것이다.

2 1948년~1974년(내무부 산하의 치안국 시대)

1948년 8월 15일 대한민국 정부가 수립되고 「정부조직법」(법률 제1호)에 따라 미군정하의 경무부를 내무부가 인수하여 내무부의 일국(一局)으로서 치안국을 설치했다. 이는 경찰조직이 부(部)에서 국(局)으로 격하된 것을 의미하며(강용길 외, 2010: 54), 이는 일제하의 경찰에 대한 심리적 저항감 등으로 인해 경찰약화론이 우세했기 때문이다. 또 하나의 이유는 청산되지 않은 일본 관료 출신들이 정부조직법 제정에 참여하면서 일본 정부의 과거의 행정조직을 모방했기 때문이다. 따라서 이 시기 각 시·도의 경찰국도 시장 또는 도지사의 보조기구에 지나지 않았다.

1950년 한국전쟁의 발발로 경찰의 활동은 주로 전투였으며, 그 주된 임무는 구국경찰로서의 기능과 전시 치안 유지 기능이었기 때문에 경찰로서의 최소한의 기본 임무도 수행하기 어려웠다.

그러나 전운이 완전히 사라지지 않은 가운데에서도 1953년에는 국립과학연구소를 설립하고, 해양경찰대를 설치하는 등 경찰조직의 확대, 개편이 이루어지게 되었다.

한편, 1953년 12월 14일에는 경찰관의 직무 집행의 근거가 되는 「경찰관 직무집행법」이 제정되었는데, 이 법은 '국민의 생명·신체·재산의 보호(1조)라는 영·미법적 사고를 반영했다. 또한 일제 시기 경찰범처벌규칙을 제정하고 82종에 달하는 경찰 범죄를 규정하여 독립운동가 색출 등에 악용했는데, 1954년 4월 1일에는 「경범죄처벌법」을 제정하여 일제하의 경찰범처벌규칙을 폐지하고 경범죄의 종류를 45개로 축소했다. 그뿐만 아니라 1955년 6월 30일에는 전시 후 장차의 비상사태에 대비하기 위해 「경찰직무응원법」이 제정되었다(김충남, 2004: 67-69).

이후 1960년 3·15 부정선거에의 개입과 4·19혁명 시의 과잉 진압으로 경찰이 국민의 지탄의 대상이 되면서 집회 시위가 빈발하여 무정부적인 상태 속에서 경찰조직의 위기를 맡게 되었다(임재강·한태천, 2008: 214). 4·19혁명 후 소급입법으로 부정선거 책임자와 발포 경찰의 처벌을 규정하여 경찰고위직 및 사찰계(정보과) 형사 대다수가 징계면직되었다.

1960년 헌법(제2공화국 헌법)에는 경찰의 정치적 중립화가 조문화되었으며, 이를 실질적으로 보장하기 위해 정부조직법에 공안위원회를 두도록 규정했다. 1960년 5월 제4대 국회는 경찰중립화 법안을 마련하여 국무총리 소속하에 중앙공안위원회를 두고 중앙공안위원회의 관리하에 경찰청을 두도록 했으나 결국 이 법안은 유명무실화되고 말았다(허남오, 1998: 337-339).

1961년에는 5·16 군사쿠데타로 군정 체제가 등장했는데, 120명에 달하는 군장교 출신을 경찰간부직에 특채로 임용했다. 이것은 경찰행정상의 정책결정이나 집행 면에서 기존 경찰 직업관료에게는 위협적인 요인으로 작용했다.

1966년 7월에는 경찰관 개개인이 투철한 이성과 냉철한 사명감을 가지고 모든 위해와 불법과 불의에 과감하게 대처하며 항상 청렴·검소한 생활로써 영리를 멀리하고 오직 양심에 따라 행동한다는 '경찰윤리헌장'을 제정했다.

1968에는 '1·21 사태'를 계기로 대간첩 작전을 효과적으로 수행하기 위해 전투경찰대를 설치했다. 그리고 1969년에는 「경찰공무원법」을 제정하여 일반공무원과 다른 경찰의 직무상 요구되는 강제성, 긴급성, 위험성 등을 고려해 경찰에 맞는 인사제도를 마련함으로써 직업공무원제의 기틀을 갖추었다(허남오, 1998: 342-349).

3 1974년~1991년 이전(내무부 산하의 치안본부 시대)

1974년 8월 15일 영부인 저격사건을 계기로 경찰활동이 강화되면서 1974년 정부조직법을 개정하여 내무부 치안국을 내무부 치안본부로 개편하고 치안본부장을 차관급으로 승격시켰다. 그러나 치안본부는 여전히 내무부 산하기관이었다(정진환, 2006: 111-112).

중앙경찰 및 지방경찰은 내무부 및 시도지사의 보조기관으로 관청으로서의 지위를 갖지 못했다. 다만 경찰서장은 관청으로서의 지위를 가지고 있었다.

지방경찰국이 생기면서 경찰국장 직급도 치안감으로 격상했다. 또한 부족한 경찰력을 보충하기 위해 의무경찰제도를 도입(1983)하여 치안 업무를 보조하게 했으나 전문직업인으로서의 사명감이 부족하다는 비판이 있다.

한편, 부족한 경찰력을 보완하고 중요 시설의 경비를 위해 청원경찰법이 1962년에 제정되었으나 1970년대에 들어와 실질적 경찰 역할을 담당했다. 경찰이 맡아오던 소방 업무는 1975년 내무부 민방위본부로 이관되면서 경찰 업무에서 제외되었다.

아울러 「경찰대학설치법」 제정(1979)에 따라 경찰대학이 4년제 정규대학으로 설치되어 1981년부터 신입생을 선발했다(조철옥, 2007: 122-123).

1980년대 이후 5공화국과 6공화국 시기에는 민주화의 요구가 거세지고, 사상 최대의 파업 투쟁, 고(故) 박종철 군 고문치사사건 등 사회적 혼란이 극에 달한 바 있다. 또한 이 시기에 경찰은 정치적 중립과 민주성을 확보하지 못해 국민들로부터 외면받기도 했다.

그러나 이와 같은 과정에서도 경찰은 아시안게임(1986년)과 서울올림픽(1988년)의 개최에 따른 행사장 안전 유지, 요인 경호, 대테러 업무 등을 완벽히 수행함으로써 한국 경찰의 역량을 국내외에 유감없이 발휘하기도 했다(김충남, 2004: 74-76). 또한 1990년 10월 13일 '범죄와의 전쟁'을 선포하여 경찰 기능을 시민의 생명과 재산 보호에 역점을 둠으로써 시민과의 관계를 재정립하기에 이르렀다(이상안, 2003: 135).

제6절 1991년 경찰법 제정과 경찰청 체제

1 경찰법 제정

경찰제도 개혁 논의는 선거 부처에서 독립하여 정치적 중립성을 확보하는 데 초점을 두어 왔다. 우리나라 경찰사에서 여러 번 경찰의 중립화를 위한 시도가 있었으나 매번 무산되었다.

이후 1988년 행정개혁위원회가 발족되어 경찰중립화를 위한 방안이 마련되었다. 1989년 10월 20일 여당이었던 민자당이 '경찰법안'을 작성하여 국회에 제출했고, 난항 끝에 1991년 5월 10일 임시국회를 통과하고 5월 31일 공포되어 7월 1일부터 시행되게 되었다(강용길 외, 2010: 57-58).

1991년 경찰법 제정의 배경은 경찰에 대한 정치적 중립의 요청과 내부적으로 거론되어 온 기구 독립에의 열망에 따른 것이라고 할 수 있다.

2 경찰법 제정의 의의

경찰법의 제정은 경찰조직법의 정비라는 점에서 의의를 찾을 수 있다. 특히, 경찰법은 우리나라의 경찰조직에 관한 기본법으로 각종 법령에 산재되었던 경찰조직에 관한 규정을 하나의 조직법적 체계로 정비했다는 점에서 그 가치가 인정된다(이운주, 2001: 95).

또한 경찰의 정치적 중립성 보장을 확보했다는 점이다. 경찰법의 제정으로 종래 내무부(현행 행정안전부)의 보조기관이었던 치안본부가 내무부의 외청으로 승격하여 반독립관청이 됨으로써 완전한 의미의 경찰 독립은 아니지만 상당한 정도의 정치적 중립성을 보장받게 되었다. 그러나 경찰을 선거 부처로부터 완전히 독립시키지 못해 완전한 정치적 중립을 확보하지 못한 아쉬움이 있다.

경찰청과 지방경찰청의 독립관청화 역시 중요한 의미를 갖는데, 이로 인해 현재 경찰청장, 지방경찰청장, 경찰서장은 모두 관청으로서의 지위를 가지고 있다.

한편, 경찰법 제정을 통해 경찰위원회제도가 도입되었다. 즉, 경찰 업무에 관한 주요 정책을 심의·의결하기 위해 합의제 행정기관인 경찰위원회를 도입함으로써 향후 경찰에 대한 민주적 통제 시스템의 구축을 위한 토대를 마련했다고 볼 수 있다(김상호 외, 2004: 52-53).

Chapter 03

외국 경찰의 역사와 제도

제 1 절 경찰의 개념

한국 경찰은 외국법의 계수와 이식 등을 통해 일본, 미국, 유럽 등으로부터 영향을 받았으므로 한국 경찰의 현주소를 파악할 수 있다. 그러므로 세계 경찰사에 흐르는 사상과 이념, 제도의 변화 등을 상호 비교함으로써 경찰제도의 공통 개념과 일반 원리를 탐색할 수 있고, 경찰의 뿌리를 근원적으로 규명하는 데 유용하다. 또한 외국 경찰제도의 연구를 통해 국내법의 해석과 새로운 법의 제정하는 데 효용성이 크며, 한국 경찰의 나아갈 방향에 많은 도움을 얻을 수 있다.

제 2 절 경찰제도의 세 가지 패러다임

1 개요

민주국가는 국민의 자유와 권리 보장을 국가 이념으로 하는 한편, 동시에 범죄통제를 포함하는 공공의 안녕과 질서 유지를 국가의 책무로 하고 있다. 그런데 공공의 안녕과 질서 유지를 위해서는 국민의 자유와 권리의 제약이 필연적으로 수반될 수밖에 없다. 따라서 양자를 어떻게 조화시킬 수 있는가가 민주국가의 최대 관심사가 되고, 이러한 관심은 경찰제도의 모형에 직접 반영된다.

민주국가의 경찰제도는 대체적으로 분권화 체제, 집권화 체제, 절충형 체제로 구분된다.

2 경찰제도의 세 가지 패러다임

1) 분권화 체제

이는 중앙정부가 직접 강력한 경찰조직을 관리해 나가는 방식이다. 따라서 경찰권에 대한 모든 책임은 중앙정부가 지게 된다. 이러한 제도를 취하는 나라에서는 국민 개개인의 보호보다는 공공의 안전과 질서 유지 부문을 더 중요시하는 것으로 보인다. 집권형 경찰제도의 경우 중앙정부에서 강력한 경찰권을 행사하다보니 전국적으로 광역 간의 수사 공조가 일사불란하게 잘 이루어져 전국적 범죄에 신속히 대응하는 장점을 보여준다. 반면에 중앙정부로부터 국가의 이익이 지방정부 차원의 이익보다 앞선다는 단점도 보여준다. 이러한 경찰제도를 취하는 국가로는 한국, 프랑스, 이태리, 스페인, 스웨덴, 핀란드, 노르웨이, 덴마크, 이스라엘 등이 있다.

2) 집권형 체제

집권화된 경찰 체제는 경찰력이 중앙정부의 직접적인 통제하에 놓이게 되는 체제를 말한다. 경찰력이 중앙정부의 집권적인 통제하에 놓이고, 법집행의 성공과 실패에 대한 직접적 책임을 중앙정부가 진다. 이러한 경찰 체제에서는 사회의 권리를 개인적인 시민의 권리보다 더 중시한다. 하지만, 집권적 경찰 체제는 전체주의 국가에서만 특징적으로 나타나는 것은 아니며 또한 민주주의와 반드시 대립되는 것도 아니다.

집권형 제체의 장점은 강력하고 광범위한 집행력을 행사하며, 긴밀한 협조 체제를 유지할 수 있을 뿐만 아니라 경찰 운용상의 기동성이 풍부하다는 점이다. 그리고 전국 공통의 법령을 가져 범죄 수사에 유리하고, 인력을 적재적소에 배치하는 것이 가능하며, 승진 기회가 확대될 수 있다. 또한 경비 조달이 용이하며, 인사정책에서의 간섭을 배제할 수 있다. 반면에 집권화 체제는 시민의 자유 보호에 소홀하게 될 수 있는 단점이 있다.

대표적인 국가로는 한국을 비롯하여 프랑스, 이탈리아, 핀란드, 이스라엘, 대만, 아일랜드, 덴마크 그리고 스웨덴 등이 있다.

3) 절충(통합)형 체제

절충형 체제는 중앙정부와 지방정부가 경찰에 대한 권한을 분담하고 있는 체제이다. 이 모형은 국가경찰제도의 권력 남용에 대한 우려와 분권적인 경찰 체제의 비효율성을 극복하기 위해 마련되었다. 절충형 체제에서는 경찰 서비스의 제공에 대한 지방통제도 이루어지고 있으나 국가적인 기준이 또한 지켜지고 있다. 또한 경찰기관의 수가 집권적 체제보다는 많으나 분권화 체제보다는 적은 편이다.

제도의 장점으로는 경찰 서비스 제공에 대해 지방정부는 중앙정부가 지방의 이익을 무시하지 못하도록 하고 부패를 방지하는 동시에 중앙정부는 경찰 서비스의 열악화와 부패를 방지하는 역할을 하여 경찰 업무가 통일적으로 수행된다는 점이 있다. 반면에 단점으로는 다양해지는 경찰 서비스 제공 요구에 대해 분권화된 경찰 체제보다는 덜 효과적이며, 범죄통제와 시민의 자유 보호 간의 균형이 매우 어려운 과제라는 점이다.

대표적인 국가로는 일본, 호주, 브라질, 영국, 독일 등이 있다(조철옥, 2012: 45-47).

제 3 절 영국의 경찰

1 영국 경찰의 역사

1) 고대 경찰

(1) 자치치안 체제

고대 영국에서 공공의 안녕 유지에 대한 1차적 책임은 시민 또는 전체로서의 마을이 지는 것으로 되어 있었다. 따라서 영국의 경찰제도는 일종의 자치치안 체제로서 시민자치권의 일종으로 형성되었다.

(2) Tything(10인조)제도

고대 영국에서는 시민자치권의 일종으로 경찰권이 형성된 후 지역마다 10가구씩 하나의 집단을 이루어 치안을 유지하는 Tything제도가 형성되었다. Tything의 장은 "저놈 잡아라"라고 고함질러 도적을 추적하고, 범죄자를 체포하며, 형벌을 부과할 책임이 있었다.

(3) Hundred제도

Tything은 다시 100단위로 묶어 분류되었으며, 100인조합의 관리자인 경찰관(constable)은 오늘날 경찰의 기원이 되었다. 또한 Hundred에서 선출된 Shire-Reeve는 후세의 보안관(sheriff)제도의 기원이 되었으며, 이들은 해당 지역에서 행정권과 사법권을 행사했다(이윤근, 2001: 71-72).

2) 중세 경찰

(1) Frankpledge제도

1066년 노르만의 영국 침공 이후 Tything제도는 Frankpledge제도로 변화되었다. Frankpledge는 성인 남자 10인으로 구성된 1조를 의미하며, 개개인의 행위에 대해 연대 책임을 지는 제도이다. 이는 앵글로색슨 시대의 '국왕의 평화(King's of Peace)'를 달성하기 위해 법집행의 보장과 침입 부족으로부터의 지역사회 보호를 위한 목적으로 만들어진 것으로 이웃에 대한 각 조원의 책임과 각 조원에 대한 집단의 책임을 확립하는 방법으로 12세 이상의 남자인 자유민은 10인조의 구성원이 되어 평화 유지의 책임을 져야 했다.

공동 책임의 단위는 봉건영지인 장원(莊園)이고, 장원의 영주는 자신의 영지를 통치하는 데 필요한 경찰관(constable)과 지방관리를 선출(임명)했는데 13세기 말에는 이 경찰관의 지위가 국왕에 의해 인정되기에 이르렀다.

Frankpledge의 우두머리인 보안관(sheriff)은 중앙정부에 의해 임명되어 치안과 행정의 집행을 담당했다(이윤근, 2001: 71-72).

(2) 윈체스터 법령

① 의의

1285년 에드워드 1세는 각종 범죄로 사회가 불안하자 중소도시(Town)의 경찰활동을 보장하기 위해 윈체스터 법령(Statute of Winchester, 1285)을 제정했다. 윈체스터 법령은 노르만족의 침공 이후 1829년 수도경찰청법이 제정될 때까지 약 600여년 동안 거의 유일하게 존재하여 중세 영국 경찰의 조직과 활동을 규율하는 법령으로서 중요성을 갖는다.

② 내용

윈체스터 법령은 종래의 사회 안녕 유지에 대한 마을 책임제 원칙을 확인시켜 준 계기가 되었다. 윈체스터 법령에 의하여 중소도시(Town)에 야경인(watchman)제도를 도입하여 종래의 경찰관(constable)의 임무를 보좌하게 했으며, 종래 앵글로색슨의 전통인 '저놈 잡아라(Hue and Cry)'를 법령화하여 모든 주민에게 범죄자 추적 의무를 부과했다. 또한 범죄 대처 방안의 강화책으로 15세~60세의 남자들에게 그 신분 계급에 따라 일정한 무기·장비(철모, 칼, 활 등)의 보유·비치 의무를 부과하기도 했다(박창호 외, 2004: 398).

(3) 교구경찰

중세 시대에는 교회지역의 사회 단위인 교구(Parish)가 행정력을 갖춘 지방정부 단위로 바뀌면서 각 교구도 경찰관(constable)을 임명했다. 교구경찰은 본래 윤번으로 근무하는 무보수의 봉사직으로 16세기 중반까지 교구가 임명하는 최고의 직위 중 하나였으나, 이후 중상주의의 영향으로 점차 부유한 상업가 계층이 대가를 지급하고 대리인으로 하여금 경찰직을 수행하도록 하면서부터 쇠퇴하기 시작하여, 나중에는 실업자들이 낮은 보수를 받고 준영구적으로 경찰 업무를 수행하는 형태로 변질되었다. 또한 경찰관으로서 봉사해야 할 의무는 소위 타이번 티켓(Tyburn Ticket)을 취득함으로써 면제받을 수 있었다.

그러나 이러한 제도는 점차 그 의미가 퇴색하여 파행적 운영을 거듭했다. 따라서 18세기 말경의 교구경찰은 문맹자나 범죄집단 출신이 다수를 차지하고 있었으며, 이러한 많은 문제점 때문에 교구경찰은 근원적 수정을 요하게 되었다(박창호 외, 2004: 398).

3) 근대 경찰 이후

(1) 로버트 필경의 수도경찰청 설치

영국의 근대적 경찰제도는 산업혁명에 따라 치안 수요가 급증하던 1829년 내부무 장관이었던 로버트 필경(Sir Robert Peel)이 수도경찰청(Metropolitan Police Service)을 설치함으로써 탄생되었다. 이로써 다원적인 경찰조직이 통합되어 일원화되었다. 로버트 필경은 영국 경찰사에서 분립되어 있던 경찰조직을 통합하고 수도경찰청을 설립하는 등 영국 경찰의 기초를 확립한 사람으로 그의 애칭 보비(Bobby)는 영국 경찰의 상징으로 불리고 있다.

이후 영국의 각 지방에서는 1835년 도시자치법(Municipal Corporations Act)을 제정하여 시군경찰위원회(Watch Committee)를 발족하는 등 전국 경찰 표준화작업을 했다. 또한 농촌지역에서는 1829년 군경찰법(County Police Act) 시행으로 인구 1000명당 1명의 경찰관을 임용하도록 했다(강용길 외, 2010: 370-372).

참고 로버트 필경이 제시한 지휘 지침

① 경찰은 안정되고 능률적이며 군대식으로 조직되어야 한다.
② 경찰은 정부 지배를 받아야 한다.
③ 범죄의 부재는 경찰 효과의 가장 좋은 증명이다.
④ 경찰력을 시기별 또는 지역별로 전개하는 것이 필요하다.
⑤ 완전한 감정통제 이상으로 경찰관에게 절대 필요한 자질은 없으며, 평온하고 결의에 찬 태도는 실력 행사 이상의 효과를 갖는다.
⑥ 단정한 외모는 존경을 산다.
⑦ 적격자의 선발 훈련은 능률의 근본 요소이다.
⑧ 경찰본부는 중앙에 위치하고, 시민이 쉽게 찾을 수 있어야 한다.
⑨ 경찰관의 채용에는 시보 기간을 두어야 한다.
⑩ 경찰력의 적절한 배치를 위해 경찰문서가 필요하다.

(2) 근대 경찰 창설 이후의 변화

로버트 필경에 의해 근대 경찰이 탄생한 이후 영국에서는 1856년 자치경찰에 대한 내무부 장관의 감독과 통제권 강화를 위해 도 및 특별시경찰법(County and Borough Police Act)을 제정했다.

또한 1919년 경찰관의 근무 여건 개선 요구 등을 반영한 「경찰법(Police Act)」이 제정되었으나 실현은 되지 않았다. 1931년에는 치안총수가 된 트렌차드는 순찰제도의 개선과 경찰 설비의 확충을 실시하기도 했다.

(3) 1959년 왕립 경찰개혁위원회

영국에서는 20세기 이후 경찰의 부패·비능률·비효율에 개혁의 요구가 높아지면서 왕립 경찰개혁위원회가 발족되어 보고서를 제출했다. 이 보고서는 경찰관의 근무 조건 개선, 지방경찰의 난립에 따른 조직과 권한 행사의 불통일을 시정하기 위해 프랑스식 국가경찰제도의 도입을 제안했으나 자유주의적 전통에 익숙한 영국민의 반대로 실현되지 못했다.

(4) 1964년 경찰법 제정

1959년 왕립 경찰개혁위원회의 개혁안이 실현되지 못한 이후 영국에서는 1964년 경찰법(Police Act 1964)이 제정되어 다양한 개혁운동이 이루어졌다. 당시 경찰법을 통해 183개의 지방경찰청들을 52개의 경찰청으로 통폐합했다. 또한 경찰관리기구를 통일하면서 런던 수도경찰청과 런던시경찰을 제외한 모든 경찰의 관리기구를 경찰위원회로 통일했다. 그리고 현재까지도 영국 경찰의 핵심으로 자리 잡고 있는 경찰의 관리와 운영의 3원 체제를 규정했다. 1964년의 경찰법에 따르면 경찰의 관리와 운영면에서 내무부 장관, 경찰위원회, 경찰청장 사이의 3원 체제가 규정되었는데, 3자는 각각 다음의 권한과 책무를 가지게 되었다(신현기, 2010: 346-347).

① 내무부 장관(Home Secretary)

- 경찰의 능률성을 향상시키기 위한 권한 행사 기능
- 능률성 향상을 위해 경찰위원회에 특정 경찰청장 퇴직 요구
- 각 경찰청장에게 특정 사안에 대한 진상보고서 제출 요구
- 매년 각 경찰청의 활동 내역을 담은 연례보고서를 경찰청장들로부터 보고받음
- 각 경찰청 예산의 50% 이하 지원(1994년 경찰법 이후)
- 경찰의 근무 조건, 행정 등에 관한 규칙제정권 보유
- 공공의 안녕과 질서 유지를 위해 필요한 경우, 특정 경찰청장으로 하여금 다른 경찰청을 원조하도록 지휘 가능

② 경찰위원회(Police Authority)

경찰을 관리하는 경찰위원회는 1/3의 치안판사와 2/3의 지방의회 의원으로 구성된다.

- 해당 지역 경찰의 적절하고 효율적인 경찰력의 확보
- 내무부 장관 동의하에 경찰청장 임명
- 내무부 장관 동의하에 건물, 구조, 토지 등을 경찰에 제공
- 차량, 장비, 피복 등을 경찰에 제공
- 매년 해당 지역 경찰청의 활동 내역을 담은 연례보고서를 제출받음

③ 경찰청장(Chief Constable)

- 해당 지역 경찰을 지휘 및 통제
- 매년 자신의 지휘하에 있는 경찰의 활동 내역을 담은 연례보고서를 내무부 장관과 경찰위원회에 제출
- 특정 사안과 관련하여 내무부장관, 경찰위원회의 요구가 있는 경우 보고서 제출(강용길 외, 2010: 372-373).

(5) 1984년 경찰 및 형사증거법 제정 이후

① 1984년 경찰 및 형사증거법 제정

영국에서는 1980년대 혼란한 치안 상태가 계속되자 경찰력을 강화하고 시민을 보호하기 위해 「경찰 및 형사증거법(Police and Criminal Evidence Act)」을 제정했다.

② 1992년 국립범죄정보국(NICS) 창설

1992년에는 내무부 장관 직속의 경찰기관으로 국립범죄정보국을 창설하여 범죄정보의 수집·분석·배포 기능을 담당케 했으며, 1997년에는 경찰법으로 자체 수사 권한까지 보유하게 했다. 관리기관으로 국립정보위원회가 신설되었으며, 미국의 FBI에 유사한 국가수사기구로서 광역적·조직적·국제적 범죄에 대응하기 위한 것이었다. 그러나 현재는 이 기구가 중대 범죄조직청으로 통폐합되었다.

③ 1997년 국가범죄수사국(NCS) 설치

국가범죄수사국은 1997년 경찰법에 의해 종래의 지역수사대를 일원화하여 중대범죄·조직범죄·국제범죄를 전담하는 기구로 창설되었다. 특히, 이 기구는 영국 경찰의 중앙집권화적 요소로서 국립범죄정보국(NICS)의 설립과 더불어 매우 중요한 사안이었다. 그러나 국립범죄정보국과 마찬가지로 이 기구 역시 중대 범죄조직청으로 통폐합되었다.

④ 1998년 '런던자치정부 수립을 위한 법안' 통과

1998년 5월에 이 법안이 런던시민투표에 의해 통과됨으로써 2000년부터 시장 직선·대런던회의 구성·경찰위원회 창설 및 종래 준국가경찰이었던 수도경찰청의 자치경찰화가 이루어지게 되었다(박창호 외, 2004: 400-407).

⑤ 영국 중대범죄조직청(SOCA)의 창설

영국 중대조직범죄청(Serious and Organized Crime Agency: SOCA)은 마약 밀매와 인신 매매, 화폐 위조 같은 대형 조직범죄를 소탕하기 위한 조직으로 2006년 4월 3일 공식 발족했다.

'영국판 FBI(연방수사국)'인 SOCA는 영국 최초의 비경찰 법집행기관으로 경찰, 세관, 이민국에서 전문가들을 영입해 막강한 수사권을 갖고 국경을 넘나들며 조직범죄와 전쟁을 벌이고 있다. 또한 SOCA는 기존의 국립범죄수사국(NCS), 국립범죄정보국(NCIS)을 합쳐 세관 및 내무부 이민 업무 조사진을 구성했으며, 인력은 전직 경찰관 수백 명을 포함해 4,200명 정도, 그리고 연 예산은 4억 파운드에 달한다.

SOCA는 세계를 무대로 활동하는 인신매매범과 마약밀매범 등 조직범죄단을 소탕하기 위한 국제화 작업의 일환으로, 최대 140명의 요원이 해외에 주재하며 외국 사법 당국과 사상 유례 없는 공조 수사를 펼치고 있다. 현재 영국의 인터폴 국가중앙사무국도 중대범죄조직청이다(허경미, 2013: 288-289).

⑥ 국가경찰력향상국(NPIA)의 창설

2007년 4월 국가경찰력향상국(NPIA)의 창설이 이루어졌다. 이 조직은 영국 경찰의 3원적 구조의 비효율성을 개선하고 경찰의 능력을 향상시키기 위해 창설되었다.

국가 차원에서 각 지방경찰이 일정한 수준의 경찰력을 갖출 수 있도록 정보통신기술, 정보의 공유와 경찰관의 교육을 지원할 수 있는 전문 지원기구라고 할 수 있으며, 조직 내에 중대범죄분석실, 범죄수사지원실, 국가피해자자료실, 국가실종자담당실로 구성되어 있다(하상군 · 김종길 · 조성택, 2013: 92).

2 영국의 경찰조직

1) 영국 경찰의 특징

(1) 자치경찰제의 전통

영국의 경찰제도는 시민자치권, 즉 주민자치치안(self policing)의 전통에 따라 각 지방의 경찰위원회의 관리하에 자치경찰제도를 운영하며 원칙적으로 상호 지휘나 감독 또는 통제를 받지 않는다.

(2) 지역별로 독특한 경찰제도 운영

영국은 잉글랜드 및 웨일스, 스코틀랜드, 북아일랜드로 나뉘어 있는바, 이들 지역에서는 각각 독특한 경찰제도를 운영한다.

(3) 자치경찰의 민주성과 중앙통제 장치의 효율성을 동시 추구

영국에서는 전통적 관점에 따라 자치경찰을 운영함으로써 민주성을 추구하는 동시에 중앙통제장치를 강화함으로써 효율성도 추구하고 있다. 중앙통제장치로는 내무부에 경찰국을 두어 경찰과 범죄 관련 국가정책 결정, 경찰교육 등의 업무를 담당케 하고, 국가수사기구(NICS, NCS, SOCA)를 창설하는 것 등을 들 수 있다(박창호 외, 2004: 405-406).

(4) 일반경찰과 특별경찰로 구성

영국 경찰은 외형상 2원화된 경찰제도를 취하고 있는바, 경찰은 일반경찰(총 52개 경찰청)과 특별경찰(군대, 하천, 대학 등의 특수한 목적 수행을 위한 경찰)로 구성되어 있다.

(5) 권한의 특징

영국 경찰은 한국과 달리 불심검문권, 압수·수색권, 체포·구금권과 함께 영장을 직접 법관에 청구할 수 있다. 또한 불기소처분에 대한 독자적 수사종결권을 가지고 있다. 특히, 1985년 범죄소추법의 제정 이전까지는 기소업무도 경찰의 독자적 권한이었으나, 법 제정 후 검찰에 이전되었다는 점에서 한국보다 우월한 경찰의 지위를 확보하고 있는 것으로 볼 수 있다.

2) 경찰조직

(1) 내무부

영국 내무부(Home Office)는 전국 경찰의 효율성 향상을 위해 각종의 연구, 정책 개발, 감사, 조정, 통제, 예산 및 인사 기능뿐만 아니라 전국경찰의 교육훈련, 과학 수사, 정보통신 등 업무를 수행한다(이윤근, 2001: 84-85).

(2) 잉글랜드 및 웨일스 경찰

① 수도경찰청

수도경찰청(런던경시청)은 내무부 장관 직속으로, 다른 자치경찰과는 다른 특수한 권한을 가지는 준국가경찰이었으나, 1998년 5월에 '런던자치정부 수립을 위한 법안'이 런던 시민투표에 의해 통과됨에 따라 2000년 7월부터 자치경찰화되었다.

이에 따라 경찰위원회가 설치되어 다른 지방경찰청과 같이 3원 체제로 경찰을 관리・운영하고 있다. 그러나 왕실 경호, 대테러 등 국가적 사무와 외국과의 공조 수사 등 국제적 사무는 여전히 내무부 장관과 경찰청장이 직접 논의하여 결정한다.

수도경찰청의 하부조직으로는 외근・형사국과 특별업무국이 있다. 이들 각 국장은 수도경찰청장과 같이 내무부 장관의 추천으로 국왕이 임명한다.

가. 외근・형사국

외근・형사국은 정복경찰 및 형사경찰의 관리 운영(정복경찰 숫자 〉 수사경찰 숫자)을 담당하고 있으며, 파출소제도가 없는 영국 경찰의 특성상 담당구역 내에서 순찰근무만 맡는다. 영국의 수사경찰과 정복경찰은 별개의 인사 교류가 없고, 명령 계통도 상이하다(경찰공제회, 2006: 93).

나 특별업무국

특별업무국은 영국 전역에 걸쳐 안보에 관계되는 범죄수사 및 정보 수집, 왕실・각료・외국 귀빈 등의 보호, 외국인 및 총기 등 사건의 조사 등을 수행한다. 또한 지방경찰에 정보를 제공하고 국제형사경찰기구와의 연락 등을 담당한다. 주요 부서로는 중요범죄과(조직범죄, 폭발물범죄 등 중요 범죄에 대해 전국에 걸쳐 수사), 특별과(국가 안전에 대한 범죄수사 등 경비보안경찰 분야 담당), 기동수사대(신종 범죄 진압을 위한 감식장비와 기동력 보유), 경호부(안보에 관한 첩보 수집, 요인 및 공관의 경호경비, 대테러 업무) 등이 있다.

참고 **국가상황실**

① 대규모 시위·소요 사태에 대처하기 위해 1972년 수도경찰청에 설치되었다.
② 각 지방경찰청 기동대의 경찰력의 이동·배치 등을 지휘한다.
③ 상황실의 실장은 영국 경찰청장협의회의 회장이다.

② 런던시경찰청

런던시는 런던특별시의 중심부에 위치하는 금융 등의 중심지로서, 수도경찰청과 독립한 자치체경찰을 운영하고 있다. 따라서 런던시경찰은 자치경찰의 하나이지만 런던시가 다른 도시와 전혀 다른 전통과 특징을 가지고 있으므로 다른 도시의 자치경찰과는 현저히 다른 연혁과 조직을 가지고 있다.

런던시경찰의 관리권은 시의회(의원과 치안판사로 구성된 런던시의회 내 경찰위원회(Police Committee))가 가지고 있다. 시의회는 국왕의 동의를 얻어 런던시경찰청장의 임명, 경찰예산의 의결, 규칙 및 조례제정권 등을 가지나 실제 경찰 업무의 집행은 런던시경찰청장이 행한다.

③ 지방경찰

영국에는 수도경찰청을 포함하여 43개의 지방경찰청이 있는데, 이들은 모두 지방자치경찰제도를 취하고 있다. 따라서 수도경찰청을 포함한 지방경찰청의 관리는 내무부 장관, 지방경찰위원회, 지방경찰청장의 3자가 권한과 책임을 분담하는 3원 체제 또는 3각 배분이라는 독특한 형태를 취하고 있다.

지방경찰의 관리기관은 지방의회 의원과 치안판사로 구성되는 경찰위원회이며, 지방경찰의 최고책임자에는 내무부 장관의 동의를 얻어 경찰관리기관(경찰위원회)이 임명하는 경찰청장이 있고, 그 밑에 차장을 1명 둔다.

한편, 영국의 지방경찰에는 중앙정부에 의한 통제도 일정 부분 인정되고 있다. 첫째, 재정보조와 감사활동으로 내무부는 지방정부 예산의 50%를 부담하고 매년 이에 대한 합법성·합목적성을 감사함으로써 통제한다. 둘째, 인사권을 장악하고 있는데, 내무부 장관은 지방경찰위원회 위원의 선임권,

지방경찰청장 임면요구권 등 인사권을 장악하여 통제한다. 셋째, 내무부 장관은 전국 경찰의 인사, 복무규율 등 제반 규칙을 제정하여 전국적인 통일성을 유지한다. 넷째, 경찰 관련 연구·정책 개발이나 기술 제공 등을 통한 통제의 권한과 동시에 지방경찰청장에게 경찰 관련 사안에 대한 보고요구권을 가지며, 지방경찰청장은 이에 응할 의무가 있다.

한편, 지방의회와 지방경찰청의 관계는 지방의회는 경찰위원회 17명 중 9명을 선임하고, 지방치안 관련 질의·답변 요구를 하지만 경찰의 지휘·운영에는 관여하지 못하며, 경찰청장에 대해서는 출석 요구를 할 수 없다(이윤근, 2001: 86-90).

④ 특별경찰

㉠ 군대 및 원자력위원회경찰

군대 및 원자력위원회 소유나 특별구역 및 군대의 군사 목적이나 그 목적 수행과 관련하여 사용하는 지역과 15마일 이내의 구역을 관할한다. 조직의 장은 육군최고회의, 해군본부, 공군최고회의 및 원자력위원회의 지명으로 임명되기 때문에 임명 기관이 배타적으로 관리하고 경찰관을 정직하거나 해직할 수 있다.

㉡ 철도경찰

철도경찰은 운수위원회 소유 및 임차 중인 철도, 항만, 수로, 정류장, 방파제, 호텔과 공장 및 그 인접 지역을 관할하는 특별경찰이다. 철도경찰의 장은 운수위원회의 요청으로 치안법관이 임명한다.

㉢ 운하 및 하천경찰

운하 및 하천경찰은 운하와 하천, 이에 소속한 공장 또는 위 회사에 소속한 철도, 궤도, 방파제, 수문, 육영시설 및 인접 1/4마일 이내의 지역을 관할한다. 조직의 장은 하천 경영 회사관리위원회 등의 신청으로 치안법관이 임명하고, 치안법관이나 추천자는 면직할 수 있다. 경찰관에 대한 봉급, 기타 비용은 회사가 부담한다(허경미, 2013: 289).

㉣ 타인강 경찰

타인강 경찰은 타인강과 그 연안을 관할한다. 관리기관은 타인강개발위원회이나 실제로는 그 밑의 경찰위원회에 모든 권한을 위임한다.

㉤ 항만경찰

항만경찰은 부두, 운하, 다리, 철도와 공장이나 토지 및 인접 1마일 이내의 지역을 관할한다. 조직은 런던항만경찰과 전국항만경찰로 나뉘며, 이 중에서 런던항만경찰은 런던항만관리청장이 임명하고, 전국항만경찰은 치안법관이 임명한다.

㉥ 민간항공경찰

민간항공경찰은 교통부 장관의 관할구역 내에서 민간항공과 관련하여 경찰 임무를 수행한다. 조직의 장은 교통부 장관의 추천으로 치안법관이 임명하며, 교통부 장관은 경찰관을 전속 지휘하고, 정직 또는 면직시킬 수 있다.

㉦ 대학경찰

대학경찰은 대학구내 및 인접 4마일 이내를 관할하며, 조직의 장은 대학법에 의해 대학의 총장이나 부총장이 임명 또는 면직한다.

㉧ 공원경찰

공원경찰은 공중위생법이 정한 공원과 유원지를 관할하며, 공원경찰의 장은 지방자치단체가 소속 직원을 공원 관리 목적으로 하여 경찰관으로 임명한다.

참고 **특별경찰의 임명권자 정리**

- 철도경찰, 운하 및 하천경찰, 전국항만경찰, 민간항공경찰: 치안법관
- 군대 및 원자력위원회경찰: 육군최고회의, 해군본부, 공군최고회의 및 원자력위훤회의 지명
- 런던항만경찰: 런던항만관리청
- 대학경찰: 대학총장(부총장)
- 공원경찰: 지방자치단체

(3) 스코틀랜드 경찰

스코틀랜드 경찰제도는 자치경찰제도를 취하고 있으며, 현재 8개의 지방

경찰청이 있다. 스코틀랜드에서는 내무부 장관 대신에 스코틀랜드부 장관이 경찰을 포함한 업무 전반을 총괄하고 있다. 경찰의 관리 방식, 중앙과 지방경찰의 관계, 경찰의 권한·활동은 거의 잉글랜드·웨일스와 비슷하며, 경찰관리기관으로서 경찰위원회가 있다. 특히, 스코틀랜드와 북아일랜드의 경찰은 수사의 보조자로 검찰로부터 사법경찰 영역에 대한 지휘 감독을 받는다는 점에서 영국과는 다른 대륙법계적 전통을 취하고 있다.

(4) 북아일랜드 경찰

북아일랜드에서도 내무부 장관 대신에 북아일랜드부 장관이 경찰을 포함한 업무 전반을 총괄하고 있으며, 아일랜드공화국의 독립(1949)에 따라 왕립 알스타 경찰청이 설치되어 오늘에 이른다.

경찰관리기관으로서는 경찰위원회가 있으며, 스코틀랜드와 마찬가지로 수사의 보조자로 검찰로부터 사법경찰 영역에 대한 지휘 감독을 받는다(허경미, 2013: 294).

제 4 절 미국의 경찰

1 미국 경찰의 역사

1) 식민지 시대와 독립 초기의 경찰

(1) 영국의 전통과 제도의 영향

경찰제도는 영국의 자치경찰의 전통과 제도를 배경으로 하여 독자적인 발전을 해 왔다.

(2) 작은 정부 지향 사상

오늘날 미국의 경찰이 고도로 분권화된 체제를 갖추게 된 것은 강력한 중앙정부에 의해 시민의 자유와 권리가 침해당할 것을 우려한 미국인들의

'작은 정부 지향 사상'에 기인한다. 제퍼슨(Thomas Jefferson)은 중앙정부는 작게 하는 대신 "지방정부는 빈곤한 자의 보호, 도로의 관리, 경찰, 경미한 사건에 관한 사법행정, 시민군의 기본 훈련 등 강력한 권한을 행사해야 한다"고 주장한 바 있다. 이러한 사상은 미국의 지방자치제도와 맞물려 경찰제도의 발달 과정에 커다란 영향을 주었다.

(3) 지역적 환경에 의한 영향

미국의 경찰제도는 지역적 환경에 의해 큰 영향을 받았다.

① 북부지역

북부지역은 인디언에 맞서기 위해 특정 지역에 타운(Town)을 형성했다. 이 타운은 영국의 도시경찰과 유사한 야경인(watchman), 치안관(constable)이 치안을 담당했다. 그러나 이후 타운이 점차 도시(City)로 성장함에 따라 좀 더 체계적·조직적인 치안 담당기구가 필요해 도시경찰(City Police)로 발전했다. 미국에서의 도시경찰의 시초는 1637년 보스턴 시의 야경제도(Night Watch System)를 들 수 있다.

② 남부지역

미국의 남부지역은 군정부(County Government)가 지방정부의 주요 단위가 되었으며, 군(郡, County)을 관할하는 보안관(sheriff)이 남부 농촌지역의 경찰 기능을 담당했다.

③ 서부지역

미국의 서부지역에서는 치안관(constable)과 타운 보안관(Town Marshal)이 동북부지역 출신자들과 도시지역에 거주하는 사람들의 치안을 담당했으며, 주 보안관(County Sheriff)은 남부 농축지역 출신자들의 치안을 담당했다.

(4) 미국 독립 후

영국으로부터 독립한 후에는 영국식 경찰제도에 대한 개혁이 전개되었다. 먼저, 뉴욕시에서는 시장, 상급 치안관, 치안관, 보안관(marshal), 야경인으로 구성되는 신경찰제도가 성립했다. 또한 연방정부 차원에서는 연방보안관(marshal)을 각 주에 1명씩 임명하고 각 주에 연방검사 1명을 두어 연방법 위반사건을 소추케 했다. 민간방위대도 주 군인경찰로서 탄생했다(조철옥, 2012: 62).

2) 근대 경찰의 창설

(1) 배경

1830년대 급속한 산업혁명에 따른 도시화, 산업화, 이민의 증가 등으로 인한 인구 증가는 종래의 치안관, 보안관, 야경원만으로는 치안 유지와 증가하는 범죄에 대처할 수 없게 되어 전문 경찰조직을 창설하게 되었다.

(2) 근대 경찰로의 개혁

미국의 대도시에 경찰 개혁이 시작되어 1838년에 보스턴 경찰, 1844년에 뉴욕시 경찰, 1848년에 필라델피아 경찰 등이 근대 경찰로 개혁했다.

(3) 보스턴시의 경찰 개혁

보스턴시에서는 경찰 개혁 작업을 통해 시보안관(City Marshal) 밑에 9명의 경찰관리를 임명했는데, 이들 9명의 경찰관리는 체포영장 집행, 질서 유지, 소요 진압 권한을 가졌다. 최초의 시경찰국을 창설했는데, 이 조직이 1838년에 창설한 보스턴 시경찰국이다. 이로 인해 보스턴시에서는 미국 최초로 제복경찰이 등장하게 되었다(김형만 외, 2003: 379-380).

3) 미국의 경찰 개혁

(1) 주경찰기관 설립

19세기 미국 경찰의 지나친 분권화 및 정치화로 효과적인 범죄 대처가 불가능하게 되자 각 주(州)별로 경찰기관을 재조직하기 시작했다. 1835년 멕시코 국경 경비를 전담하기 위해 창설된 텍사스 기마경관(Texas Ranger)이 점차로 주(州) 전 지역의 치안 업무를 맡게 된 것이 주경찰의 시초이다. 이후 점차로 다른 주에서도 주경찰을 보유하게 되었다.

(2) 연방경찰 창설

일반 치안 유지는 주의 임무로서 자치단체가 담당했지만 주간(州間) 통상, 화폐 위조, 도량형 표준화, 우편사무의 증가, 범죄의 광역화 등의 이유로 연방경찰의 필요성이 대두되었다. 1908년 법무부에 설치된 수사국은 주정부와의 갈등으로 제 기능을 다하지 못하고 있었는데 이것이 1935년 연방범죄수사국(FBI)으로 확대되었다.

(3) 20세기 초의 경찰 개혁

20세기 이후 미국 경찰의 경찰 개혁에 가장 중요한 목표는 '경찰로부터의 정치 분리와 정치로부터의 경찰의 분리'였다. 이를 위해 미국 대통령 후버(Hebert C. Hoover)가 설치한 '준법 및 법 집행에 대한 실태조사위원회'는 보고서를 통해 정치적 간섭 배제, 경찰 채용 기준의 강화, 근무 조건의 개선, 교육의 강화를 주장했다. 또한 윌슨(Orlando W. Wilson)은 경찰의 조직구조, 순찰 운용, 통신의 효율성 등을 통한 혁신을 주장했으며, 이러한 변화 과정에서 1908년 버클리시에는 미국 최초의 경찰학교가 신설되었다.

2 미국의 경찰조직

1) 특징

(1) 경찰조직 단위

미국의 경찰조직은 연방경찰, 주경찰, 지방경찰로 나누어 볼 수 있다. 지방경찰은 도시경찰(City Police), 군보안관(County Sheiff)이 있다. 특별경찰은 교육구 등 특별구경찰, 대학경찰, 공원경찰 등이 있다.

(2) 경찰권의 귀속

① 주정부: 주정부는 고유한 권한으로 경찰권을 가진다. 연방수정헌법 제10조에 따라 경찰권은 각 주에 유보되어 있고, 주정부는 경찰권을 직접 행사하거나 하급 자치단체(City, Town, Village, County)에 위임하여 행사하고 있다.

② 연방정부: 연방정부는 헌법상 명문으로 경찰권을 가지고 있지 않으나, 헌법이 부여한 과세권, 주간통상규제권 등의 행사로 사실상 경찰권을 행사하게 되어 있으며, 1935년 연방범죄수사국 창설 이후 연방정부의 경찰권 행사가 확대되고 있다.

(3) 경찰기관 상호간의 관계

경찰제도의 분권화 결과로 우리나라의 경찰청과 같이 전국 경찰을 일원적으로 지휘하는 제도나 기구는 없고, 각 기관 상호간에는 상하 관계가 아닌 지원·협력·응원 관계에 있다(이황우, 2002: 51-53).

(4) 민간경비의 발달

미국은 공적 경찰(Public Police) 외에 민간 부문의 경비업(Private Security Industry)이 발달되어, 이를 민간경찰(Private Police)이라고 부를 정도로 많은 역할을 한다. 오늘날 민간경비의 시초는 서부 개척 당시 민간 방범대, 보안관 등과 함께 역마차나 철도를 통해 금괴나 현금을 보호하기 위한 경호경비를 전담하는 경비회사가 생겨난 데서 비롯된다(이윤근, 2001: 240-244).

2) 경찰조직

(1) 연방경찰

① 창설 이유

연방정부의 여러 기관은 그 자체의 법집행력을 확보하기 위해 연방경찰기관을 창설하게 되었다. 연방경찰은 주간(州間) 통상이나 화폐 위조, 도량형 표준화, 우편사무의 증가 등에 의한 필요성으로 생겨난 것이다. 일반 치안 유지는 주의 임무로서 자치제가 담당했다.

② 연방경찰기관의 종류

㉠ 법무부: 연방범죄수사국(FBI), 마약단속국(DEA), 연방보안관(US Marshals), 이민국(INS), 연방검찰청, 형사국(Criminal Division), 알코올·담배·무기 및 폭발물국(ATF) 등

㉡ 재무부: 관세조사국(BC), 국세조사국(IRS)

㉢ 내무부: 토지관리국, 국립공원국, 동물보호국 등

㉣ 교통부: 연방항공국(FAA), 교통안전국, 연방도로국, 해안경비대 등

㉤ 국토안보부: 특별업무국(Secret Service) 등을 포함한 최대 연방 법집행기관

㉥ 기타: 체신부의 우편조사국 등 113개의 법집행기관이 존재(강용길 외, 2010: 380-381).

③ 연방경찰기관의 권한

연방경찰기관의 권한은 국가적 범죄(예: 화폐 및 유가증권 위조, 대통령 암살 등) 및 주간의 범죄(예: 특정 주(州)의 관할을 벗어난 범죄자의 이동 등) 단속에 한정한다.

④ 연방경찰의 문제점

연방정부의 여러 기관이 자체의 법집행력을 확보하기 위해 법집행기관을 창설한 결과 연방 법집행기관이 난립하여 임무의 중복 등으로 비능률·비경제적이라는 비판을 받는다.

참고 국토안보부(Department of Homeland Security)

2001년 9월 11일 발생한 미국 대폭발테러사건 이후 미국 행정부 내의 각 부처에 분산된 대(對)테러 기능을 통합할 목적으로 추진되기 시작했다. 이어 2002년 11월 19일 500쪽에 달하는 신설 법안이 의회에서 통과됨으로써 창설되었다. 1947년 전쟁부와 해군부를 통합해 국방부를 창설한 이후 가장 큰 규모의 정부조직 개편으로, 기존의 22개 정부 조직에서 17만 명을 흡수했다.

국경 경비, 재난 대비 활동, 화생방 공격 대비 활동, 정보분석 등의 업무를 관할하며, 세관, 이민귀환국, 국경순찰대, 비밀경찰국, 연방비상계획처 등 기존의 조직을 흡수했다. 그 밖에 교통안전부와 국토안보연구센터, 사이버 보안전략 총괄기관 등 새로 창설되는 기관도 산하기관에 포함되는 등 미국 행정부 내에서 규모가 가장 크다.

예산은 약 400억 달러로 추산되며, 기존의 연방수사국(FBI)과 중앙정보국(CIA)은 흡수에서 제외되었다. 가장 중요한 업무는 미국에 대한 테러 공격의 예방과 국민 보호이며, 수장인 장관은 미국 안의 모든 테러 위협과 관련된 정보에 대한 접근권, 비자 발급 및 거부 권한을 갖는다. 그러나 국토안보부 신설 법안에는 인권 침해와 관련된 조항들이 많이 포함되어 있어 기본권을 위협한다는 국내외의 비난도 따르고 있다.

참고 연방범죄수사국(FBI)

㉠ 지위: FBI는 연방의 일반경찰기관이다. FBI 이외에는 모두 특정한 법영역만을 담당한다.
㉡ 설립: 1908년에 법무부에 설치된 수사국이 주정부와의 갈등으로 제 기능을 다하지 못했는데, 1924년 후버(Edgar John Hoover)가 국장이 되면서 획기적으로 발전했으며, 1935년 연방범죄수사국(Federal Bureau of Investigation)으로 확대되었다.
㉢ 임무: 연방법 위반 범죄 수사, 국내 범죄정보 수집을 위한 첩보활동, 공무원 신원조사, 범죄 감식, 범죄 통계 작성, 경찰관 교육(김형만 외, 2003: 378-390).

(2) 주경찰

① 임무 및 조직 형태의 다양성

주(州)경찰은 20세기부터 급속히 발전한 경찰조직으로 각 주마다 그 임무가 다르고 조직・기능의 형태도 그 지역적 특색, 임무의 차이, 발전 과정에 따라 각각 다르다.

② 주경찰의 형태

㉠ 주경찰국(State Police Department)

주정부에 경찰국을 설치(하와이는 예외), 주 전역에서 일반경찰권을 가지고 순찰・수사・방범 등의 기본적 경찰 기능을 수행한다.

㉡ 주고속도로 순찰대(State Highway Patrol)

도로상에서 운전자의 안전을 위한 교통법규 집행과 예방적 순찰활동 등을 실시하며 일부 주에서는 범죄 수사 권한까지 부여한다.

㉢ 특별법집행기관

각 주마다 그 임무・조직・기능이 다양하다. 특별법 집행기관으로 자동차국, 마약단속국, 수렵감시관, 소방국, 주류(酒類)국 등이 있다.

③ 주 군인경찰(State Militia, National Guard)

자원자를 중심으로 하는 주(州)군인경찰을 주지사 밑에 두고 있는 주가 있다. 주지사는 비상시에 치안 유지를 위해 주군인경찰을 동원할 수 있다(김형만 외, 2003: 390-391).

④ 주경찰의 관리 형태

㉠ 주지사 직속으로 설치되어 주지사의 직접 지휘하에 관리되는 곳: 펜

실베이니아

㉡ 경찰위원회에서 관리하는 곳: 조지아, 뉴멕시코, 텍사스

㉢ 주지사 소속의 법집행청에서 관리하는 곳: 일리노이

(3) 지방경찰

① 미국 경찰의 핵심

지방경찰은 미국 경찰의 핵심으로 각 지역의 치안 유지 기능 및 지역 주민에 대한 봉사 기능도 대부분 지방경찰을 통해 이루어지고 있다.

② 도시경찰

㉠ 개념

도시경찰은 지방자치도시인 대도시(Metropolitan City), 소도시(City), 법인격을 가진 타운(Incorporated Town), 빌리지(Village)의 경찰을 총칭한다.

㉡ 규모

미국의 지방자치경찰의 주력일 뿐 아니라, 법집행기관 중에서 가장 규모가 크고 중요하다. 규모는 인원이 3만 명을 넘는 경우(예: 뉴욕, 시카고, LA 등)가 있는가 하면 10명 이하의 경찰관으로 운영되는 경우 등 다양하다.

㉢ 임무

광범위한 법집행(law enforcement), 질서 유지(order maintenance) 및 봉사 기능(service)을 수행하고 있다. 24시간 상시 신고 대응 체제를 유지하고 있다.

㉣ 관리 형태

도시경찰의 관리는 경찰의 능률적인 업무 집행과 경찰의 부패에 따른 통제문제와 밀접한 관련이 있으며, 경찰이 속하는 자치제 정부의 형태에 따라 다양하게 나타나고 있다.

a. 경찰위원회제도(Board of Police, Commission of Public Safety)

수 명의 위원으로 구성된 경찰위원회가 합의제로 관리하는 형태(LA, 세인트루이스시, 캔자스시, 디트로이트시 등)

b. 경찰위원의 경찰관리제도

시 자체가 위원회정부제도를 채택한 도시에서 볼 수 있는 형태로 통상 5명의 위원이 시행정의 각 부문을 담당하고, 그 중 '경찰위원'으로 선출된 1명의 위원이 시경찰을 관리하는 형태이다. 1901년 텍사스주의 갤베스턴시에서 처음 시행되었으며, 현재는 포틀랜드시와 털사시 등 일부 중소 규모의 자치제에서만 시행된다.

c. 단일(독임제) 경찰관리자제도

경찰관리관(단독) 아래 경찰청장을 두어 경찰을 통제하는 제도로 본질적으로는 외부관리에 해당한다. 경찰관리관(실질적 경찰청장)은 경찰청장을 통해 일상의 사건에 대한 보고를 받고, 개개의 경찰관을 직접 지휘하거나 개별 사건에 대해 지휘 감독하지는 않는다. 경찰청장(제복경찰관 중의 최고직)은 경찰관과 개별 사건에 대한 직접적인 지휘 및 감독을 한다. 현재 뉴욕, 보스턴, 볼티모어, 버팔로 등 다수의 대도시에서 선택하고 있다.

㉢ 도시경찰의 문제점

미국의 도시경찰은 경찰조직이 지나치게 분산되어 있어 상호 협력이 문제된다.

③ 카운티(County) 경찰

보안관(sheriff)제도와 보안관을 보좌하는 검시관(coroner) 제도가 유지되고는 있으나 점차 폐지되는 추세이다.

④ 타운십(Township) 경찰

면이나 읍에 해당하는 소 단위 자치단체에서 전통적 경찰조직으로 치안관(constable)이 지역 치안 유지 활동과 법원의 민사소송 업무 집행, 세금 징수의 임무를 수행했으나 현재 대부분의 지방에서 치안관 대신 새로운 타운십 경찰로 재편되고 있다.

⑤ 기타

특별구를 관할하는 공원경찰, 의회경찰, 대학경찰, 학교경찰, 지하철 경찰 등이 있다(신현기 외, 2011: 79-80).

제5절 독일의 경찰

1 독일 경찰의 역사

1) 15·16세기

이 시기에는 교회활동을 제외한 속세 분야에서의 모든 국가활동을 경찰개념으로 파악했다. 따라서 봉건영주에게 영주로서의 권한 행사를 최대한 보장하기 위해 포괄적 기능을 행사하는 경찰권을 부여했다. 따라서 경찰은 국가사무에 속했다. 이 시기 경찰의 형태는 농촌에서는 기마경찰, 도시에서는 자치경찰 형태로 출발했다.

2) 1800년대

독일에서는 1800년대에 국가경찰제의 형태를 유지했다. 경찰을 국가사무로 보는 종래의 전통은 그대로 유지되어 1808년 자치행정을 채택한 후는 물론 비스마르크(Otto E. L. von Bismarck)가 독일을 통일한 때인 1871년 4월의 제국헌법 제정 당시와 바이마르 공화국의 1918년 10월의 국가개혁시대에도 이러한 전통에는 별다른 변화가 없었다.

그러나 이후 경찰제도의 개편이 이루어져 1812년 종래의 기마경찰을 개편하여 정식으로 경찰대를 창설했으며, 1848년 베를린에서 처음으로 국가경찰인 정복경찰 탄생하는 등 도시에서의 자치경찰제가 처음으로 도입되었다(임준태, 2004: 115-120).

3) 제1차 세계대전 전후

독일에서는 제1차 세계대전 중인 1919년에 중앙집권적인 경찰을 창설했지만, 독일의 패전에 따른 연합국의 해체 요구로 중앙집권적인 경찰은 각 지방경찰로 재편성되었다. 이후 히틀러(Adolf Hitler)가 집권한 1934년까지는 전국적으로 통일된 경찰제도가 없이 주마다 상이했다.

4) 히틀러의 나치 독일하의 경찰제도

히틀러의 나치 치하에서 독일은 각 주의 경찰권을 중앙정부에 귀속시켜 각 주의 주권(州權)을 박탈하고 경찰권도 각주의 권한으로부터 독일 정부로 귀속시켰다. 특히, 이 시기에는 국가비밀경찰을 설치했다. 구체적으로 당시에는 프로이센 내무부 장관 직속 하에 게슈타포(Gestapo)라고 하는 비밀국가경찰을 설치하고 전국의 정치경찰사무를 담당하게 했다. 비밀경찰은 외부로부터 일체의 간섭을 받지 않는 독립기관으로 나치정권의 안전을 위한 모든 정치범 예방에 대한 책임을 지고 있었다.

5) 제2차 세계대전 후 연합국에 의한 경찰제도 개혁

제2차 세계대전 이후 독일 경찰의 기본적 개편 방향은 경찰의 탈나치회·탈군사화·비정치화·민주화·지방분권화의 추진이었다. 따라서 이 시기에는 비경찰화 작업이 단행되었는데, 종래에 경찰에 포함되있던 소방·영업·위생·건축 등의 업무를 경찰로부터 분리하여 일반행정기관에 이관하는 작업이 단행되었다(임준태, 2004: 121-123).

6) 1949년 독일 기본법 이후의 경찰제도

1949년 독일의 기본법이 마련된 이후 경찰은 일반경찰행정권을 히틀러 집권 이전과 같이 주정부의 권한으로 이관했다. 이로 인해 각 주는 고유의 경찰법을 제정하여 경찰의 임무와 권한 및 구조와 편제 등을 규정했으며, 대부분의 주정부는 자체 입법으로 주를 국가 단위로 하는 국가경찰제도를 채택했다.

이후 1950년대에는 연방경찰기관이 창설되었는데, 대표적 기관으로는 연방헌법보호청(BVS), 연방국경경비대(BGS), 연방범죄수사국(BKA) 등이 있다. 또한 연방국경경비대 산하에는 1972년에 대테러부대(GSG-9)가 창설되었다.

1970년대 이후에는 경찰법의 통일을 기하려는 노력이 시도되어 1976년에 '연방 및 각 주의 통일경찰법 모범 초안'을 마련하여 1977년에 최종안을 제정했다(1986년에 재개정됨). 그리고 1989년에는 동서독이 통일되면서 경찰의 통합도 이루어졌다(이윤근, 2001: 320-321).

2 독일의 경찰조직

1) 특징

(1) 경찰권은 원칙적으로 각 주의 권한

경찰권은 원칙적으로 주정부에 속해 있으며, 다만 전국적인 특수 상황에 대비하기 위해 연방경찰이 병존한다.

(2) 주 내무부 장관과 주경찰

독일은 연방제 국가로서 주가 미국의 주와 같이 자치권이 아주 강해 그대로 하나의 국가이며, 주 내무부 장관 밑에 주경찰이 있다.

(3) 연방경찰과 주경찰 사이의 상호독립성

연방경찰과 주경찰은 상호 독자적인 지위를 유지하며, 양자 사이에 상명하복의 관계나 지휘·감독 관계는 인정되지 않는다. 다만 예외적으로 연방경찰 관할에 속하는 업무에 관해 주경찰에 대한 연방경찰의 통제를 인정하고 있다. 내무부 장관은 주경찰에 대해 원칙적으로 재정 부담도 지지 않고 지휘 통솔의 권한도 갖지 않는다.

(4) 독일 경찰조직의 핵심으로서 주경찰

독일 경찰제도의 핵심은 결국 주(州)경찰이다. 연방경찰은 국경 경비와 특수한 업무만을 담당하고 사실상 지역 치안은 주경찰이 전담한다.

(5) 검사와 경찰의 관계

독일에서는 우리나라와 같이 검찰이 수사를 주재하고 경찰은 보좌하는 상명하복의 관계이다. 하지만 수사 현실은 경찰이 우수한 인력과 장비, 국민과의 접점 근무를 함에 반해 검찰은 집행기관이 없어 '팔 없는 머리'로 불리기도 한다(임준태, 2004: 322).

2) 경찰조직

(1) 연방경찰

독일의 연방경찰은 한정된 범위 내에서 전국적 상황이나 긴급사태 등에 대비하기 위해 독일 기본법 제87조 1항에 따라 창설되었다. 주요 연방경찰 기관으로는 연방헌법보호청(BVS), 연방경찰청(BPOL), 연방범죄수사국(BKA), 연방경찰관리자아카데미(경찰관리자학교) 등이 있다.

① 연방헌법보호청(BVS)

연방헌법의 기본 질서를 파괴하는 행위에 대한 정보 수집 업무를 담당하는 기관으로 집행기관은 가지지 않고 있으며, 반국가사범의 위법한 행위에 대한 정보를 경찰 당국에 이첩하며, 수사는 경찰이 행한다.

② 연방경찰청(BPOL)

연방경찰청은 항만, 공한, 국경통제소 등에서 출입국관리 업무와 철도상의 경비 임무를 수행한다.

③ 연방범죄수사국(BKA)

특정한 범죄의 수사 유형(국제적 범죄, 조직범죄, 마약, 폭발물 관련, 화폐위조 사건, 무기 밀매, 요인 암살기도 행위 등)에서 관할권을 가지며, 범죄정보 수집, 분석 업무가 부여되어 있다.

④ 연방경찰관리자아카데미(경찰관리자학교)

연방과 각 주의 고급간부 양성을 목적으로 설립하여 연방 및 주경찰 간부의 재교육, 전문화교육과 경찰 관련 분야 연구의 중심기관의 역할을 수행한다(임준태, 2004: 148-153).

(2) 주경찰

① '주를 국가'로 하는 경찰 체제

주경찰은 독일 경찰의 핵심으로서 대다수의 주에서는 주를 국가로 하는 국가경찰 체제를 유지하고 있다. 다만 브레멘주 등 일부 주에서는 예외적으로 국가경찰에 읍면의 자치체경찰을 가미하고 있다.

② 주경찰의 지위와 임무

주 내무부는 주의 최상급 경찰관청이며 각급 경찰관서는 주 내무부의 소속기관으로서 내무부 장관의 지휘·감독을 받는다. 주 내무부와 연방 내무부는 상호 독립적인 관계에 있다. 주요 임무는 지역사회 공공의 안녕과 질서 유지 등이다.

③ 주범죄수사국 운영

각 주에서는 연방범죄수사국법(BKAG)에 따라 주의 수사 업무를 관할하고, 연방수사국과의 업무 협조를 위한 주범죄수사국을 운영한다.

④ 주경찰의 조직

㉠ 일반예방경찰(제복을 착용한 예방경찰): 치안경찰이라고도 하며, 범죄 예방을 위한 기동 및 도보순찰, 교통 위반 단속, 사고의 처리 및 기타 전문경찰 분야(수사·정보·보안 업무 등)를 제외한 일반적 경찰 임무를 수행한다.

㉡ 수사경찰: 각종 범죄의 수사 및 예방활동, 형사 소추에 관련된 임무를 수행한다.

㉢ 기동경찰: 대규모 시위나 각종 행사의 경비 임무 수행, 대형 사고 및 자연재해 등의 처리 업무 지원을 담당한다.

㉣ 수상경찰: 항만, 하천, 호수를 중심으로 수로, 해로상의 안전 유지 업무 수행, 해난사고의 조사 및 예방, 내수면 및 해양환경 오염 방지 및 단속, 기타 주정부 및 연방정부의 위임사무를 처리한다(임준태, 2004: 159-162).

제 6 절 프랑스의 경찰

1 프랑스 경찰의 역사

1) 구체제하의 경찰제도

1789년 프랑스혁명 이전 구체제(ancien régime) 하에는 1032년 앙리 1세가 파리의 치안을 유지하기 위해 창설한 국왕친위순찰대인 프레보(prėvôt)가 재판과 경찰을 담당했다. 이것이 프랑스 경찰의 시초이다.

이후 11세기에는 자치체경찰의 출발이 이루어졌는데, 11세기경 영주로부터 자치권을 획득한 시(Commune)의 시장이 질서 유지를 위해 경찰권을 행사하기 시작하면서 자치체경찰이 시작되었다. 이것이 오늘날 지방자치경찰의 시초이다.

12세기에는 국립군(軍)경찰의 정착이 이루어졌나. 12세기 기마순찰대에 기원을 둔 군인경찰은 100년 전쟁과 종교전쟁 후 농촌지역에서 군인들의 약탈 등으로 치안이 무질서해지자 1373년 샤를르 5세가 군부대 내의 치안을 담당하던 마레소세로 하여금 성(城) 내를 제외한 지역의 범죄를 처리하도록 하면서 정착되었다. 오늘날에도 농촌지역은 일반 경찰관 대신 군인경찰이 경찰 업무를 담당하고 있다.

그리고 1667년 루이 14세 때에는 프레보에서 경찰 업무를 분리하여 경찰국을 창설했다.

2) 프랑스대혁명 후의 경찰제도

프랑스대혁명(1789) 진행 중에는 민간방범대가 파리 시내의 질서 유지를 담당했다. 이것은 국립민간방위대의 근간이 되었다. 그러나 프랑스대혁명 이후에 경찰국은 폐지되고, 파리시는 국립민간방위대, 지방은 군인경찰이 치안을 담당했다.

한편, 이후 등장한 나폴레옹(Bonaparte Napoléon)은 경찰 개혁 작업을 단행했는데, 먼저 나폴레옹은 집권 후 경찰제도를 중앙집권화했고, 중앙 권력에 종속하는 파리경찰청을 창설했다. 또한 나폴레옹은 이 기간 중 군경찰 조직을 더욱 강화하여 지방 군경찰사령부를 설치했다.

3) 근대 프랑스 경찰

19세기에 프랑스 경찰은 중앙집권화를 강화했다. 따라서 1881년에는 경찰을 감독하기 위해 내무부 안에 새로 경찰청을 창설했고, 그 업무도 점차 확대하여 보안 업무와 국경 업무를 경찰이 담당했다. 군경찰기동대 등을 창설했고, 중앙으로부터의 예산 지원을 받는 등의 개혁이 이루어졌다.

20세기에는 경찰의 자치적 성격을 제거하고 중앙집권화를 강화하기 위해 1934년 기존의 내무부 경찰청을 국립경찰청으로 변경했다. 또한 1966년에는 내무부의 국립경찰청과 파리경찰청을 통일하여 국립경찰로 일원화했다.

그뿐만 아니라 경찰제도의 단순화와 통일화라는 의미에서 경찰제도에 큰 개혁을 가해, 1996년 9월 이후 인구 2만 명 이상의 도시는 모두 국가경찰화하고, 인구 2만 명 미만의 지역에서는 자치체경찰을 실시했다(김형만 외, 2003: 529-530).

2 프랑스의 경찰조직

1) 특징

(1) 기본 구조: 국가경찰 체제

프랑스 경찰 체제는 전반적인 국가경찰 형태로서, 내무부 장관의 지휘하에 전국적인 조직을 가지고 중앙에서 일반적 지휘 감독을 행하고 있다. 자치체경찰은 인구 2만 명 이하의 코뮌(Commune: 시[市])에서 극히 제한적으로 실시된다.

(2) 국가경찰의 구성: 국립경찰과 군인경찰

국가경찰은 국립경찰과 군인경찰로 구성되어 있다. 국립경찰은 내무부 장관 소속하에, 국립군경찰은 국방부 장관 소속하에 있다. 국가경찰은 정복경찰관, 사복경찰관, 일반 직원으로 구성되어 있다.

국가경찰에는 인구 2만 명 이상의 코뮌에 배치되는 전국적 조직을 가지는 국립경찰과 국가경찰기동대 및 파리와 센(Seine)도를 관할하는 파리경찰청, 군경찰이 있다. 파리 지역에는 국립경찰과 군인경찰이 상호 중첩되게 배치되어 있다.

(3) 행정경찰과 사법경찰의 구분

프랑스에서는 권력분립이론에 따라 행정경찰과 사법경찰이 엄격하게 구분되어 있다. 다만 행정경찰이 양자를 모두 관장하는 것이 보통이다.

(4) 국립경찰과 자치체경찰의 분업 및 협동 체계

국립경찰은 일반적 경찰 업무(방범 · 수사 · 교통 · 질서 유지 등)를 담당하고 자치체경찰은 지방자치단체장의 규칙 등 극히 지역적인 경찰 사무를 담당하는 등 경찰 업무가 명확히 구분되어 상호 충돌 없이 분업 및 협동 체계를 이루고 있다.

(5) 제2의 국가경찰력으로서 군인경찰

군인경찰은 국방부 장관 소속하에 있으면서 전국적인 조직을 가진 제2의 국가경찰력으로서 일부 일반경찰사무도 집행하는 군인경찰이 존재한다. 국립경찰이 배치 안 된 인구 2만 명 미만의 코뮌(Commune)에서 군인경찰이 지방경찰을 보충하여 치안을 담당하는데, 국립경찰과 협동하여 임무를 수행한다.

1996년 9월부터 1개 코뮌 또는 인접 코뮌이 인구 2만 명을 넘고 범죄 양상이 도시화되었을 경우 국립경찰이 담당한다.

(6) 검사와 예심판사

프랑스의 검사는 경죄에 대해서는 수사와 기소권을 모두 행사하지만 중죄에 대해서는 검사의 예심 청구 이후 예심판사가 사법경찰을 지휘 감독하여 수사를 진행한다. 예심판사는 제1심의 예심법원을 구성하는 단독제의 법관이자 관련 사건의 수사지휘관으로서의 권한도 가진다. 따라서 현장수사 지휘에서부터 소환장이나 영장 발부에 이르기까지의 역할을 함께 행하며, 예심판사는 당해 사건의 공판판사로서 참석하지는 못한다(허경미, 2013: 335).

(7) 기타 특징

프랑스 경찰의 기타 특징으로는 첫째, 검사와 경찰의 관계에서 우리나라, 독일과 마찬가지로 프랑스에서도 검사와 경찰의 관계는 상명하복 관계이다. 둘째, 경찰관의 노동조합 결성권이 인정된다. 대부분의 국가는 경찰관의 노동조합 결성권을 인정하고 있지 않으나 프랑스는 이를 명문으로 인정하고 있다. 따라서 프랑스 공무원은 노동조합 결성이 자유롭고 공무원 신분을 유지한 채로 선거에 출마할 수 있으며, 1984년 법으로 노동조합 결성권이 인정되었다. 그러나 동맹파업권은 엄격히 금지하고 있다(이윤근, 2001: 268-271).

2) 경찰조직

(1) 국가경찰

① 국립경찰청

프랑스 경찰의 중심인 국립경찰은 인구 2만 명 이상의 도시지역에서 운용되고 있으며, 내무부 장관의 소속하에 있는 국립경찰의 경찰청장이 전국 국립경찰을 통일적으로 지휘·감독한다. 국립경찰청장은 내무부 장관의 추천으로 대통령이 임명한다.

② 파리경찰청

파리는 프랑스의 정치·경제·사회·문화의 중심지로서 중앙 권력의 직접 통제를 받을 필요성이 있어 1800년 나폴레옹에 의해 수도경찰로서 파리

경찰청이 창설되었다. 설립 당시 내무부 장관 소속이면서도 내무부의 국립경찰청과 별개로 운영되다가 1968년 국립경찰청으로 통합되어 국립경찰청장 소속 기관이 되었다.

도지사와 동위인 파리경찰청장은 센도와 파리시의 경찰권을 가지며, 파리경찰청의 조직은 치안총감 밑에 2명의 차장이 있어 사법경찰 업무와 행정경찰 업무를 각각 관장한다.

③ 군인경찰

군인경찰은 국방부 소속의 군인이다. 그러나 경찰 업무를 수행할 때는 국가경찰로서 경찰 법령에 따라 활동한다. 활동지역은 주로 국가경찰기관이 없는 인구 2만 명 미만의 소도시와 농촌지역, 주로 간선도로 등 전 국토의 95%에 해당하는 지역의 경찰 업무를 담당한다.

군인경찰의 임무를 살펴보면, 군인의 업무를 수행하면서도 행정경찰 업무와 사법경찰 업무를 동시에 수행한다. 이것은 국립경찰이 사법경찰 업무를 제한받고 있는 것과 구별된다. 사법경찰로 활동할 때는 법무부 장관, 행정경찰로 활동할 때는 내무부 장관이 지휘·감독한다.

한편, 군인경찰 중 관할구역에 관계 없이 활동하는 군경찰기동대는 경찰 업무 지원에 동원되면 경찰청장, 각 도지사, 파리경찰청장의 지휘를 받는다(이황우, 2002: 57-59).

(2) 자치체경찰

자치체경찰은 중세 시대에 기원을 두지만 1884년경부터 인구 1만 명 미만의 소도시 및 농촌지역 코뮌의 장들이 질서 유지를 위해 설치했다. 그러나 1995년부터 인구 2만 명 미만의 코뮌에서도 필요에 따라 행정경찰 분야에 한해 자치경찰을 허용함에 따라 자치경찰을 설치하는 코뮌이 늘고 있다.

이들의 임무는 교통 소통, 통학로의 안전 확보, 주·정차 위반 단속, 공원 경비, 시장·묘지 등의 경비, 통행 금지, 위험의 방지 등 행정경찰 업무이다.

한편, 프랑스의 자치체경찰은 영·미의 그것과는 달리 중앙정부로부터 일반적 직무 감독을 받는다. 인구 5천 명 이상 코뮌의 자치체경찰은 국립경찰의 코미세르(경찰서장)가 감독권을 행사한다(허경미, 2013: 334).

또한 국립경찰과 자치체경찰은 각자 담당하는 경찰 업무가 명확히 구분되어 분업 및 협동 체계를 이루고 있어 상호 충돌이 없다. 국립경찰은 방범, 수사, 교통, 질서 유지 등 일반적 경찰 업무를 담당하고, 자치체경찰은 지방자치단체장의 규칙 등 극히 지역적인 경찰 업무를 담당한다(이황우, 2002: 57-60).

제7절 일본의 경찰

1 일본 경찰의 역사

1) 메이지유신 이전

1868년 메이지유신(明治維新) 이전에는 각 지방의 번(藩)을 중심으로 하는 지방 토호적 체제가 지배하고 있었고, 번주(藩主)와 그에 봉사하는 무사(사무라이)가 자기 지방의 치안을 담당했다.

2) 메이지유신~1945년 이전의 일본

(1) 경찰제도의 정비

메이지유신 후 동양의 제국주의 국가로 군림하려는 국가 목표를 세운 일본은 그 전제로 국내 안정을 위해 근대적 경찰제도를 정비했다. 일본의 근대 경찰제도 창설의 특징은 제국주의 국가·군국주의 국가로서 필요한 통치 수단, 나아가 해외 침략의 도구로서 경찰이 창설되었다는 점이다.

따라서 치안경찰법, 치안유지법, 위경죄즉결례 등 각종 치안입법을 통해 경찰은 후발 제국주의, 군국주의 일본의 국내 안정과 해외 침탈의 핵심 세력으로서 국민의 사상까지도 감시하는 등 국민의 인권이나 생명, 재산의 보호 등과는 상관없이 철저히 정부를 보호하는 데 중심을 두고 활약했다.

그 때문에 일본의 경찰은 '경찰국가의 철학'을 가지고, '정부를 국민들로부터 지키는 데' 충실했다고 평가받고 있다(김형만 외, 2003: 171-172).

(2) 일본 경찰의 창설 과정

① 병부성(兵部省) 시대

군무관 지휘하에 번병(藩兵)·부병(府兵)이 조직되어 도쿄부(東京府)의 치안을 담당했고, 각 지방에서도 부병(府兵)·현병(縣兵)이 치안을 담당했다. 그러나 1871년에 모두 폐지되었다.

② 사법성 시대

사법성(司法省) 시대인 1871년 도쿄부에 나졸 3,000명이 창설되어 근대적 경찰이 처음 등장했는데, 나졸은 사법성의 관할로 이관되었다. 이 시기에 「경보료직제장정(警保寮職制章程)」이라는 경찰의 조직과 임무에 관한 규정이 제정되었는데, 이 장정은 행정경찰로서의 경찰 업무를 규정하고 있으며, 사법경찰 업무는 「사법직무정제」에 의거 검사가 수행하도록 되어 있었다.

지방에서는 「현치조례」가 제정되어 지방 경라(警邏)에 관한 규정을 두었으며, 이로써 전국 통일의 경찰조직으로 정비되어 갔다.

③ 내무성 시대

내무성(內務省) 시대에는 유럽 대륙의 경찰을 시찰한 가와지 도시요시(川路利良)의 건의에 따라 1873년 내무성이 설치되었으며, 이로 인해 사법성 관할하의 경찰(警察)을 내무성으로 이관했다.

이후 1874년에는 내무성의 관할하에 도쿄경시청이 창설되었다. 따라서 종래의 나졸은 순사가 되고, 자치경찰제적인 번인(藩人)제도도 폐지됨으로써 자치경찰제적인 요소가 완전히 일소되었다. 일반경찰 업무는 내무성대신의 지휘를 받으나 정치경찰에 해당되는 고등경찰사무는 총리대신의 지휘를 받는 체제를 갖추었다.

이후 1911년에는 정치경찰인 특별고등경찰과가 경시청에 설치되었으며, 1875년에는 경찰활동의 근거 법규인 「행정경찰규칙(行政警察規則)」을 제정했다. 또한 1878년에는 부현관직제(府縣官職制)를 제정하여 지사나 현령

밑에 경부(警部)를 두어 경찰사무를 관장하게 했으며, 지방경찰의 경우에도 국가사무는 내무대신의 지휘와 명령을 받게 했다.

1886년에는 지방관관제(地方官官制)가 제정되었다. 이로 인해 현(縣)에도 지사를 두어 지사가 경찰사무 관장했으며, 부현(府縣)에는 경찰본부를 설치하여 경찰사무를 관할하도록 했다.

1890년에는 경찰본부가 경찰부로, 1905년에는 다시 제4부로, 1907년에는 각 부현에 내무부와 경찰부가 설치되면서 경찰부가 경찰사무를 관장했다. 그 하부조직으로는 1888년 10월에 경찰관리 배치 및 근무개칙이 제정되어, 일군일구 경찰서주의의 채택으로, 전국적인 경찰망이 완성되었으며, 이러한 내무성 경찰 체제는 1945년 일본이 연합국에 패할 때까지 지속되었다.

한편, 보통경찰기관 외에 1881년 헌병조례에 의해 설치된 헌병도 군사경찰 이외에 행정경찰과 사법경찰을 겸하도록 하고 있어서 경찰기관으로서 활동했다(김형만 외, 2003: 172-173).

3) 미군정하의 일본 경찰(1945~1952)

(1) 경찰제도의 개혁

미군정(美軍政) 하에서 미국의 초기 대일 방침은 군국주의 및 그 제도를 철저히 일소하는 데 있었다. 따라서 경찰에서도 비밀경찰 조직의 철폐와 경찰제도의 개혁이 단행되었다.

개혁의 구체적 내용을 살펴보면, 1945년 10월 '정치적 · 시민적 및 종교적 자유의 제한의 철폐에 관한 각서'에 의해 각종 치안 악법이 폐지되고, 내무대신 이하 경찰 수뇌부와 사상경찰 및 정치경찰 관계자를 파면했으며, 내무부 및 헌병대를 폐지하고 비경찰화(非警察化) 작업을 단행하여 경찰사무 중 위생사무와 같은 협의의 행정경찰사무를 다른 행정기관에 이관했다.

(2) 경찰법 제정(1947년)

1947년에는 경찰법이 제정되었다. 이로 인해 경찰의 정치적 중립성을 확보하기 위해 독립적인 국가공안위원회를 설치하여 경찰을 민주적으로 관리하도록 했다. 또한 시와 인구 5,000인 이상의 시가적 정촌(町村)에 자치체경찰을 두고, 그 이외의 지역에는 국가지방경찰을 두는 등 이원적 구조를 가진 경찰제도를 창설했다.

(3) 경찰관직무집행법 제정(1948년)

1948년에는 각종 치안입법을 폐지하는 대신 경찰관직무집행법을 제정하여 경찰관의 권한 행사의 범위나 수단을 엄격히 제한했다.

4) 현행 경찰제도의 정착

1947년에 제정된 경찰법은 1951년, 1954년 2차 개정이 이루어졌다. 1952년 미군정이 끝난 후에 미군정 당시의 불합리한 것을 시정하기 위해 1954년 5월 경찰법의 전면 개정이 이루어져 도도부현 단위의 도도부현 경찰제도와 공안위원회에 의한 경찰관리라는 현행 제도의 골격이 마련되었다(김형만 외, 2003: 181-183).

2 일본의 경찰조직

1) 특징

(1) 국가경찰제도와 자치체경찰제도의 절충된 형태

일본의 경찰조직은 국가경찰인 경찰청과 관구경찰국, 자치체경찰인 도쿄도경시청과 도부현경찰본부(43개)로 이루어진 이중 체계이다.

(2) 경찰관리기관

국가경찰인 경찰청은 내각총리대신의 소할(所轄)하에 있는 국가공안위원회가 관리하고, 자치체경찰인 도도부현경찰은 지사의 소할하에 있는 도도부현 공안위원회가 도쿄도경시청과 도부현경찰본부를 관리한다.

(3) 중앙통제

대규모의 재해나 소란 기타 긴급사태 발생 시에는 내각총리대신과 경찰청 장관에 의한 중앙통제를 인정하고 있다. 그 밖에 광역수사를 위한 필요에서 국가경찰의 개입 또는 도도부현 간 관할의 극복 등을 위한 제도적 장치가 마련되어 있다.

(4) 경찰관의 신분

국가경찰기관에 소속된 경찰관은 국가공무원이고, 도도부현에 소속된 경찰관은 지방공무원이다. 다만 경시정 이상으로서 도도부현에 근무하는 이른바 '지방경무관'은 국가공무원이며, 국가공안위원회가 도도부현 공안위원회의 동의를 얻어 임면한다.

(5) 경비 부담

국가경찰의 경비는 국가에서 부담한다. 그러나 도도부현경찰의 경비는 원칙적으로 도도부현에서 부담하고 예외적인 경우에 국가에서 부담한다.

(6) 검사와 경찰의 관계

일본에서 검사와 사법경찰 직원은 상호 대등한 협력 관계에 있고, 검사는 공소 제기를 위해 사법경찰 직원을 지시·지휘할 수 있다. 또한 체포장은 검사 또는 사법검찰관(경부 이상)이 청구한다. 따라서 일본 경찰은 독자적 수사권을 가지고 있는 것으로 볼 수 있는데, 이는 연합국 총사령부에 의한 점령정책의 일환이었다(김형만 외, 2003: 183-184).

2) 경찰조직

(1) 국가경찰

① 국가공안위원회

국가공안위원회는 내각총리대신의 소할(所轄)하에 설치된 비상설의 경찰관리기관으로 경찰의 민주성과 정치적 중립성 확보를 목적으로 한다. 내각총리대신은 공안위원회에 대한 지휘·감독권이 없지만, 국가 공안과 관련된 경찰 운영과 경찰 교양, 경찰예산, 범죄 감식, 범죄 통계 및 경찰장비에 관한 사항 등 경찰청의 소장 사무에 대해 경찰청을 관리한다.

② 경찰청

경찰청은 경찰 업무 관장기관으로 경찰청장은 총리의 동의를 얻어 국가공안위원회가 임면한다. 경찰청은 국가공안위원회의 관리하에 있으나 단순한 보조기관이 아니라 독립적 관청이다. 한편, 경찰청장은 경찰청의 소장사무 범위 내에서 도도부현 경찰을 지휘·감독한다.

③ 관구경찰국

관구경찰국은 경찰청의 지방기관으로 전국에 7개의 관구경찰국이 있다. 관구경찰국장은 소장 사무의 범위 내에서 부현 경찰을 지휘·감독한다(이윤근, 2001: 385-401; 조철옥, 2012: 90).

(2) 자치체경찰(도도부현경찰)

① 경찰조직

㉠ 도도부현공안위원회

도도부현 지사는 자신의 소할하에 도도부현공안위원회를 두고 도도부현 경찰을 관리하고 있다.

㉡ 도쿄도경시청, 도부현경찰본부

도쿄도에는 경시청을, 각 도부현에는 도부현경찰본부를 설치·운영한다. 도쿄도경시청의 경시총감은 국가공안위원회가 도쿄도공안위원회의 동의를 얻어 내각총리대신의 승인을 받아 임면한다. 도부현경찰본부의 경찰본부장은 국가공안위원회가 도부현공안위원회의 동의를 얻어 임면한다.

㉢ 시경찰부, 경찰서

도부현경찰본부의 사무를 관장하기 위해 지정시(指定市)에 시경찰부를 설치하고 도도부현의 구역을 나누어 각 지역을 관할하는 경찰서를 설치한다.

② 도도부현 경찰과 지사와의 관계

도도부현 지사는 공안위원회를 소할하에 두고 있을 뿐, 경찰의 운영에 관해 공안위원회를 지휘·감독할 권한을 가지고 있지 않다. 그러나 지사는 공안위원회 위원의 임명에 관한 권한 외에 지방자치법상 가지고 있는 직무권한, 즉 도도부현 경찰에 관한 조례안 및 예산안의 의회 제출권, 예산의 지출명령권, 경찰서의 설치권 등을 가지고 있다(이윤근, 2001: 401-410; 하상군·김종길·조성택, 2013: 135-136).

Chapter 04

경찰행정과 그 법적 토대

제 1 절 법치행정

1 법치행정의 의의

1) 법치주의

법치주의란 '인(人)의 지배'가 아닌 '법(法)의 지배'를 말하는 것으로, 모든 국가적 활동과 국가적 생활은 국민의 대표기관인 국회가 제정한 법률에 따라 이루어져야 한다는 원칙을 말한다. 이러한 법치주의가 행정 영역에 구현된 것을 법치행정이라고 한다. 경찰의 행정작용도 당연히 법치행정의 범위 내에서 이루어져야 한다(김도균, 2006: 3-15; 조철옥, 2012: 158).

2) 경찰과 법치행정

행정의 한 분야인 경찰작용은 국민의 권리와 자유를 침해하는 가장 전형적인 권력작용이므로 법치행정의 원칙이 특히 엄격하게 요청된다. 특히 민주주의 사회에서 경찰권의 발동에는 민주적 정당성이 요청되므로 경찰행정이 국민의 권리·의무에 관계되는 작용을 할 경우에는 반드시 국민의 대표기관인 국회가 제정한 법률에 따라야 하고, 경찰관은 국가와 국민 모두에게 법을 준수할 책임을 지게 된다(허경미, 2013: 19; 허경미, 2003: 19).

2 법치주의의 내용

1) 실질적 법치주의

오늘날 법치주의는 국민의 권리·의무에 관한 사항을 법률로써 정해야 한다는 형식적 법치주의에 그치는 것이 아니라 그 법률의 목적과 내용 또한 기본권 보장의 헌법 이념에 부합되어야 한다는 실질적 적법 절차를 요구하는 법치주의를 의미한다. 이것은 영·미의 '법의 지배' 원리와 상통하는 것으로 실질적 법치주의를 의미한다. 오늘날 경찰행정 등 국민의 권리를 침해하는 행정 분야에서는 사전 절차의 준수 등 절차적 권리가 강조되고 있다.

2) 법치주의의 내용

법에 의한 통치를 의미하는 법치주의는 구체적으로 법률의 법규창조력, 우위(優位), 유보(留保)를 뜻하며 구체적인 내용은 다음과 같다.

법률의 법규창조력	국민의 대표기관인 의회만이 국민을 구속하는 규범인 법규를 제정할 수 있다는 것을 말한다. 즉, 국민의 자유와 권리를 제한하거나 새로운 의무를 부과하는 것은 의회의 전권에 속하고, 의회가 정립하는 법률만이 법규로서의 구속력을 가진다는 것을 말한다.
법률의 우위(優位)	법률은 모든 국가 의사 중에서 가장 우월적 지위에 있으며, 행정이나 사법은 법률에 저촉될 수 없다는 것을 말한다. 따라서 경찰관청은 국민에게 법의 취지에 저촉되는 명령을 발할 수 없다.
법률의 유보(留保)	행정권은 법률의 수권이 있는 때, 즉 법률에 근거가 있는 때에만 발동될 수 있다는 원칙을 말한다. 그러나 모든 행정작용에 법률의 근거를 요구하는 것은 아니고 비권력적 작용(예: 교통정보 제공 등과 같은 비권력적 경찰작용)은 이를 요하지 않는다(이황우, 2002: 33-34). 만약 모든 행정작용에 법률의 근거를 요구한다면 과거보다 훨씬 복잡하고 정교한 현대 행정이 제대로 작동하기 어렵게 된다. 따라서 비권력적 작용은 법률의 수권이 없더라도 가능하다.

3 경찰활동에서의 법치주의(법과 경찰활동과의 관계)

법치주의의 내용을 경찰활동과 연관시켜 생각해 보면 다음과 같다.

조직법적 근거 (조직 규범)	경찰관의 행위는 경찰의 존립 근거, 경찰기관의 권한 등을 규정한 조직법에 그 근거가 있어야만 하고, 또한 정해진 권한의 범위 내에서만 행위할 수 있다. 따라서 경찰의 조직 규범인 경찰법 제3조에서 정한 직무 범위 외의 행위를 하더라도 그것은 직무행위로 볼 수 없으며 그 효과는 국가에 귀속되지 않는다.
법률의 우위 (제약 규범)	법률은 행정보다 우월적 지위에 있으므로 경찰활동도 법률의 실체적 · 절차적 규정에 위배되어서는 안 된다. 어떠한 경찰활동도 경찰활동을 제약하는 법률의 규정, 즉 '제약 규범'에 위반해서는 안 된다.
법률의 유보 (근거 규범)	경찰기관은 자기의 판단에 따라 독창적으로 행위할 수 없고, 법률에 일정한 행위를 수행하도록 수권하는 '근거 규범'이 있어야만 행위할 수 있다. 다만 경찰행정의 경우는 경찰기관이 권력적 수단으로 활동하는 경우에만 법률의 수권이 필요하고, 비권력적 수단이나 순수한 서비스 활동의 경우는 법률의 근거를 요하지 않는다고 보는 것이 타당하다(허경미, 2003: 22).

제 2 절 경찰법의 법원

1 의의

경찰법의 법원(法源)이란 경찰행정에 관한 법이 어떻게 성립되고 어떠한 형식으로 존재하는가의 문제, 즉 경찰법의 존재 형식 또는 인식 근거를 말한다. 이러한 경찰법의 법원에는 성문 법원(헌법, 법률, 명령, 국제조약, 자치법규)과 불문 법원(관습법, 판례법, 조리)이 있다. 다만 행정처분은 구체적 사실에 대한 행정청의 권력적 법집행 작용으로서 법원이 될 수 없다(이철호, 2008: 15-16; 시 · 도공무원교육원, 2002: 9-10).

2 경찰법의 특색

1) 경찰법의 개념

실질적 의미의 경찰법은 행정법의 일부분으로서 경찰의 조직·작용 및 구제에 관한 공법(公法)을 말한다. 형식적 의미의 경찰법은 실정법상으로 경찰에 관해 규정한 일체의 법을 말한다.

2) 경찰법의 특색

경찰법은 통일된 법전이 없이 무수한 법령으로 구성되어 있으나, 그 자체의 특색을 나타내는 공통적인 법체계를 형성하고 있다.

성문성	경찰법은 국민의 권리·의무에 관한 사항을 일방적으로 규율하기 때문에 그 일방적 규율의 예측가능성의 보장과 법적 생활의 안정성을 도모하기 위해 다른 법 분야의 경우보다는 성문법주의가 강하게 나타난다.
다양성	경찰법은 단일 법전 및 통칙규정이 없으므로 그 존재하는 법 형식이 타법에 비해 다양하다(예: 법률·명령·조례·규칙·공고·고시·행정규칙 등).
획일성·강행성	경찰법은 보통 다수의 국민을 대상으로 하여 일정한 경찰 목적의 실현을 위해 개개인의 의사 여하를 불문하고 획일적·강행적으로 규율한다. 이러한 점에서 사적 자치의 원칙에 따라 당사자의 자유 의사를 존중하게 되는 사법(私法)에 비해 특색을 나타낸다.
기술성·수단성	경찰법은 합목적적으로 경찰 목적을 실현하기 위한 절차를 정하는 것이므로 기술적·수단적 성질을 가진다.
경찰행정 주체의 우위성	경찰법은 국가·공공단체 등의 경찰행정 주체에게 일방적으로 명령·강제하며 법률 관계를 형성·변경하는 힘, 즉 지배권을 인정한다. 법이 경찰행정 주체에게 지배권을 인정하는 것은 경찰행정 주체가 국민에 대해 우위성을 지닌 것을 뜻한다.
공익우선성	경찰행정 주체가 우위적 지위에서 경찰행정 객체와 맺는 관계는 물론이고, 비권력 관계에서도 공익의 우선을 위해 사법에서와는 다른 규율을 할 때가 많다. 다만, 이때에도 사익을 무시하는 의미는 아니며, 공익과 사익의 조화를 전제로 하는 것이다.
집단성·평등성	경찰법은 일반적으로 많은 사람을 그 규율 대상으로 하며, 이들에게 법적 평등을 보장해 주어야 한다. 따라서 경찰법의 규율 내용은 정형화되는 경향이 있다.

3) 경찰법의 성격

(1) 특별행정법으로서 경찰법

비례 원칙 등 행정법상 일반 원칙은 경찰법에 관한 판례나 성문법을 통해 발전했으므로 경찰법은 행정법의 이론과 실제의 핵심 영역 중의 한 부분을 구성한다.

(2) 경찰법과 헌법

경찰법은 헌법의 집행법으로서 헌법의 지배, 즉 기본권의 지배하에 있다.

(3) 경찰법과 형사법

경찰은 위험 방지, 장해의 제거뿐만 아니라 관련 법률에 의거하여 범죄의 수사에도 참여해야 하므로 형사법과도 밀접한 관련을 갖는다. 형사법상 구성 요건은 위험 방지를 위한 예방적이거나 진압적인 행위를 위한 전제 요건일 뿐만 아니라 범죄 수사상의 처분을 위한 전제 요건이다.

(4) 경찰법과 법철학, 사회철학

공권력의 표현인 경찰법상 강제는 권력의 정당성, 권력의 국가 독점, 권력의 목적 및 근거 등과 관련을 갖는데, 이는 법철학, 사회철학, 그리고 일반국가론의 대상이다.

4) 경찰법의 종류

(1) 일반경찰법과 특별경찰법

일반경찰법이란 위험방지에 관한 일반규정, 일반법 원칙을 총괄하는 개념이며, 특별경찰법이 없는 경우에 적용된다. 이러한 일반경찰법으로는 경찰법과 경찰관직무집행법이 대표적이다. 이에 반해 특별경찰법이란 특별법상으로 규정된 실질적 경찰 관련법을 말하며, 일반경찰법에 우선하여 적용된다. 이에는 건축법, 환경보호법, 집회 및 시위에 관한 법률, 각종 영업 관련 법규상의 경찰 규정이 해당한다.

(2) 실질적 경찰법과 형식적 경찰법

실질적 경찰법이란 위험 방지라는 국가 임무와 그 임무 수행을 위한 권한을 갖는 경찰관청에 관한 경찰법을 말하며, 경찰작용법을 의미한다. 형식적 경찰법이란 경찰관청의 임무, 권한, 조직에 관한 법을 말하며, 경찰조직법을 의미한다.

(3) 경찰법의 구성

경찰법은 경찰조직법, 경찰작용법, 경찰구제법 및 행정절차법으로 구성된다.

5) 성문법주의 원칙과 예외

경찰작용은 국민의 권리·의무에 관한 사항을 일방적으로 규율하기 때문에 그 일방적 규율의 예측 가능성의 보장과 법적 생활의 안정성을 도모하기 위해 경찰법은 성문법주의를 원칙으로 하고 있다. 다만, 경찰법의 규율 대상은 극히 다양·가변(可變)하므로 그 모든 영역을 빠짐없이 성문법으로 규율하기란 매우 어려운 일이므로 성문법이 미비한 부분 내에서는 불문법도 경찰법의 법원이 될 수 있다고 하겠다(허경미, 2003: 20).

3 성문 법원

헌법	헌법은 국가의 근본 조직과 작용에 관한 최고의 법이자 기본법이므로 행정의 조직이나 작용의 기본 원칙을 정한 부분은 그 한도 내에서 경찰법의 최고법원이 된다. 예컨대 행정조직법정주의를 정한 헌법 제96조나, 국가안전 보장·질서 유지 또는 공공복리를 위한 국민의 자유와 권리의 제한에 대한 법정주의를 정한 헌법 제37조 2항은 경찰법의 법원이 된다.
법률	법률에 의한 행정의 원칙이 당연한 결과로서 국회가 제정하는 법률은 경찰법의 가장 중요하고 대표적인 법원이 된다(예: 경찰법, 경찰공무원법, 행정절차법, 행정대집행법, 도로교통법, 국가배상법, 행정심판법, 행정소송법 등과 범죄 수사에 관한 형사소송법 등).
조약·국제법규	헌법에 의해 체결·공포된 조약과 일반적으로 승인된 국제법규는 국내법과 같은 효력을 가지므로(헌법 제6조) 경찰 업무에 관한 국가 간의 조약이나 국제사회에서 일반적 구속력이 있는 국제법규는 경찰법의 법원이 된다(예: 한미행정협

	정, 범죄인인도조약, 외교관 특권과 관련한 비엔나조약 등).
명령	명령은 행정권에 의해 정립되는 법규를 총칭하는 것으로 법률에 대응된다. 따라서 명령은 그 내용에 따라 법률에서 위임받은 사항을 정하는 위임명령과 법률을 집행하기 위한 집행명령으로 나눌 수 있다. 또한 발동 형식에 따라 대통령령(시행령), 총리령, 부령(시행규칙)으로 나뉜다.
조례 · 규칙 (자치법규)	지방자치단체의 의회가 제정하는 조례나 자치단체장이 제정하는 규칙 등도 경찰에 관한 사항에서는 경찰법의 법원이 될 수 있다. 그러나 우리나라의 경우는 조례 위반 행위에 대해 형벌을 과할 수 없고 과태료만을 과할 수 있으므로 경찰 활동과 관련되는 자치법규는 없다고 보아도 될 것이다(이철호, 2008: 18).

4 불문 법원

관습법	일정한 사실이 국민 사이에서 오랜 기간 계속하여 관행으로 반복되어 국민 일반의 법적 확신을 얻음으로써 성립하는 불문법원이 관습법이다. 이러한 관습법의 종류로는 행정선례법, 민중관습법(예: 입어권, 관습상의 유수사용권 등) 등이 있다. 통설과 판례는 성문법 결여 시에 성문법을 보충하는 범위 내에서 관습법의 법원성을 인정한다.
판례법	어떤 사건에 대한 판결은 직접적으로 당해 사건의 분쟁 해결을 목적으로 하는 것이지만 나타난 법의 해석 · 적용의 기준이 장래 같은 종류의 사건에 대해서도 재판의 준거로서 적용되면 판례는 사실상 법원성을 갖는다. 판례법이 형성될 수 있는 영역은 성문법이 결여되어 있거나 실정법이 일반 조항이나 불확정 개념을 사용하고 있는 경우 등이다.
조리	일반 사회의 정의감에 비추어 반드시 그러해야 할 것이라고 인정되는 것 또는 사물의 본질적 법칙을 조리라고 한다. 조리는 성문법 · 관습법 · 판례법이 모두 없는 경우에 최후의 보충적 법원이 되고, 법의 해석 기준이 된다(예: 신의성실의 원칙, 평등의 원칙, 비례의 원칙, 신뢰 보호의 원칙 등). 오늘날 조리는 성문화되어 가는 추세에 있다. 경찰관직무집행법상의 비례의 원칙(제1조 2항), 행정절차법상의 신의성실의 원칙 및 신뢰 보호의 원칙(제4조) 등이 대표적이다(허경미, 2003: 22-26).

5 경찰법 법원의 효력

1) 효력 발생 시기

경찰법령은 헌법과 법률이 정하는 바에 따라 공포일 또는 그 후의 일정한 날(시행일)로부터 발생한다. 여기서 공포란 국가의 법령과 조약은 관보 또는 신문에 게재하는 행위(법령 등 공포에 관한 법률 제11조 제1항), 조례와 규칙은 당해 지방자치단체의 공보나 신문에 게재하거나 게시하는 행위(지방자치법 제19조 제7항)를 의미한다. 공포한 날이란 '그 법령 등을 게재한 관보 또는 신문이 발행된 날'(법령 등 공포에 관한 법률 제12조)을 말하며, 발행된 날은 최초 구독 가능 시설이 통설과 판례이다. 공포일과 시행일이 다른 경우에 판례는 공포일을 관보가 실제로 인쇄된 날로 본다.

2) 시행 유예 기간(주지 기간)

시행 유예 기간이란 법령이 제정 또는 개정된 경우, 새 법령의 시행을 알리는 기간을 말하며, 특별한 규정이 없는 한 법령의 시행 유예 기간은 20일(법령 등 공포에 관한 법률 제13조)이다. 그러나 국민의 권리 제한이나 의무 부과와 직접 관련되는 법령의 시행 유예 기간은 적어도 30일 이상이어야 한다.

3) 소급 적용 금지의 원칙

소급 적용 금지의 원칙이란 특정 법규가 그 법규의 효력 발생일 이전의 사항에 대해 적용되는 것을 말하며, 법규의 적용에 소급을 인정하면 법적 안정성 또는 관계자의 신뢰 보호에 장애를 가져오므로 소급 효과를 인정하지 않는 것이 원칙(헌법 제13조 제1항, 제2항)이다. 이 원칙의 의미는 진정소급(발생일 이전에 이미 완성된 사항에 소급)과 부진정 소급(효력 발생일에까지 진행 중인 사항에 대한 소급)에서 진정 소급 금지의 의미를 가진다. 그러나 당사자에게 이익을 주는 진정 소급 적용은 가능(예: 공무원 보수 인상)하다고 본다.

4) 효력의 소멸

경찰법의 효력의 소멸은 유효 기간을 정하고 있는 경우에는 그 기간의 경과에 의해, 상급 또는 동위의 법령에 의한 명시적인 폐지, 그리고 내용적으로 모순, 저촉되는 법령의 제정에 의해 소멸된다.

6 훈령의 법원성 여부

1) 훈령의 의의

훈령이란 상급관청이 하급관청에 대해 상당히 장기간에 걸쳐 그 권한 행사를 일반적으로 지휘·감독하기 위해 발하는 행정규칙이다.

2) 훈령의 법원성

훈령은 행정규칙으로 상급관청이 하급관청에 대해 업무 처리지침이나 법령의 해석 적용에 관한 기준을 정해 발하는 것이므로 일반적으로 행정조직의 내부에서만 효력을 가질 뿐 일반 국민을 기속하는 대외적인 구속력을 갖는 것은 아니다. 따라서 행정규칙은 원칙적으로 법원성을 갖지 않는다. 훈령을 위반한 경찰공무원은 징계 책임을 진다.

행정규칙은 외부적 효력을 발생하지 않는 것이 원칙이다. 그러나 행정규칙이 하급 행정기관을 구속함으로 인해 공무원이 재량준칙이나 법령 해석규칙에 따라 직무를 처리하게 되며, 그 결과 행정조직 밖에 있는 국민에게도 간접적인 효력을 갖게 된다(최영규, 2004: 75-79).

제 3 절 경찰조직법

1 기초 개념

1) 행정 주체

(1) 의의

행정 주체란 자기의 이름으로 행정권을 행사할 권한을 갖고, 행정권 행사의 법적 효과인 권리·의무가 귀속되는 당사자를 말하며, 그 법적 효과는 모두 행정 주체에게 귀속된다.

(2) 종류

행정 주체에는 국가, 지방자치단체, 공공조합(예: 상공회의소, 농지개량조합 등), 영조물법인(예: 한국은행, 대한주택공사 등), 공무수탁사인 등이 있다.

경찰의 경우 우리나라는 국가경찰제도와 제주도에서만 예외적으로 자치경찰제를 채택하고 있으므로 경찰행정의 주체는 국가와 제주특별자치도뿐이다. 따라서 국가가 경찰행정을 위한 권리와 의무를 가지며 국가의 이름과 책임하에 경찰행정을 실시한다. 다만 자치경찰제를 시행하게 되면 지방자치단체도 경찰행정의 주체가 된다.

2) 행정기관

행정기관이란 국가 또는 공공단체 등 행정 주체의 의사를 결정하고 외부에 표시하며 그 결정을 집행하거나 조력하는 기관을 의미한다. 즉, 행정기관이란 행정 주체의 행정사무를 담당하는 모든 기관을 의미한다. 또한 행정기관은 대외적 관계에서는 법인격을 가지지 못하고 행정 주체의 표현 기관으로서 지위를 가질 뿐이다. 따라서 행정기관이 행한 명령·처분은 행정 주체의 명령·처분으로서의 효력을 가지게 된다(최영규, 2004: 40-41).

3) 경찰행정기관의 종류

(1) 경찰행정관청

경찰에 관한 국가의 의사를 결정·표시하는 권한을 가진 경찰행정기관을 말한다. 행정관청의 기관 구성원의 수가 1인인 경우는 독임제 관청이고, 수인인 경우는 합의제 관청으로 우리나라는 독임제 경찰행정관청을 원칙으로 하고 있다. 한편, 합의제 행정관청에는 소청심사위원회, 행정심판위원회, 감사원, 중앙선거관리위원회 등이 있다. 경찰행정관청의 종류로는 경찰청장, 지방경찰청장, 경찰서장이 있다. 순찰지구대장은 행정관청이 아니다.

(2) 경찰의결(참여)기관

경찰행정에 관한 의사를 결정할 수 있는 권한은 있지만, 이를 자기의 명의로 대외적으로 표시할 권한은 없는 합의제 행정기관을 말한다. 경찰의결(참여)기관에는 경찰위원회, 각종 징계위원회 등이 있다.

(3) 경찰자문기관

경찰행정관청의 자문에 응하거나 또는 자진하여 행정관청의 의사결정에 참고가 될 만한 의견, 건의 등을 제공하는 것을 주된 임무로 하는 행정기관을 말한다. 원칙적으로 행정관청은 자문기관의 의견에 구속되지 않으나 예외적으로 자문 절차가 법률상 요건인 경우 생략되면 절차상의 하자로 위법이 된다. 이러한 경찰자문기관에는 치안행정협의회(시, 도지사), 경찰공무원인사위원회(경찰청), 시민단체 및 경찰협력위원회(경찰청), 행정발전위원회(경찰서) 등이 있다.

(4) 경찰보조기관

자기 스스로 국가 의사를 결정·표시할 권한은 없고 행정관청에 소속되어 행정관청의 의사결정·표시에 관한 권한 행사를 보조함을 임무로 하는 기관(예: 차관, 국장, 과장, 민방위본부장 등)을 말한다. 이러한 보조기관을 계선기관이라고도 한다. 경찰보조기관으로는 경찰청 차장, 국장, 부장, 과장, 계장 등이 있다.

(5) 경찰보좌기관

행정관청 또는 그 보조기관이 그 기능을 원활하게 수행할 수 있도록 지원, 조성, 촉진하는 기관으로 참모기관 또는 막료기관이라고도 한다. 보좌기관은 정책의 기획, 연구, 조사 등 참모적 기능을 담당한다. 대통령비서실, 국무총리비서실, 차관보, 담당관 등이 보좌기관에 해당된다. 경찰보좌기관으로는 비서실, 조정실, 각종 담당관 등이 있다.

(6) 경찰집행기관

소속 경찰관청의 명을 받아 경찰에 관한 국가 의사를 실력으로 행사함으로써 사실상 집행하는 경찰기관이다. 따라서 의무 실현을 위한 강제집행과 즉시강제를 실현할 수 있다. 경찰집행기관은 바로 경찰공무원(치안총감, 치안정감, 치안감, 경무관, 총경, 경정, 경감, 경위, 경사, 경장, 순경)을 말한다.

(7) 감사기관

행정기관의 사무 또는 회계를 감사하는 권한을 가진 기관으로, 보통 감사기관인 상급관청과 특별감사기관인 감사원이 있다.

(8) 소속기관

소속기관이란 중앙행정기관에 소속된 기관으로서 '특별지방행정기관'과 '부속기관'이 있다.

(9) 부속기관

부속기관이란 행정권의 직접적 행사를 임무로 하는 기관에 부속하여 그 기관을 지원하는 행정기관을 말하며, 경찰대학, 경찰교육원, 중앙경찰학교, 경찰병원, 운전면허시험관리단 등이 이에 해당한다.

(10) 특별지방행정기관

특별지방행정기관이란 특정한 중앙행정기관에 소속되어 당해 관할 구역 내에서 시행되는 소속 중앙행정기관의 권한에 속하는 행정사무를 관장하는 국가의 지방행정기관을 말하며, 경찰청 소속의 지방경찰청, 경찰서, 국세청 소속의 지방국세청, 세무서 등이 이에 해당한다(이철호, 2008: 34-40).

4) 경찰관청의 권한

(1) 권한의 의의

일반적으로 권한이라 함은 타인을 위해 그 자에 대해 일정한 법률 효과를 발생케 하는 행위를 할 수 있는 법률상의 자격을 말한다. 행정관청의 권한이라 함은 보통 행정관청이 행정 주체에게 일정한 법률 효과를 발생케 하는 사무를 처리할 수 있는 능력 또는 사무의 범위를 말한다. 정부조직법에서는 '직무 범위', '직무 권한' 등의 용어가 사용되고 있다.

(2) 권한과 권리의 구별

권리는 일정한 이익을 향수케 하기 위해 법이 인정하는 힘으로 권한과 구별되는 개념이다. 권리의 주체는 자연인과 법인에 한정된다. 행정관청은 법인격이 부여되는 법인이 아니므로 권리를 갖지 못하고 권한만 갖는다. 따라서 행정관청이 행한 행위의 법적 효과는 국가 또는 공공단체에 귀속된다.

(3) 권한의 한계

행정관청의 권한의 범위는 일반적으로 헌법 또는 당해 행정청을 설치하는 근거 법규에 의해 정해지므로, 행정청 스스로가 이를 변경하지는 못한다. 권한의 한계에는 사항적, 대인적, 지역적, 시간적, 형식적 한계가 있다(이철호, 2008: 44).

① 실질적 한계(사항적 한계)

행정권은 그 목적과 종류에 따라 각 행정청에 분배되고 그에 의해 행정청의 활동 범위가 정해지는데 이를 사항적 한계 또는 실질적 한계라고 한다. 각 행정청은 자기의 권한에 속하는 사항에 관해서만 적법하게 행사할 수 있고 다른 행정청의 권한에 속하는 사항은 처리할 수 없다. 상급관청도 특별한 규정이 없는 한 하급관청의 권한을 스스로 행할 수 없다. 따라서 경찰법 제3조에 규정된 경찰의 직무 범위를 벗어난 것은 경찰기관의 직무로 볼 수 없다.

② 대인적 한계

행정관청의 권한이 미칠 수 있는 인적 범위를 말한다. 따라서 경찰권은 원칙적으로 대한민국 내에 있는 모든 사람에게 적용된다(예외: 외교사절, 한미행정협정에 의한 주한미군 등).

③ 지역적 한계

관청의 권한이 일정한 관할지역 내에서만 효력을 발생할 수 있는데, 지역적 권한 또는 토지 관할이라고도 한다. 예컨대, 경찰청장은 중앙경찰관청으로 권한이 전국에 걸쳐 효력을 미치나, 지방경찰청장 및 경찰서장은 지방경찰관청으로 권한이 관할구역 내에서만 효력이 미친다는 것 등이 있다.

④ 시간적 한계

경찰관청의 권한 행사가 법정 시간에 의해 제한되는 것을 의미한다.

⑤ 형식적 한계

행정관청이 권한을 행사할 때 일정한 형식에 의해 해야 하는 경우가 있는데 이를 형식적 한계라고 한다. 예컨대 행정안전부령 제정권이 행정안전부 장관에게만 있는 경우를 들 수 있다. 형식적 권한은 다른 기관에 이전시킬 수 없다.

(4) 권한의 효과

① 외부적 효과

행정청이 그 권한의 범위 내에서 행한 행위는 행정 주체의 행위로서 효력을 발생하므로 행위의 법적 효과는 행정 주체인 국가 또는 공공단체에 귀속된다. 따라서 행정관청의 구성자인 공무원이 변경되거나 당해 관청이 폐지·변경되더라도 그 효과는 소멸·변경되지 않는다.

② 내부적 효과

권한은 행정 주체 내부에서 행정관청 상호간에 행위의 한계를 확정한다. 행정관청의 권한은 당해 관청이 스스로 행사함을 원칙으로 하고 그 권한을 변경하거나 다른 기관에 이전할 수 없을 뿐만 아니라 다른 행정관청의 권한을 행사할 수 없고 이를 위반하면 위법하게 된다. 다만 행정관청은 예외적으로 업무 처리의 효율이나 기타의 사유로 인해 다른 관청으로 하여금 권한을 행사하도록 하는 경우도 있다. 즉, 권한의 대리와 위임 등이 그것이다(허경미, 2003: 45-54).

(5) 행정관청의 권한의 대리

① 의의

행정관청의 권한의 대리란, 행정관청의 권한의 전부 또는 일부를 다른 행정관청이나 보조기관이 피대리관청을 위한 것임을 표시하여 자기의 이름으로 행사하고 그 행위가 피대리관청의 행위로서의 법률 효과를 발생하는 것을 말한다. 이를 권한의 대행, 직무대행 또는 직무대리라고도 한다(이철호, 2008: 45).

② 구별 개념

대리와 위임의 비교	• 대리는 권한이 이전되는 것이 아니나, 위임은 권한 자체가 이전된다. • 임의대리는 법령의 근거가 없어도 가능하나, 위임은 반드시 법령의 근거가 있어야 한다. • 법정대리는 전부대리가 가능하나, 위임은 일부위임만 가능하다. • 대리는 경찰관청과 그 보조기관 사이에서, 위임은 상급경찰관청과 하급 경찰관청 사이에서 이루어지는 것이 대부분이다.
대리와 내부위임 (위임전결 · 대결)의 비교	• 대리는 대리행위임을 외부에 표시하고 행하지만, 내부위임은 행위를 한 자가 외부에 표시되지 않는다. • 대리는 외부적 법률 관계인데 대해, 내부위임은 내부적 · 사실적인 것으로서 사실상 대행하는 것이다. • 대리는 경찰관청의 권한에 관한 것이나, 내부위임은 경찰관청뿐만 아니라 보조기관의 권한에 관해서도 할 수 있다.

③ 대리의 종류(대리의 발생 원인을 기준)

대리에는 임의대리와 법정대리가 있으며, 임의대리는 법적 근거가 필요없으나 법정대리는 법적 근거가 필요하다. 보통 대리라고 하는 경우에는 임의대리를 의미한다(허경미, 2003: 55).

임의대리	① 의의: 피대리관청의 수권행위에 의해 대리 관계가 발생하는 경우를 말하며, 위임대리 또는 수권대리라고도 한다. ② 법적 근거: 법령에 근거가 있는 경우뿐만 아니라 법령에 근거가 없는 경우에도 허용된다. ③ 대리권의 범위: 피대리관청의 일반적 · 포괄적 권한의 일부에 한해서만 인정되며, 법령상 또는 성질상 반드시 특정 기관만이 수행토록 규정된 행위는 대리할 수 없다. ④ 피대리관청의 지휘 · 감독: 피대리관청은 대리기관을 감독할 수 있으며 대리기관의 행위에 대해 선임 감독상의 책임을 진다. ⑤ 복대리: 임의대리는 권한의 일부대리이며 신임 관계에 기초하고 있으므로 원칙적으로 복대리가 허용되지 않는다. ⑥ 대리의 효과: 대리기관이 대리권 범위에 속하는 사항에 관해 한 행위는 피대리관청의 행위로서 효과를 발생한다. ⑦ 대리권의 소멸: 피대리관청의 수권행위의 철회, 종기의 도래, 해제 조건의 성취 등에 의해 대리권이 소멸한다.
법정대리	① 의의: 법령의 규정에 의해 법정된 사실의 발생과 더불어 당연히 또는 일정한 자의 지정에 의해 성립하는 대리 관계이다.

② 법적 근거: 헌법 제71조(대통령 권한대행), 정부조직법 제22조(국무총리의 직무대행), 직무대리규정 제3조 등이 있다.

③ 종류

㉠ 협의의 법정대리: 법령에 대리자가 명시되어 있어 일정한 법정 사실의 발생과 함께 당연히 대리 관계가 성립되는 경우로 보충대리라고도 한다(예: 대통령의 궐위 시 국무총리가 대통령의 권한을 대행하는 것).

㉡ 지정대리: 법정 사실이 발생한 때에 일정한 자가 대리자를 지정함으로써 비로소 대리 관계가 발생하는 경우이다(예: 국무총리에게 사고가 발생한 경우 대통령이 지명한 국무위원이 국무총리를 대리하는 것).

㉢ 서리: 행정관청의 구성자가 사망·해임 등의 사유로 궐위된 경우에 새로운 구성자가 정식으로 임명되기 전에 일시적으로 당해 관청의 권한을 행사하게 하는 경우를 서리라고 하는데 그 성질에 관해 법정대리의 하나인 지정대리로 보는 것이 통설이다.

④ 대리권의 범위: 특별한 규정이 없는 한 피대리관청의 권한 전부를 대리할 수 있다.

⑤ 피대리관청의 지휘·감독: 피대리관청은 대리자를 지휘·감독할 수 없으므로 대리자는 자기의 책임으로 피대리관청의 권한을 행사한다.

⑥ 복대리: 법정대리의 경우에는 신임 관계가 전제되어 있지 않고 대리자는 자기의 책임으로 피대리관청의 권한 전부를 행사하므로 대리권의 일부에 대해 복대리가 허용된다. 이 경우 복대리는 임의대리이다.

⑦ 대리의 효과: 대리기관이 대리권 범위에 속하는 사항에 관해 한 행위는 피대리관청의 행위로서 효과를 발생한다.

⑧ 대리권의 소멸: 대리 관계를 발생케 한 법정 원인의 소멸에 따라 종료된다.

(6) 권한의 위임

① 의의

권한의 위임이란 행정청이 그의 권한의 일부를 다른 행정기관에 이전하여 수임청의 권한으로 하여 수임관청이 자기의 이름과 책임으로 위임받은 권한을 행사하게 하는 것을 말한다. 또한 대등한 관계에 있는 행정관청에 대한 위임을 위탁이라 부르나 그 본질은 위임과 동일하다.

② 법적 근거

위임은 법률에 의해 정해진 행정관청의 권한 분배를 대외적으로 변경하는 것이므로 반드시 법적 근거가 있어야 한다.「정부조직법」제5조 및 이에 근거한「행정 권한의 위임·수탁에 관한 규정」과「지방자치법」제95조가 포괄적 위임의 근거를 정하고 있다.「정부조직법」제5조에 의해 법령에 특별한 규정이 없는 경우에 이 규정에 근거하여 권한을 위임할 수 있는 것인가에 관한 견해가 대립되는데 판례는 「정부조직법」 제5조를 위임과 재위임의 일반적 근거 규정이라고 보고 있다.

③ 범위

권한의 전부에 대한 위임은 허용되지 않고 일부에 대해서만 할 수 있다. 따라서 특정적·개별적으로 정해진 권한은 위임할 수 없다. 「정부조직법」 제5조 1항 및 「행정 권한의 위임 및 위탁에 관한 규정」 제4조에 따라 행정청 및 기타 권한을 위임받은 기관은 권한의 일부를 하급기관 또는 보조기관에 재위임할 수 있다.

④ 위임의 상대방

위임의 상대방에는 하급관청에 대한 위임(국세청장이 세무서장에게 권한을 위임하는 경우), 보조기관에 대한 위임(국토교통부 장관이 항공국장에게 위임하는 경우), 대등 행정관청 또는 다른 행정청에 대한 위임(안전행정부 장관이 보건복지부 장관에게 위임하는 경우), 지방자치단체 및 그의 기관에 대한 위임(국가사무를 서울시장에게 위임하는 경우), 비행정기관에 대한 위임(민간위탁) 등이 있다.

⑤ 위임의 효과

권한의 위임에 의해 위임기관은 당해 권한을 상실하는 동시에 그 사항은 수임기관의 권한으로 된다. 따라서 위임기관은 위임된 범위 내에서는 감독관청의 지위를 갖는 데 불과하고 위임된 사항을 직접 처리할 수 없다. 따라서 수임기관은 자기의 이름과 책임으로 위임받은 권한을 행사하고 쟁송법상으로도 수임기관이 직접 피고·피청구인이 된다. 그러나 위임기관은 수임기관에 대한 지휘·감독권이 있으므로 사무 처리가 위법·부당하다고 인정할 때에는 이를 취소하거나 중지시킬 수 있다.

⑥ 위임의 종료

위임관청에 의한 위임의 해제, 종기의 도래, 해제 조건의 성취, 근거 법령의 소멸 등에 의해 종료된다. 위임의 종료와 함께 위임 사항에 관한 수임기관의 권한은 소멸하고 그 사항은 다시 위임관청의 권한에 귀속된다.

5) 경찰관청 상호간의 관계

(1) 의의

경찰관청 상호간의 관계란 경찰관청의 권한 행사와 직무 수행 과정에서 상하 또는 대등한 경찰관청 사이에서 나타나는 제반 현상을 의미한다. 상하 관청 간의 관계에는 권한 대리 관계, 권한 위임 관계, 권한 감독 관계가 있으며, 이 중에서 권한 감독 관계가 주된 관계이다(류지태, 2006: 556).

(2) 권한의 감독 관계

① 의의

권한의 감독이란 상급 행정청이 하급 행정청의 권한 행사를 지휘·감독하여 그의 적법·타당성을 보장하기 위해 하급관청의 권한 행사를 감시하고 통제하는 작용을 말한다. 권한 감독의 실효성을 확보하기 위해 상관의 직무상 명령에 대한 공무원의 복종 의무와 징계권 등이 규정되어 있다.

② 감독 수단

㉠ 감시권

하급관청의 권한 행사 상황을 알기 위해 상급관청이 보고를 받고 서류·장부를 검사하며 실제로 사무감사를 행하는 권한을 말한다. 감시권은 다른 감독 수단을 행사하기 위한 전제가 되는 감독 수단이다. 감시권의 발동에는 개별적인 법적 근거를 요하지 않는다.

㉡ 인가권(승인권)

- 의의: 인가권은 하급관청의 일정한 권한 행사에 대해 미리 상급관청의 인가(또는 승인)를 받게 하는 사전 예방적 감독권이다. 인가권은 법령에 근거가 없는 경우에도 감독권의 당연한 결과로서 상급관청은 미리 인가를 받게 할 수 있다. 인가는 하급관청의 권한 행사에 대한 승인에 그치고, 흠 있는 행위를 치유하지는 못한다.
- 인가받지 않은 행위의 효력 : 하급관청이 인가를 받아서 행해야 할 행위를 인가를 받지 않고 행한 경우에는 그 인가가 법령에 근거한 것인 때에는 하급관청의 행위는 위법·무효가 되나 법령에 근거한 것이 아

닌 경우에는 유효하다.

㉢ 주관쟁의결정권

상급 행정청이 그의 소속 행정청 상호간의 권한에 관해 다툼이 있는 경우에 이를 결정할 수 있는 권한이다. 쌍방의 공통된 상급관청이 없는 경우는 각각의 상급관청의 협의에 의하고, 협의가 이루어지지 않은 경우에는 최종적으로 행정 각부 사이의 권한쟁의로서 국무회의를 거쳐 대통령이 이를 결정한다(헌법 제89조 제10호). 행정관청 상호간의 권한쟁의는 행정조직 내부의 문제로서 행정권에 의해 해결되어야 하며, 명문의 규정이 없는 한 법원에 출소할 수 없고 헌법재판소의 권한쟁의의 심판 대상도 아니다.

㉣ 취소·정지권

상급관청이 직권에 의해 또는 쟁송 제기 등에 의해 하급관청의 위법 또는 부당한 행위를 취소하거나 정지할 수 있는 권한이다. 이는 원칙적으로 사후적·교정적 감독 수단에 속한다. 법령에 근거 규정이 없는 경우에도 상급관청의 감독권의 당연한 내용으로서 이를 행사할 수 있는가에 대해서는 적극설이 다수설이다.

㉤ 훈령권

의의	• 상급관청이 하급관청 또는 보조기관의 권한 행사를 지휘하는 권한을 훈령권이라고 하며, 지휘를 위해 발하는 명령을 훈령이라 한다. 훈령권은 하급관청의 권한 행사를 지휘·감독하는 데 그치고 대집행 권한은 포함되지 않는다. 훈령권은 감독권에 당연히 내포된 것으로 특별한 법령의 근거가 없어도 발할 수 있다.
직무명령과의 구별	• 훈령은 상급관청이 하급관청에 발하는 명령으로서 상관이 부하 공무원 개인에 대해 발하는 직무명령과는 구별된다. 훈령의 효력은 기관 구성자가 변경되어도 존속된다.
법적 성질	• 훈령의 성질에 대해서는 법규설과 비법규설이 대립하는데, 비법규설이 통설·판례이다. 따라서 훈령을 위반한 수명기관의 행위도 원칙적으로 유효하다. 다만 징계의 대상이 될 뿐이다.
종류	• 훈령은 다시 협의의 훈령, 지시, 예규, 일일명령으로 나뉜다. ① 협의의 훈령: 상급 경찰관청이 하급 경찰관청의 권한 행사를 상당히 장기간에 걸쳐 일반적으로 지휘하기 위해 발하는 명령 ② 지시: 상급 경찰관청이 하급 경찰관청에 대해 개별적·구체적으로 발하는 명령 ③ 예규: 반복적 경찰사무의 기준을 제시하기 위해 발하는 명령 ④ 일일명령 : 당직·출장·휴가 등의 일일업무에 관해 발하는 명령

형식 및 절차	• 훈령은 특별한 형식이나 절차를 요하지 않고 상대방에게 통지함으로써 효력을 발생한다.
훈령의 요건	• 형식적 요건 ① 훈령권을 가지는 상급관청에 의해 발해질 것 ② 하급관청의 권한 사항에 속하는 사항일 것 ③ 하급관청의 권한 행사의 독립성이 보장되어 있는 사항에 관한 것이 아닐 것 • 실질적 요건 : 훈령의 내용은 적법·타당하며 실현 가능하고 명백해야 한다.
훈령에 대한 심사권	• 하급관청이 훈령의 요건을 심사할 수 있는지가 문제되는데 통설은 훈령의 형식적 요건에 대한 심사권은 갖지만, 그 내용의 당부에 대한 실질적 심사권은 원칙적으로 가지지 않는다고 한다. • 그러나 훈령의 내용이 범죄를 구성하거나 중대·명백한 하자가 있어 절대 무효인 경우에는 복종을 거부해야 한다고 한다.
훈령의 경합	• 둘 이상의 상급관청이 서로 모순되는 내용의 훈령을 발한 경우 상·하 관계에 있는 상급 행정관청의 것일 경우에는 직근 상급 행정관청의 훈령을, 주관 상급행 정관청과 비주관 상급 행정관청의 것일 때에는 주관 상급관청의 훈령에 따라야 하고, 주관 상급관청이 명확하지 않은 때에는 주관쟁의 방법으로 해결해야 한다.
훈령에 위반한 행정행위의 효력	• 훈령은 행정조직 내부에서만 효력을 가질 뿐이므로 하급관청의 법률적 행위가 명령에 위반하여 행해진 경우, 단순한 훈령 위반만으로는 그 효력에 영향이 없다는 것이 다수의 견해이다.

※ 훈령과 직무명령의 차이

구분	훈령	직무명령
의의	훈령은 상급관청이 하급관청의 권한 행사를 지휘·감독하기 위해 발하는 명령	직무명령은 상관이 부하에 대해 발하는 명령
기본적 성격	경찰기관에 대한 명령	경찰공무원 개인에 대한 명령
발령자·수명자	상급 경찰관청의 하급 경찰관청에 대한 명령	상관의 하급자에 대한 명령
구속의 대상	경찰기관의 의사를 구속	경찰공무원 개인의 의사를 구속
효력	경찰기관의 구성원이 변경·교체되어도 여전히 유효	경찰공무원의 변경·교체에 의해 당연히 효력을 상실하게 됨
규율 범위	하급 경찰기관의 직무 권한 행사에 대해 가능	직무 사항 외에 객관적으로 직무 수행에 필요하다고 인정되는 경찰공무원의 일상생활에 대해서도 관여할 수 있음
양자의 관계	훈령은 동시에 직무명령으로서의 성질을 갖게 되지만, 직무명령은 훈령으로서의 성질을 당연히 갖는 것은 아님(하상군·김종길·조성택, 2013: 149-150).	

(3) 대등 관청 간의 관계

① 권한의 상호 존중

대등 관청 사이에서는 상호 다른 관청의 권한을 존중해야 하며 다른 관청의 권한을 침범하지 않아야 한다. 행정행위에는 공정력(구성 요건적 효력)이 인정되므로 행정관청이 그의 권한 내에서 행한 행위는 비록 흠이 있더라도 다른 행정청도 이에 구속된다(김남진, 20001: 49-56).

② 상호 협력 관계

㉠ 협의

하나의 사항이 둘 이상이 행정청의 권한과 관련되는 경우에는 행정관청 간의 협의에 의해 이를 해결한다(예: 도로나 하천의 관리비용 부담 협의 등).

㉡ 사무의 위탁·촉탁

대등 행정관청 간에 어느 행정청의 직무상 필요한 사무가 다른 행정청의 관할에 속하는 경우, 그 행정청에 사무 처리를 촉탁하는 것을 말한다. 사무의 위탁은 법령의 근거를 요하며 위탁받은 관청은 위탁을 거부할 수 없다.

㉢ 행정응원

행정응원이란 협의로는 재해·사변 기타 비상시에 처해 어떤 행정청만으로는 행정 목적을 달성할 수 없는 때에, 다른 행정청의 청구에 의해 또는 자발적으로 다른 행정청을 원조하는 것을 말한다. 광의로는 평상시의 원조(서류 제출, 의견 진술, 파견근무 등)까지를 포함한다. 일반적으로 응원의 요청을 받은 행정청은 정당한 이유 없이 이를 거절하지 못한다(허경미, 2003: 55-62).

2 경찰조직법

1) 의의

(1) 경찰조직법의 의의

경찰조직법이란 경찰의 존립 근거를 부여하고, 경찰에 설치할 기관의 명칭, 권한, 관청 상호간의 관례, 경찰관청의 임면 · 신분 · 직무 등에 대해 규정하는 법을 말한다(최영규, 2004: 41).

(2) 경찰조직의 근거법

① 정부조직법 제29조

국가의 행정조직에 관한 기본법인 「정부조직법」 제29조 제④항은 "치안에 관한 사무를 관장하기 위하여 안전행정부 장관 소속으로 경찰청을 둔다"고 규정하고 있다. 또한 동조 제⑤항은 "경찰청의 조직 · 직무 범위 그 밖에 필요한 사항은 따로 법률로 정한다"고 규정하고 있다. 정부조직법은 거의 모든 행정기관의 근거법이기는 하지만 대통령 임기가 5년 단임제인 우리나라의 경우 5년마다 한 번씩 변화가 많은 법이기도 하다.

② 경찰법

경찰의 조직에 관한 기본법은 경찰법이다. 경찰법은 경찰의 설치와 조직 및 직무 범위에 관해 규정하고 있다. 1991년 경찰법 제정으로 종래 내무부의 보조기관이었던 치안본부가 내무부의 외청으로 승격되었으며, 1998년 2월 「정부조직법」 개정으로 종래의 내무부와 총무처가 합쳐 행정안전부로 바뀌면서 경찰청은 현재 행정안전부의 외청으로 전환되었다. 그리고 경찰청의 사무를 지역적으로 분담 수행하게 하기 위해 시 · 도지사 소속하에 지방경찰청을 두고 지방경찰청장 소속하에 경찰서를 두고 있다. 현행 「경찰법」 제2조 제②항은 "경찰청의 사무를 지역적으로 분담하여 수행하게 하기 위하여 특별시장 · 광역시장 및 도지사 소속으로 지방경찰청을 두고, 지방경찰청장 소속으로 경찰서를 둔다. 이 경우 인구, 행정구역, 면적, 지리적 특성, 교통 및 그 밖의 조건을 고려하여 시 · 도지사 소속으로 2개의 지방경찰청을 둘 수 있다"고 규정하고 있다.

2) 경찰조직의 기본 원리

(1) 민주성

우리 헌법은 민주국가의 원리를 채택하고 있으므로 경찰조직은 민주국가의 존립과 안녕을 보호하고, 국민 전체에 대해 봉사하며, 국민에게 책임을 져야 한다. 경찰법 제1조는 "국가경찰의 민주적인 관리·운영과 효율적인 임무 수행을 위하여 국가경찰의 기본 조직 및 직무 범위와 그 밖에 필요한 사항을 규정함을 목적으로 한다"고 규정하고 있다. 이 규정은 경찰조직이 민주적인 관리·운영을 통해 운영되어야 함을 보여주고 있다.

(2) 효율성

경찰조직은 효율적으로 직무 수행을 할 수 있는 합리적인 조직이어야 한다. 「경찰법」 제1조는 민주적인 관리·운영을 중요하게 여기고 있지만 효율적인 임수 수행도 이에 못지않게 강조하고 있다.

(3) 집권성

우리나라 경찰은 경찰청장을 정점으로 한 중앙집권적 국가경찰 체제로 조직되어 있다. 집권적 경찰조직이 민주주의와 반드시 대립되는 것은 아니다.

(4) 정치적 중립성

「경찰법」 제4조는 "국가경찰은 그 직무를 수행할 때 헌법과 법률에 따라 국민의 자유와 권리를 존중하고, 국민 전체에 대한 봉사자로서 공정·중립을 지켜야 하며, 부여된 권한을 남용하여서는 아니 된다"고 규정하고 있다. 따라서 경찰은 국민 전체에 대한 봉사자이므로 공정 중립을 지켜야 한다. 이를 위해 경찰공무원의 신분과 정치적 중립성은 법률이 정하는 바에 의해 보장된다(헌법 제7조 ①항, ②항). 또한 경찰공무원은 정치활동이 금지되며 정당에 소속되었던 사람은 당적을 이탈한 날로부터 3년이 경과하지 아니한 자는 경찰위원회 위원이 될 수 없도록 규정하고 있다(경찰법 제6조, 제7조).

3) 경찰의 조직

(1) 보통경찰기관

① 보통경찰관청

㉠ 경찰청장

• 경찰청장은 중앙보통경찰관청으로 최상급의 경찰관청이다.

- 경찰에 관한 사무를 통할하고 청무를 관장하며, 소속 공무원 및 각급 경찰기관의 장을 지휘·감독하게 하기 위해 경찰청에 경찰청장을 둔다.
- 경찰청장은 치안총감으로 보하며 경찰위원의 동의를 얻어 안전행정부 장관의 제청으로 대통령이 임명한다. 이 경우 인사청문회를 거쳐야 한다.
- 임기는 2년이며, 중임할 수 없다.
- 경찰청장이 그 직무 집행 시에 헌법이나 법률을 위반한 때에는 국회는 탄핵소추 의결을 할 수 있다.
- 보조기관으로 차장, 국장, 과장 등이 있다. 경찰청장 유고시에는 경찰청 차장이 그 직무를 대행한다.

㉡ 지방경찰청장

- 지방경찰청에는 지방경찰청장을 두는데, 지방경찰청장은 경찰청장의 단순한 보조기관이 아니고 보통 경찰행정관청이다.
- 지방경찰청장은 경찰청장의 지휘·감독을 받아 관할구역 안의 경찰사무를 관장하고 소속 공무원 및 소속 경찰기관의 장을 지휘·감독한다 (동법 제14조).
- 특별시장과 광역시장 및 도지사 소속하에 지방경찰청을 두지만, 시·도지사의 지휘·감독은 받지 않으며, 지휘 및 감독권은 경찰청장이 보유한다.

㉢ 경찰서장

- 지방경찰청 소속하에 경찰서를 두며, 경찰서에는 경찰서장을 둔다 (동법 제17조 1항). 최근(2012.2.22.) 동법 개정으로 경무관이 경찰서장이 될 수 있는 길이 열렸다.
- 경찰서장은 지방경찰청장의 지휘와 감독을 받아 관할구역 안의 소관 사무를 관장하고, 소속 공무원을 지휘·감독하는 하급 보통경찰관청이다.

② 특별경찰관청

㉠ 해양경찰청장

- 해양경찰청은 협의의 행정경찰기관이 아니고 경찰청과 같은 보통경찰

기관이다. 단, '경찰법'이 적용되지 않고, 대통령령인 '해양경찰청과 그 소속기관직제'의 적용을 받는다.

• 해양경찰청장은 해양수산부 장관의 지휘·감독을 받아 관할구역 안의 소관사무를 관장하고, 소속 공무원 및 경찰기관의 장을 지휘·감독한다.

ⓛ 해양지방경찰청

해양경찰청장의 관장사무를 분장하기 위해 해양경찰청장 소속으로 지방해양경찰청을 둔다(동해, 서해, 남해, 제주). 제주지방해양경찰청은 최근(2012년 6월)에 신설되었다.

ⓒ 해양경찰서장

해양경찰서장은 해양경찰청장의 지휘·감독을 받는 하급 경찰관청이다.

③ 경찰의결기관 및 경찰협의기관

㉠ 경찰위원회

목적	• 경찰의 정치적 중립 보장과 민주적 운영을 위해 경찰위원회를 설치한다.
설치	• 경찰행정에 관한 사항을 심의·의결하기 위해 안전행정부에 경찰위원회를 둔다(경찰법 제5조 1항).
구성	• 경찰위원회는 위원장을 포함하여 7인의 위원으로 구성하며(2인은 법관의 자격이 있어야 함), 그 중 1인은 상임이 된다. 위원은 안전행정부 장관의 제청으로 대통령이 임명한다. 위원의 임기는 3년이며 연임할 수 없다(동법 제7조).
성격	• 경찰위원회는 경찰관청이 표시할 국가 의사를 심의·의결의 형식으로 결정하는 권한을 가진 합의제 경찰기관으로서, 국가 의사를 심의·의결함에 그치고 그 이상의 대외적인 표시로 국가를 대표할 권한까지는 없다는 점에서 행정관청과 구별된다. 그리고 국가 의사의 심의·의결권을 가진다는 점에서 단순한 보조기관 또는 자문기관과 구별된다.
결격사유	• 당적을 이탈한 날부터 3년이 경과되지 아니한 자 • 선거에 의해 취임하는 공직에서 퇴직한 날로부터 3년이 경과되지 아니한 자 • 경찰, 검찰, 국가정보원 직원 또는 군인직에서 퇴직한 날로부터 3년이 경과되지 아니한 자 • 국가공무원법 제33조 각 호의 어느 하나에 해당하는 사람
심의·의결 사항	• 국가경찰의 인사·예산·장비·통신 등에 관한 주요 정책 및 경찰 업무 발전에 관한 사항 • 인권 보호와 관련되는 국가경찰의 운영·개선에 관한 사항

	• 국가경찰 임무 외의 다른 국가기관으로부터의 업무 협조 요청에 관한 사항 • 제주특별자치도의 자치경찰에 대한 국가경찰의 지원, 협조 및 협약 체결의 조정 등에 관한 주요 정책 사항 • 기타 안전행정부 장관 및 경찰청장이 중요하다고 인정하여 위원회에 부의(附議)한 사항
운영	• 위원회의 회의는 재적위원 과반수의 출석과 출석위원 과반수의 찬성으로 의결한다. • 안전행정부 장관은 위원회에서 심의·의결된 내용이 부적정하다고 판단될 때에는 재의를 요구할 수 있으며, 재의 요구는 10일 이내에 하여야 하고, 위원회는 7일 이내에 재의결하여야 한다(경찰법 § 10③, 경찰위원회규정 § 6)

㉡ 치안행정협의회

설치	• 지방행정과 치안행정의 업무협조, 기타 필요한 사항을 협의·조정하기 위하여 시·도지사 소속하에 치안행정협의회를 둔다(경찰법 제16조 1항).
구성	• 위원장을 포함하여 9인으로 구성한다. 부시장 또는 부지사가 위원장이 된다.
협의·조정 사항	• 지역 안정 및 질서 유지에 관한 사항 • 민방위 및 재해대책 운영에 관한 사항 • 질서확립운동 등 지역사회운동의 효율적 추진에 관한 사항 • 지역 주민과 경찰 간의 협조 및 요망 사항 • 기타 지방행정과 치안행정 간 상호 지원에 관한 사항과 시·도지사 및 지방경찰청장이 회의에 부치는 사항

㉢ 경찰위원회와 치안행정협의회 비교

구분	경찰위원회	치안행정협의회
성격	• 심의, 의결기관	• 자문기관
구성	• 위원장 포함 7인(상임 1, 비상임 6) • 위원 중 2인 법관 자격	• 위원장 포함 9인 • 시, 도 공무원 2인, 경찰공무원 3인, 일반인 3인
위원장	• 비상임 위원 중 호선	• 부시장 또는 부지사
위원 임명	• 안행부 장관의 제청, 대통령의 임명	• 시, 도지사의 임명(또는 위촉)
임기	• 3년, 연임 불가	• 위촉된 일반인만 2년
정기회의	• 매월	• 분기별
임무 및 권한	• 심의, 의결권 • 경찰청장 임명 동의권	• 지방행정과 치안행정의 업무 협조 기타 필요한 사항을 협의 및 조정

④ **보통경찰집행기관**

㉠ 일반경찰집행기관

일반적인 경찰 업무를 집행하는 기관을 말하며, 「경찰공무원법」 제2조에서 구분되고 있는 경찰공무원이 이에 해당한다. 치안총감, 치안정감, 치안감, 경무관, 총경, 경정, 경감, 경위, 경사, 경장, 순경이 있다. 경위에서 경무관까지는 사법경찰관으로서, 순경에서 경사까지는 사법경찰로서 사법경찰사무를 담당한다. 경찰공무원은 제복을 착용하고 무기를 휴대·사용할 수 있다.

㉡ 특별경찰집행기관

특별한 분야의 경찰작용을 집행하는 기관을 말하며, 이에는 전투경찰대와 헌병, 해양경찰서, 소방공무원 등이 있다.

- 전투경찰대: 간첩의 침투 거부·포착·섬멸 기타의 대간첩작전을 수행하고 치안 업무를 보조하기 위해 지방경찰청장 및 대통령령으로 정하는 국가경찰기관의 장 또는 해양경찰청장 소속하에 두는 특별경찰집행기관이다(전투경찰대설치법 제1조 제①항).
- 헌병: 군사 및 군인·군무원에 관한 경찰집행기관으로 그에 관한 보안경찰과 사법경찰작용을 담당한다. 헌병은 원칙적으로 일반인에 대해 경찰권을 행사할 수 없으나 군사 또는 군인·군속의 범죄에 관련 있는 범죄와 군용물·군용시설·군사 기밀에 관한 일반인의 범죄에 관하여는 수사할 수 있다(군사법원법 제43조, 제44조).
- 소방공무원: 화재를 예방, 진압, 경계하는 데 종사하는 기관

⑤ **청원경찰**

㉠ 의의

청원경찰이란 특정한 기관이나 사업자가 소요 경비를 부담할 것을 조건으로 관할 지방경찰청장에게 경찰의 배치를 신청하는 경우에, 그 기관, 시설 또는 사업장의 경비를 위해 배치하는 경찰을 말한다.

㉡ 임용

임용권자는 청원주이며, 지방경찰청장이 임용 승인권자이다. 또한 청원

경찰의 직무감독권자는 청원주와 경찰서장이며, 징계권자는 청원주이다. 또한 국가공무원법상의 공무원 결격 사유(제33조)에 해당하는 자는 임용이 불가능하다.

㉢ 법적 성격

법적 성격은 원칙적으로 청원경찰은 공무원이 아니며, 다만, 예외적으로 형법 기타 법령에 의해 벌칙을 적용할 경우와 청원경찰법과 동시행령에서 특별 규정한 경우에는 공무원으로 본다. 또한 청원경찰의 임용권자가 국가기관, 지방자치단체장인 경우에는 예외적으로 공무원의 신분을 가진다. 이 경우 손해배상의 주체는 국가 또는 지방자치단체가 되고 국가배상법이 적용된다.

㉣ 직무

청원경찰은 청원주와 관할 경찰서장의 감독을 받아 그 경비구역 안에 한해(장소적 한계), 경비 목적을 위해 필요한 범위 안에서(사항적 한계), 경찰관직무집행법에 의한 경찰관의 직무를 행한다. 한편, 청원경찰에게 사법경찰사무(수사)는 인정되지 않지만, 직무 수행 중 경찰장구, 무기 및 분사기의 휴대와 사용 권한이 있다.

㉤ 배치의 폐지

청원주는 청원경찰이 배치된 시설이 폐쇄 또는 축소되어 청원경찰의 배치를 폐지하거나 배치 인원을 감축할 필요가 있다고 인정될 때에는 청원경찰의 배치를 폐지하거나 배치 인원을 감축할 수 있다. 다만, 청원주가 경비업법에 의한 특수경비원을 배치할 목적으로 청원경찰의 배치를 폐지하거나 배치 인원을 감축할 수는 없다.

(2) 특별경찰기관

① 협의의 행정경찰기관

다른 주된 행정작용에 부수하여 일어나는 공안에 대한 위해를 예방・제거하는 작용을 하는 기관을 말한다. 행정 각부 장관은 그의 소관사무에 관련되는 범위 내에서 협의의 행정경찰작용으로 담당하는 경찰기관이 된다. 예컨대 보건복지부 장관은 위생경찰에 관해 특별경찰기관이 된다.

② 비상경찰기관

비상사태 발생 시 병력에 의해 공안을 유지하는 것을 비상경찰이라고 하는데, 이러한 비상경찰작용을 담당하는 군사기관을 비상경찰기관이라고 한다.

㉠ 계엄사령관

전시·사변 또는 이에 준하는 국가 비상사태에 있어서 병력으로 군사상의 필요에 응하거나 공공의 안녕·질서를 유지할 필요가 있을 때에는 법률이 정하는 바에 의하여 대통령은 계엄을 선포할 수 있다(헌법 제77조 제1항). 계엄은 비상계엄과 경비계엄으로 구분할 수 있다(계엄법 제2조). 비상계엄의 경우 선포와 동시에 계엄사령관은 계엄지역의 모든 행정사무와 사법사무를 관장한다. 반면 경비계엄의 경우 선포와 동시에 계엄사령관은 계엄지역의 군사에 관한 행정사무와 사법사무를 관장한다(계엄법 제7조). 계엄지역의 행정기관(정보 및 보안 업무를 관장하는 기관을 포함한다. 이하 같다) 및 사법기관은 지체 없이 계엄사령관의 지휘·감독을 받아야 한다. 만약 계엄사령관이 계엄지역의 행정기관 및 사법기관을 지휘·감독할 때 그 지역이 1개의 행정구역에 국한될 때에는 그 구역의 최고책임자를 통하여 하고, 2개 이상의 행정구역에 해당될 때에는 해당 구역의 최고책임자 또는 주무부처의 장(법원의 경우에는 법원행정처장)을 통하여 하여야 한다(계엄법 제8조).

㉡ 위수사령관

재해 또는 비상사태에 즈음하여 특별시장, 광역시장, 도지사의 병력 출동을 요청받거나 치안 유지에 대한 조치에 관하여 시장, 군수, 경찰서장 사이의 협의에 의하여 병력 출동의 요청을 받았을 때 육군참모총장의 승인을 얻어 이에 응할 수 있다(위수령 제12조). 위수사령관에 의한 병력 출동은 군사기관의 독자적인 경찰작용이 아니고 일반경찰기관의 요청에 의하여 그를 응원하는 '행정응원'의 일종이다(최영규, 2004: 53-59).

제 4 절 경찰공무원법

1 서설

1) 공무원의 종류

공무원을 나누는 기준은 여러 가지가 있지만 일반적으로 소속기관의 업무 범위에 따라 국가공무원과 지방공무원으로 구분한다. 국가공무원은 다시 경력직 공무원과 특수경력직 공무원으로 구분된다.

2) 경찰공무원

경찰공무원도 국가공무원의 일종이나 그 특수성에 비추어 국가공무원법과 별도로 경찰공무원법을 두어 국가공무원에 대한 특례를 규정하고 있다.

국가공무원법과 경찰공무원법의 관계는 일반법과 특별법의 관계에 있다. 따라서 경찰공무원에 대해서는 경찰공무원법이 우선적으로 적용되고, 경찰공무원법에 규정이 없는 사항에 대해서는 국가공무원법이 준용된다. 즉, 경

국가공무원과 지방공무원	국가공무원	국가에 의해 임용되어 국가사무를 집행하고, 국가로부터 보수를 받으며, 국가공무원법의 적용을 받는 공무원이다. 경찰공무원은 국가공무원에 해당된다.
	지방공무원	지방자치단체에 의해 임용되어 자치단체의 사무를 집행하고, 자치단체로부터 보수를 받으며, 지방공무원법의 적용을 받는 공무원이다.
경력직 공무원과 특수경력직 공무원	경력직 공무원	실적과 자격에 의해 임용되고 그 신분이 보장되며, 평생토록 공무원으로 근무할 것이 예정되는 공무원을 말한다. 경력직 공무원은 일반직 공무원, 특정직 공무원, 기능직 공무원으로 나뉜다. 여기서 경찰공무원은 경력직 공무원으로서 특정직 공무원에 해당된다.
	특수경력직 공무원	경력직 공무원 이외의 공무원을 말한다. 특수경력직 공무원은 정무직 공무원, 별정직 공무원, 계약직 공무원, 고용직 공무원으로 나뉜다(김남진, 2001: 61-62).

찰공무원이란 경찰공무원법의 대상이 되는 국가의 공무원으로서 경찰의 직무에 종사하는 자를 말한다. 경찰공무원은 국가공무원법상 경력직 공무원 중 특정직 공무원에 해당한다. 그러나 조직상 경찰기관에 근무하는 일반직이나 기능직 등의 공무원은 경찰공무원에 해당되지 않는다. 전투경찰순경이나 의무경찰순경도 경찰공무원에 해당되지 아니한다. 그러나 이들은 형법상의 공무집행방해죄의 공무원 및 국가배상법상의 공무원에는 포함된다(이철호, 2008: 60).

3) 경찰공무원의 분류

경찰공무원법은 경찰공무원을 다시 계급, 경과와 특기의 세 가지 기준으로 분류하고 있다. 계급은 직책의 난이도와 보수의 차이를 두기 위해 수직적으로 분류한 것이고, 경과와 특기는 경찰 업무의 효율성을 높이기 위해 경찰관의 특성·자격·능력·경력을 활용하고자 수평적으로 분류한 것이다(이철호, 2008: 61-62).

(1) 계급

계급은 경찰공무원이 가지는 개인의 특성(학력, 경력, 자격 등)을 기준으로 하여 유사한 개인적 특성을 가진 경찰공무원을 여러 범주와 집단으로 구분하여 수직적으로 분류한 것이다. 이러한 계급은 직책의 난이도와 보수의 차이를 두기 위한 것이다. 경찰공무원은 순경·경장·경사·경위·경감·경정·총경·경무관·치안감·치안정감·치안총감 등 11개의 계급으로 구성되어 있다.

(2) 경과

경과는 직무의 종류에 따라 경찰공무원을 수평적으로 분류한 것이다. 경찰공무원임용령(제3조)은 경찰공무원을 일반경과·보안경과·특수경과로 구분하고, 다시 특수경과를 해양경과, 항공경과, 운전경과, 통신경과로 구분하고 있다. 경과는 총경 이하의 경찰공무원에게만 적용된다. 보안, 수사경과는 경정 이하에, 운전경과는 경사 이하에만 부여된다. 임용권자 또는 임용제청권자는 경찰공무원을 신규로 채용할 때에 경과를 부여해야 한다.

일반경과	경무, 생활 안전, 경비, 교통, 기획, 감사, 정보 등
보안경과	보안경찰에 관한 직무, 경정 이하의 경찰공무원에게 부여
수사경과	수사의 전문화 · 효율화와 범죄 대응 능력의 향상을 도모하기 위해 경정 이하에 신설
특수경과	해양, 항공, 운전, 정보통신경과

(3) 특기

특기는 경찰공무원의 전문화를 위해 경과별 직무 분야에 따라 세부적으로 구분하여 부여된다. 경찰관의 보직은 크게 경과에 의해 결정되지만 다시 그 보직은 특기에 따라 제약을 받게 된다. 임용권자 또는 임용제청권자는 경위 이상 경정 이하의 경찰공무원에 대해 일정한 자격을 갖춘 경우에는 일반특기 또는 전문특기를 부여할 수 있다.

일반특기	기획, 감사, 경무, 생활 안전, 교통, 경비, 작전, 형사, 수사, 정보, 보안, 외사
전문특기	형사, 조사, 감식, 정보관리, 정보분석, 보안수사 공작, 보안수사 심문, 외사 및 기술(통신, 항공)

4) 경찰공무원 인사기관

경찰공무원의 임용권자는 대통령과 경찰청장이다. 다만 임용권의 일부는 하부기관에 위임되고 있다(이철호, 2008: 70).

(1) 대통령

① 총경 이상의 경찰공무원은 경찰청장(해양경찰청장)의 추천에 의해 안전행정부 장관(국토교통부 장관)의 제청으로 국무총리를 거쳐 대통령이 임용한다.

② 경정에의 신규채용 · 승진임용 및 면직은 경찰청장(해양경찰청장)의 제청으로 국무총리를 거쳐 대통령이 행한다.

③ 경찰청장은 경찰위원회의 동의를 얻어 안전행정부 장관의 제청으로 국무총리를 거쳐 대통령이 임명한다.

④ 해양경찰청장은 해양수산부 장관의 제청으로 국무총리를 거쳐 대통

령이 임명한다.

(2) 경찰청장(해양경찰청장)

① 총경의 전보·휴직·직위해제·정직 및 복직을 행한다.

② 경정 이하의 경찰공무원을 임용한다.

③ 경찰청장(해양경찰청장)은 그 임용권의 일부를 대통령령이 정하는 바에 따라 그 소속기관의 장 및 지방경찰청장에게 위임할 수 있다.

(3) 지방경찰청장, 경찰대학장, 경찰교육원장, 중앙경찰학교장, 경찰병원장, 경찰청장의 위임이 있을 때 소속 경찰공무원 중

① 경정의 전보·파견·휴직·직위해제 및 복직을 행한다.

② 경감 이하의 임용을 행한다.

(4) 경찰서장

지방경찰청장의 위임이 있을 때 소속 경찰공무원 중 경감 이하의 경찰공무원에 대해 경찰서 내에서의 전보를 행한다.

(5) 경찰공무원인사위원회

① 의의

경찰청장 또는 해양경찰청장의 인사사무에 관한 자문을 하기 위해 경찰청과 해양경찰청에 설치되는 기관이다.

② 법적 근거

㉠ 경찰공무원법: 인사위원회의 설치

㉡ 경찰공무원임용령(대통령령): 인사위원회의 구성 및 운영

③ 법적 성질

자문기관으로 경찰청장 또는 해양경찰청장은 인사위원회의 결정에 구속되지 않는다.

④ 구성

㉠ 경찰청과 해양경찰청에 설치한다.

㉡ 위원장을 포함하여 5~7인으로 구성한다.

㉢ 위원장은 경찰청(해양경찰청)의 인사담당국장이 되고, 위원은 경찰청(해양경찰청) 소속 총경 이상 중에서 경찰청장(해양경찰청장)이 임명한다.

⑤ 심의 사항

㉠ 경찰공무원의 인사행정에 관한 방침과 기준 및 기본 계획의 심의

㉡ 경찰공무원의 인사에 관한 법령의 제정·개폐에 관한 사항의 심의

㉢ 기타 경찰청장 또는 해양경찰청장이 부의하는 사항의 심의

⑥ 운영

㉠ 위원장이 사고가 있을 때에는 위원 중에서 최상위 계급 또는 선임의 경찰공무원이 그 직무를 대행한다.

㉡ 회의는 재적위원 과반수의 찬성으로 의결한다.

㉢ 위원장은 심의·의결된 사항을 지체 없이 경찰청장 또는 해양경찰청장에게 보고해야 한다.

2 경찰공무원의 근무 관계

1) 경찰공무원 관계의 발생(임명)

(1) 임명의 의의

임명이란 특정인에게 경찰공무원의 신분을 부여하여 경찰공무원 관계를 발생하게 하는 행위, 즉 신규채용을 말한다. 경찰공무원 관계는 임명행위에 의해 비로소 설정된다. 따라서 경찰공무원의 신분을 취득한 자에게 일정한 직위를 부여하는 행위인 보직과 구별된다. 한편 임용이란 경찰공무원 관계를 발생, 변경 및 소멸하게 하는 일체의 행위를 말하는 것으로 신규채용, 전직, 전보, 겸임, 파견, 강임, 휴직, 직위해제, 정직, 복직, 면직, 해임 및 파면을 포함하는 개념이다.

※ 임용 관련 용어 정리

임명	국가가 특정인과 신규로 공법상의 근무 관계를 설정하는 것(신규채용)
임용	신규채용, 승진, 전보, 파견, 휴직, 직위해제, 정직, 복직, 면직, 해임, 파면 등 (징계 중 감봉, 견책은 임용의 개념에서 제외)
임면	신규채용, 승진임용, 면직(파면, 해임)을 의미 (전직, 겸임, 강임, 전보 등이 포함되는 경우가 있음)

(2) 임명의 법적 성질

임명행위의 법적 성질에 관해서는 공법상 계약설, 동의를 전제로 하는 단독행위설, 쌍방적 행정행위설 등이 대립하고 있는데, 쌍방적 행정행위설이 통설·판례이다. 이러한 쌍방적 행정행위설은 임명을 상대방의 동의를 요하는 행정행위로 보면서 상대방의 동의는 임명행위의 필요적 요건이며, 동의를 결여한 임명행위는 무효가 된다고 한다.

(3) 임명의 요건

① 능력 요건(소극 요건)

결격 사유에 해당하는 자는 경찰공무원으로 임명될 수 없다. 결격 사유에 해당하는 자를 경찰공무원으로 임명하는 행위는 무효이며, 재직 중에 결격 사유가 발생하면 당연히 퇴직된다.

※ 결격 사유(경찰공무원법 제7조)

- 대한민국 국적을 가지지 아니한 자
- 국적법 제11조의2 제1항에 따른 복수 국적자
- 금치산자 또는 한정치산자
- 파산자로서 복권되지 아니한 자
- 자격 정지 이상의 형의 선고를 받은 자
- 자격 정지 이상의 형의 선고유예를 선고받고 그 유예 기간 중에 있는 자
- 징계에 의하여 파면 또는 해임의 처분을 받은 자

② 자격 요건(적극 요건)-능력주의(성적주의)의 적용

경력직 공무원의 임용은 시험성적, 근무성적, 기타 능력의 실증에 의하므

로 소극적으로 결격 사유가 없는 것 외에도 적극적으로 일정한 채용시험에 의한 성적의 능력을 인정받을 것이 요구된다. 신규채용시험은 공개경쟁시험을 원칙으로 하나 특별한 사유가 있는 경우에는 특별채용시험에 의할 수도 있다. 경정・순경의 신규채용은 원칙적으로 공개경쟁시험의 성적에 의한다. 경위는 경찰대학 졸업자 및 간부후보생 교육 이수 후 소정의 시험에 합격한 자로 신규채용한다. 고시 합격자와 외국어 특기자 등은 예외적으로 특별채용할 수 있다.

(4) 시보임용(경찰공무원법 제10조)

경정 이하의 경찰공무원을 신규채용하는 경우에는 1년의 기간 시보로 임용하고, 그 기간 중에 근무성적이 양호한 자에 한해 그 기간이 만료된 다음 날에 정규 경찰공무원으로 임용하는 것을 말한다. 이는 경찰공무원으로서 적합하지 않은 자를 가려내어 기간 내에 미리 면직시킴으로써 시험제도의 부족한 점을 보완하고 신규 경찰관에게 실무 수습을 위한 훈련의 효과도 얻고자 하는 데 그 취지가 있다.

시보임용 기간은 1년으로 휴직 기간・직위해제 기간 및 징계에 의한 정직・감봉처분을 받은 기간은 그에 산입하지 아니한다.

경찰대학을 졸업한 자 또는 경찰간부 후보생으로서 소정의 교육을 마친 자를 경위로 임용하는 경우, 경찰공무원으로서 대통령령이 정하는 상위 계급에의 승진에 필요한 자격 요건을 갖추고 임용 예정 계급에 상응한 공개경쟁채용시험에 합격한 자를 당해 계급의 경찰공무원으로 임용하는 경우, 퇴직한 경찰공무원으로서 퇴직 시에 재직한 계급의 채용시험에 합격한 자를 재임용하는 경우에는 시보임용을 거치지 않는다.

시보임용 기간 중에 있는 경찰공무원의 신분은 보장되지 않는다. 또한 정규임용과 면직을 심사하기 위하여 임용권자 또는 임용제청권자 소속하에 정규임용 심사위원회를 두며, 시보경찰공무원의 정규임용 및 면직은 정규임용 심사위원회의 재적위원 2/3 이상 출석과 출석위원 과반수의 찬성으로 의결한다.

(5) 임명의 형식

경찰공무원의 임명은 보통 임용장 또는 임용통지서 교부의 형식에 의하나 이것은 임명의 효력 요건이 아니라 임명행위를 형식적으로 표시·증명하는 데 지나지 않는다.

(6) 임명의 효력 발생 시기

임명행위의 효력은 임용장 또는 임용통지서에 기재된 일자에 발생한다(경찰공무원임용령 제5조).

2) 경찰공무원 관계의 변경

(1) 의의

경찰공무원으로서의 신분은 그대로 유지하면서 경찰공무원 관계의 내용의 전부 또는 일부가 변경되는 것을 말한다. 경찰공무원 관계의 변경은 임명과 달리 이미 경찰공무원의 신분을 가진 자에 대한 국가의 단독적 행정행위로서 행해진다(이철호, 2008: 73).

(2) 유형

① 승진

하위 계급에서 상위 계급으로 임용되는 것을 말한다. 승진임용에는 심사승진, 시험승진, 특별승진이 있다. 승진을 위한 동일 계급에서의 최저 근무연수는 총경 4년, 경정, 경감 3년, 순경~경위 1년이다. 그러나 징계의결 요구·징계처분·직위해제·휴직 또는 시보임용 기간 중에 있는 자, 경찰공무원법(제24조)에 의해 계급정년의 연장을 받은 자는 승진임용의 제한을 받는다. 징계처분의 집행이 종료된 날로부터 정직은 18개월, 감봉은 12개월, 견책은 6개월이 경과되지 않은 자도 같다.

② 전보

동일한 계급 내에서 보직(직위)을 변경하는 것을 말한다. 이러한 전보는 당해 직위에 임용된 날로부터 1년 이내에는 할 수 없음이 원칙이다.

③ 전과

경과의 변경을 말한다.

④ 파견

경찰공무원을 다른 국가기관, 공공단체, 국내외 교육기관이나 연구기관 등에 근무케 하는 것을 말한다(한견우, 1996b: 56).

⑤ 휴직

경찰공무원의 신분을 유지하면서 일정 기간 동안 직무 담임을 해제하는 것을 말한다. 이러한 휴직에는 의원휴직과 직권휴직의 두 가지가 있다. 휴직 중인 공무원은 휴직 기간 중에는 직무에 종사하지 못한다. 또한 휴직 기간 중 휴직 사유가 소멸된 때에는 30일 이내에 임용권자 또는 임용제청권자에게 이를 신고해야 하며, 임용권자는 지체 없이 복직을 명해야 한다. 휴직 기간이 만료하면 당해 공무원이 30일 이내에 복귀 신고를 함으로써 당연히 복직된다. 모성 보호와 자녀 양육 활성화 차원에서 부분 근무제를 도입하여 육아휴직 요건을 충족하는 경찰공무원의 경우 휴직 대신 부분 근무(주당 15~32시간)를 할 수 있다.

⑥ 직위해제

직위를 계속 유지시킬 수 없는 사유가 발생한 경우에 임용권자가 직위를 부여하지 않는 것(경찰공무원 신분은 보유)을 말한다. 이러한 직위해제는 본인의 귀책 사유를 이유로 하므로 제재적인 성질은 있지만 공무원법상의 징계는 아니다. 직위해제 기간은 승진소요 최저 연수에 산입되지 않고, 기간 중 봉급의 8할만을 지급한다. 복직이 보장되지 않으며, 직위해제와 징계책임이 동시에 가해지더라도 일사부재리의 원칙에 위배되지 않는다.

직위해제 대상자는 직무 수행 능력이 부족하거나 근무성적이 극히 나쁜 자(3개월 이내의 대기명령), 파면·해임·강등 또는 정직에 해당하는 징계의결이 요구 중인 자, 형사사건으로 기소된 자(약식 명령이 청구된 자는 제외)이다. 3월 이내의 기간 동안 대기를 명하고(대기명령), 이 기간 동안 임용권자 또는 임용제청권자는 능력 회복이나 근무성적의 향상을 위한 교육훈련 또는 특별한 연구과제의 부여 등 필요한 조치를 하여야 한다(국가공무원법 제73조의3 제4항).

⑦ 정직

경찰공무원의 신분은 보유하되 일정 기간 직무에 종사하지 못하게 하는 것이다. 이러한 정직은 징계의 일종으로 정직 기간은 1개월~3개월이며, 이 기간 동안 보수의 2/3를 감액한다.

⑧ 복직

휴직, 정직, 직위해제 중에 있는 경찰공무원을 직위에 복귀시키는 것이다.

⑨ 감봉

경찰공무원으로서의 직무 수행은 계속하게 하면서 보수만을 감액하는 것이다. 징계의 일종으로 감봉 기간은 1개월~3개월이며, 이 기간 동안 보수의 1/3을 감액한다.

3) 경찰공무원 관계의 소멸

(1) 의의

경찰공무원 관계의 소멸이란 경찰공무원으로서의 신분이 소멸되는 것을 말한다(이철호, 2008: 82).

(2) 소멸 사유(유형)

퇴직에는 당연퇴직과 정년퇴직(연령정년, 계급정년)이 있고, 면직에는 의원면직과 강제면직(직권면직, 징계면직)이 있다.

① 퇴직(당연퇴직)

㉠ 의의

일정한 법정 사유의 발생에 따라 임용권자의 처분 등과 같은 별도의 행위를 기다릴 필요 없이 법률상 당연히 경찰공무원 관계가 소멸되는 경우를 말한다.

㉡ 퇴직 사유

- 경찰공무원 임용의 결격 사유 발생, 사망, 임기 만료, 국적 상실 등
- 정년에는 연령정년과 계급정년이 있다.

연령정년: 60세(단, 경감 이하는 2012년까지 매년 1년씩 연장)

계급정년: 치안감 4년, 경무관 6년, 총경 11년, 경정 14년

• 경찰공무원은 그 정년에 달한 날이 1월에서 6월 사이에 있는 경우에는 6월 30일에, 7월에서 12월 사이에 있는 경우에는 12월 31일에 각각 당연 퇴직된다.

※ 명예퇴직: 20년 이상 근속한 자에 대해 경제적인 혜택을 주고 자진하여 퇴직하도록 하는 제도.

② 면직

㉠ 의의

면직이란 경찰공무원의 의사를 기초로 또는 임용권자의 의사에 의한 행정행위에 의해 경찰공무원 관계를 소멸시키는 경우를 말한다.

㉡ 의원면직

의원면직이란 경찰공무원 자신의 사의 표시에 의해 경찰공무원 관계를 소멸시키는 행위로서 경찰공무원의 신청을 요건으로 하는 쌍방적 행정행위이다. 이러한 의원면직은 쌍방적 행정행위이므로 경찰공무원의 사의 표시만으로 경찰공무원 관계가 소멸되는 것은 아니며, 임용권자의 면직처분(사표 수리)이 있을 때까지는 여전히 경찰공무원 관계가 존속하기 때문에 면직행위가 있기까지는 출근하여 직무를 집행할 의무가 있다(판례).

㉢ 강제면직

경찰공무원 본인의 의사와는 관계 없이 임용권자의 일방적 의사에 의해 경찰공무원 관계를 소멸시키는 것으로서 그 법적 성질은 단독행위이다. 강제면직에는 징계면직과 직권면직이 있다. 징계면직은 징계처분에 의해 경찰공무원 관계를 소멸시키는 것으로 파면과 해임이 있다. 직권면직은 일정한 법정 사유가 발생한 경우에 국가의 일방적 의사에 의해 경찰공무원 관계를 소멸시키는 행위이다(최영규, 2004: 115-117).

㉣ 면직 효력의 발생 시기

면직발령장 또는 면직통지서에 기재된 일자에 면직의 효과가 발생하여 그 날 영시부터 경찰공무원의 신분을 상실한다고 한다(판례).

※ 직권 면직 사유(경찰공무원법 제22조)

① 직제와 정원의 개폐 또는 예산의 감소 등에 의하여 폐직 또는 과원이 되었을 때

② 휴직 기간의 만료 또는 휴직 사유가 소멸된 후에도 직무에 복귀하지 아니하거나 직무를 감당할 수 없을 때

③ 직위해제로 인하여 대기명령을 받은 자가 그 기간 중 능력의 향상 또는 근무성적의 향상을 기대하기 어렵다고 인정한 때(징계위원회의 동의 필요)

④ 경찰공무원으로서 부적합할 정도로 직무 수행 능력 또는 성실성이 현저히 결여된 자로서 다음에 해당할 때(징계위원회의 동의 필요)

㉠ 지능 저하 또는 판단력의 부족으로 경찰 업무를 감당할 수 없는 경우

㉡ 책임감의 결여로 직무 수행에 성의가 없고 위험한 직무에 당하여 고의로 직무 수행을 기피 또는 포기하는 경우

⑤ 직무 수행에 있어서 위험을 일으킬 우려가 있을 정도의 성격 또는 도덕적 결함이 있는 자로서 다음에 해당할 때(징계위원회의 동의 필요)

㉠ '인격장애, 알코올·약물 중독 등의 정신장애가 있거나, 사행행위 또는 재산의 낭비로 인한 채무 과다로 도덕적 결함이 현저한 경우'

㉡ 기타 불순한 이성 관계 등 도덕적 결함이 현저하여 타인의 비난을 받는 경우

⑥ 당해 경과에서 직무를 수행하는 데 필요한 자격증의 효력이 상실되거나 면허가 취소되어 담당 직무를 수행할 수 없게 된 때

3 불이익처분에 대한 구제제도(권익보장제도)

1) 처분사유설명서의 교부

처분사유설명서의 교부제도는 공무원에 대해 징계처분이나 강임, 휴직,

직위해제 또는 면직처분을 행할 때 그 처분권자 또는 처분제청권자가 처분의 사유를 기재한 설명서를 교부하는 제도를 말한다. 단, 의원면직, 의원휴직 등과 같이 본인의 원(願)에 의한 처분에는 교부하지 않는다. 이 제도는 피처분권자에게 소청심사위원회에 소청심사를 청구할 수 있는 기회를 부여하는 사전적 구제절차로서의 의미를 가진다.

2) 소청

(1) 의의

소청(訴請)은 징계처분 기타 그의 의사에 반하는 불이익한 처분을 받은 경찰공무원이 그 처분에 불복이 있는 경우에 관할 소청심사위원회에 심사를 청구하는 행정심판이다. 이러한 소청은 행정소송을 제기하기 위한 필수적인 전심절차이므로(국가공무원법 제16조 2항) 소청심사위원회의 심사·결정을 거치지 않으면 행정소송을 제기할 수 없다.

(2) 설치 및 구성

소청심사위원회는 행정기관 소속 공무원의 징계처분과 기타 그 의사에 반하는 불리한 처분이나 부작위에 대한 소청을 심사, 결정하게 하기 위해 안전행정부 소속으로 설치하는 합의제 행정관청이다.

소청심사위원회는 위원장 1인을 포함한 5인 이상 7인 이내의 상임위원으로 구성한다. 위원장은 정무직으로 보하고, 필요한 경우 약간 명의 비상임위원을 둘 수 있다. 임명은 안전행정부 장관의 제청으로 국무총리를 경유하여 대통령이 임명하며, 상임위원의 임기는 3년으로 1차에 한해 연임이 가능하지만 겸직은 허용되지 않는다. 소청심사위원의 자격은 법관, 검사 또는 변호사의 직에 5년 이상 근무한 자, 대학에서 행정학, 정치학 또는 법률학을 담당한 부교수 이상의 직에 5년 이상 근무한 자, 3급 이상 해당 공무원 또는 고위공무원단에 속하는 공무원으로서 3년 이상 근무한 자이다.

(3) 소청 대상

소청은 징계처분, 강임, 휴직, 직위해제, 면직처분 기타 본인의 의사에 반하는 불리한 처분이다. 여기서 '기타 본인의 의사에 반하는 불리한 처분'에는 의원면직의 형식에 의한 면직, 전직, 대기명령, 경력평정 등이 포함된다 (전보는 소청 대상에 해당되지 않는 것으로 봄).

(4) 소청 절차

① 소청심사의 청구

소청은 징계처분, 강임, 휴직, 직위해제 또는 면직의 경우에는 처분사유 설명서를 받은 날로부터, 기타의 불리한 처분을 받았을 때에는 그 처분이 있음을 안 날로부터 각각 30일 이내에 소청심사위원회에 청구할 수 있다. 경찰공무원은 안전행정부에 설치되어 있는 소청심사위원회에 소청심사를 청구한다.

② 심사

소청심사위원회가 소청사건을 심사할 때에는 반드시 소청인 또는 그 대리인에게 진술의 기회를 주어야 하며, 진술의 기회를 주지 않고 한 결정은 무효이다.

③ 결정

소청심사위원회는 소청사건을 원칙적으로 접수 후 60일 이내에 결정을 해야 하며, 결정에는 각하, 기각, 취소, 또는 변경, 무효 확인 등이 있다. 소청심사위원회가 징계처분에 대한 소청을 심사할 경우에는 원징계처분에서 과한 징계보다 중한 징계를 과하는 결정을 하지 못한다 (불이익 변경 금지의 원칙). 소청사건의 결정은 재적위원 2/3 이상의 출석과 출석위원 과반수의 합의에 의하고, 이유를 명시한 결정서로 해야 한다. 소청심사위원회의 결정은 처분행정청을 기속한다.

④ 불복

소청인은 소청결정서 정본을 송달받은 날로부터 90일 이내에 처분청을 피고로 하여 행정법원(행정법원이 설치되지 아니한 지역에서는 지방법원 합의부)에 행정소송을 제기할 수 있다.

※ 소청의 절차

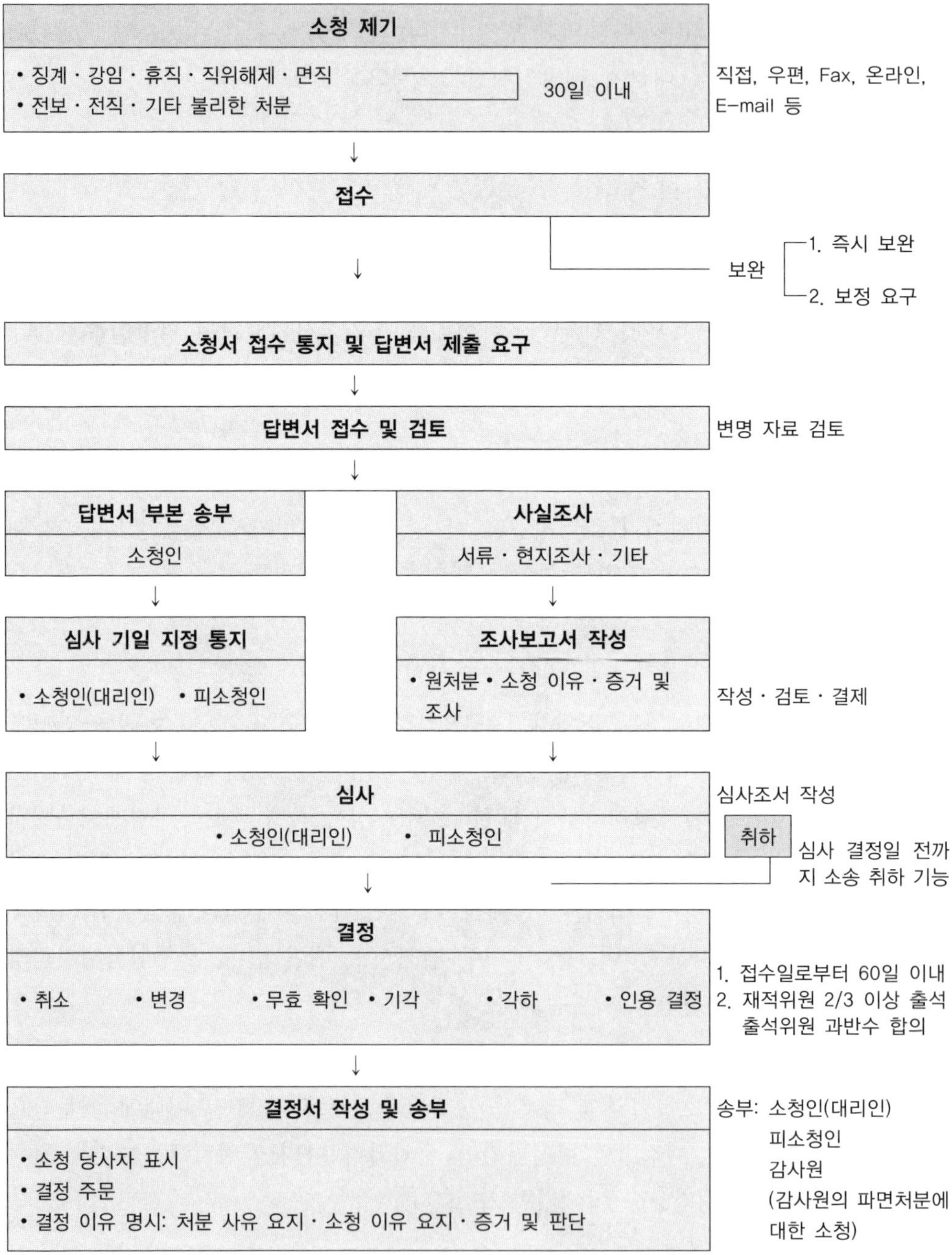

출처: http://sochung.mopas.go.kr/appeal/process.asp.

3) 행정소송

소청을 제기한 자가 소청심사위원회의 결정에 불복이 있을 때에는 결정서의 정본을 송달받은 날로부터 90일 이내에, 또는 위원회가 60일이 지나도 결정을 하지 않는 때에는 처분사유설명서를 받은 날로부터 90일 이내에 행정소송을 제기할 수 있다.

행정소송은 소청심사위원회의 심사·결정을 거치지 아니하면 제기할 수 없다(국가공무원법 제16조 제①항). 행정소송의 피고는 경찰청장 또는 해양경찰청장이 됨이 원칙이나, 임용권을 위임한 경우에는 그 위임을 받은 자를 피고로 한다(경찰공무원법 제28조).

4) 고충심사의 청구

(1) 고충처리제도의 의의

고충처리제도는 공무원의 직무 조건의 적정성을 확보하기 위한 것으로, 민간에서는 이를 위해 노동조합에 의한 단체협약의 체결 등의 제도가 마련되어 있지만 공무원에게는 노동조합 관련 규정이 적용되지 아니하므로 이를 보완하기 위해 마련된 제도이다. 물론 전국공무원노동조합이 합법화되면서 공무원의 노조 가입이 가능해졌지만 가입 대상에 제한이 있으며 특히 경찰공무원은 가입할 수 없다. 과거에는 중앙고충심사위원회가 별도 기구로 운영되었지만 현재는 안전행정부 소청심사위원회에서 함께 운영되고 있다. 다만 각 행정기관이 별도로 산하에 고충심사위원회를 두고 운영하고 있는 경우도 있으며 경찰이 여기에 해당한다. 이 경우 중앙고충심사위원회와 산하 위원회를 모두 활용할 수 있다.

(2) 고충심사의 청구

공무원은 누구나 근로 조건, 인사관리 기타 신상문제에 대해 인사상담 및 고충심사를 일정 사항을 기재한 문서로 고충심사위원회 설치기관의 장에게 청구할 수 있다. 경찰은 경찰공무원의 인사 상담이나 고충심사를 위해 경찰청, 지방경찰청 등에 경찰공무원 고충심사위원회를 둔다. 고충심사위원회는 공무원을 위한 옴부즈만(Ombudsman)적 성격을 갖는다.

경찰공무원 고충심사위원회(경감 이하 대상)의 심사를 거친 고충심사와 경정 이상의 경찰공무원의 고충심사는 국가공무원법에 의해 설치된 중앙고충심사위원회에서 심사한다(경찰공무원법 제25조). 중앙고충심사위원회의 기능은 소청심사위원회에서 관장한다.

(3) 고충심사 결과의 처리

고충심사의 결정은 고충심사위원회 재적위원 과반수의 합의에 의한다. 고충심사위원회가 고충심사 청구에 대해 결정을 한 때에는 결정서를 작성하고, 지체 없이 이를 설치기관의 장에게 송부해야 한다. 결정서를 송부받은 설치기관의 장은 심사 결과를 청구인에게 통보하는 외에 스스로 고충의 해소를 위한 조치를 하거나 관계 기관의 장에게 필요한 조치를 요청해야 한다(김남진, 2001: 86).

4 경찰공무원의 권리와 의무 및 책임

1) 경찰공무원의 권리

(1) 기본적 인권

경찰공무원도 국민의 한 사람으로서 헌법에서 보장하는 기본권의 주체로서 각종 권리를 갖는다. 그러나 공무원이라는 직업의 특성상 일반 국민에게 인정되는 기본권 중 일정한 것은 제약을 받는다. 예컨대 경찰공무원에게는 노동3권, 즉 단결권, 단체교섭권, 단체행동권이 인정되지 않는다(허경미, 2003: 83-84).

(2) 신분상의 권리

일반 공무원과 공통으로 갖는 권리에는 신분보유권, 직위보유권, 직무수행권, 행정쟁송권이 등이 있고, 경찰공무원의 특수한 권리로는 제복착용권, 무기 휴대 및 사용권, 장구사용권 등이 있다(이철호, 2008: 86-88).

① 신분보유권: 경찰공무원의 신분은 헌법과 국가공무원법에 의해 보장된다. 그러나 치안총감 및 치안정감과 시보임용 중인 자는 신분 보장을 받지 못한다.

- 헌법 제7조 2항: 공무원의 신분과 정치적 중립성은 법률이 정하는 바에 의하여 보장된다.
- 국가공무원법 제68조: 공무원은 형의 선고, 징계처분 또는 국가공무원법에 정하는 사유에 의하지 아니하고는 그 의사에 반하여 휴직 · 강임 또는 면직을 당하지 아니한다.

② 직위보유권: 경찰공무원은 국가공무원법이 정하는 사유에 의하지 아니하고는 직위해제를 당하지 않는다.

③ 직무수행권 · 직명사용권: 경찰공무원은 그 직위에 속하는 직무를 수행할 권리를 가지며 직명을 사용할 수 있다.

④ 행정쟁송권: 경찰공무원은 위법 · 부당하게 권리가 침해된 경우 소청 또는 행정쟁송을 제기할 권리가 있다.

⑤ 제복착용권: 경찰공무원은 제복을 착용할 권리가 있는데, 이는 의무의 성질도 아울러 갖는다.

⑥ 무기 휴대 및 사용권: 경찰공무원은 직무 수행을 위해 필요한 때 무기를 휴대할 수 있고(경찰공무원법 제20조), 일정한 경우에는 무기를 사용할 수 있다(경찰관직무집행법 제10조).

⑦ 장구사용권: 경찰공무원은 직무 수행을 위해 필요한 때 수갑 · 포승 · 경찰봉 등의 장구를 사용할 수 있다.

(3) 재산상의 권리

① 보수청구권

보수란 봉급과 각종 수당을 합산한 금액을 말한다. 이러한 보수는 직무에 대한 반대급부로서의 성격과 공무원의 생활 보장을 위한 생활 자료적인 성격을 아울러 갖는다고 보는 것이 일반적이다. 보수에 기하여 발생하는 보수청구권은 공무원법 관계에서 발생하는 공권이므로 이를 포기하거나 양도할 수 없고, 이에 관한 소송은 공법상 당사자소송에 의해야 한다(다수설). 그러나 소송 실무상으로는 민사소송에 의하고 있다. 이러한 보수청구권은 생활 보장적 성격을 가지므로 압류는 보수액의 2분의 1을 넘어서 할 수 없다. 보수청구권의 소멸 시효 기간은 3년이다(이철호, 2008: 88).

② 연금청구권

연금은 공무원의 퇴직 또는 사망과 공무로 인한 부상·질병·폐질에 대해 당해 공무원 및 그 유족의 생활 안정과 복리 향상을 도모하기 위해 지급하는 급여를 말한다. 연금에서 발생하는 연금청구권은 양도하거나 포기할 수 없으며, 압류가 금지된다. 이러한 연금청구권의 성격은 공법상 권리로서 당사자 소송의 대상이 되고, 소멸 시효는 5년(단기 연금은 3년)이다. 연금은 양도, 압류, 담보 제공이나 포기 및 이전이 금지된다.

③ **실비 변상·실물 대여를 받을 권리**

경찰공무원은 보수를 받는 이외에 직무 수행에 소요되는 여비, 출장비, 수사활동비 등 실비 변상을 받을 수 있다. 그리고 경찰공무원은 제복 기타 물품(경찰복, 경찰모, 수첩, 수갑, 경적, 단추, 계급장 등)의 급여 및 대여를 받는다(허경미, 2003: 85-86).

④ 보급품 수령권

제복 기타 물품의 실물 대여를 받을 권리를 말한다.

⑤ 보상청구권

경찰공무원이 질병, 폐질, 퇴직, 사망 또는 재해를 입었을 때에는 본인 또는 그 유족에게 법률이 정하는 바에 따라 적절한 급여를 지급받을 수 있는 권리를 말하며, 경찰공무원으로서 전투 기타 직무 수행 또는 교육훈련 중 사망한 자 및 상이(傷痍)를 입고 퇴직한 자와 그 유족 또는 가족은 「국가유공자 예우 등에 관한 법률」에 의해 예우를 받는다.

※ 경찰의 신분상의 권리와 재산상의 권리

신분상의 권리	신분보유권, 직위보유권, 직무수행권, 행정쟁송권, 제복착용권, 무기휴대 및 사용권, 장구사용권
재산상의 권리	보수청구권, 연금청구권, 실비 변상·실물 대여를 받을 권리, 보급품 수령권, 보상청구권

2) 경찰공무원의 의무

(1) 선서 의무

경찰공무원은 취임할 때에 소속기관장 앞에서 대통령령이 정하는 바에 따라 선서를 해야 한다. 다만 불가피한 사유가 있을 때에는 취임 후에 선서를 하게 할 수 있다.

(2) 성실 의무

경찰공무원은 법령을 준수하며 성실히 직무를 수행해야 한다. 이는 최대한으로 공공의 이익을 도모하고 그 불이익을 방지하기 위해 자신의 전인격과 양심을 바쳐서 성실히 직무를 수행해야 하는 것을 의미한다. 이러한 성실 의무는 경찰공무원의 모든 의무의 원천이 되는 가장 기본적이고 중요한 의무로서 윤리적 성격이 강한 것이지만, 구체적인 법적 의무로서의 성격을 갖는다. 따라서 성실 의무를 위반하면 징계의 사유가 된다(허경미, 2003: 94).

(3) 신분상의 의무

① 비밀 엄수 의무

경찰공무원은 재직 중은 물론 퇴직 후에도 직무상 지득한 비밀을 엄수해야 한다. 직무상 지득한 비밀이란 공무원 본인이 취급한 직무에 관한 비밀뿐만 아니라 직무에 관련하여 알게 된 비밀을 포함한다. 경찰공무원이 비밀을 누설했을 경우에는 징계 사유가 될 뿐만 아니라 형사상의 피의 사실공표죄 또는 공무상 비밀누설죄를 구성한다. 경찰공무원이나 경찰공무원이었던 자가 법원 기타 법률상 권한을 가진 관청의 증인이나 감정인이 되어 직무상 비밀에 대해 심문을 받을 때에는 소속기관장의 허가를 받은 사항에 관해서만 진술할 수 있다(이철호, 2008: 88).

② 청렴 의무

경찰공무원은 직무와 관련하여 직접 또는 간접을 불문하고 사례·증여 또는 향응을 수수할 수 없으며, 직무상의 관계 여하를 불문하고 그 소속 상관에게 증여하거나 소속 공무원으로부터 증여를 받아서는 아니 된다. 이러한 청렴 의무를 법제도적으로 뒷받침하기 위해 공직자윤리법이 제정되었다. 공직자윤리법에 따라 경찰공무원도 일정한 재산 등록 및 공개 의무가 있다.

※ 공직자 재산 등록 및 공개 의무(공직자윤리법 제10조)

재산등록 의무자	• 경사 이상의 경찰공무원 단, 공직자윤리법은 총경 이상의 경찰공무원을, 공직자윤리법시행령은 경사 이상의 경찰공무원을 등록 의무자로 규정하고 있다.
재산공개 의무자	• 공직자윤리법은 치안감 이상의 경찰공무원과 지방경찰청장을 공개 의무자로 규정하고 있다.

③ 품위 유지 의무

경찰공무원은 직무의 내외를 불문하고 그 품위를 손상하는 행위를 해서는 안 된다.

④ 영예 등의 제한

경찰공무원이 외국 정부로부터 영예 또는 증여를 받을 경우에는 대통령의 허가를 받아야 한다.

⑤ 정치운동의 금지

경찰공무원은 정당 기타 정치단체의 결성에 관여하거나 이에 가입할 수 없으며, 선거에서 특정 정당 또는 특정인의 지지나 반대를 하기 위해 투표를 하거나 하지 아니하도록 권유하는 행위, 서명운동을 기획·주재하거나 권유하는 행위, 문서 또는 도서를 공공시설 등에 게시하거나 게시하게 하는 행위, 기부금을 모집 또는 모집하게 하거나 공공자금을 이용 또는 이용하게 하는 행위, 타인으로 하여금 정당 또는 정치단체에 가입하거나 가입하지 아니하도록 권유운동을 하는 행위를 해서는 아니 된다. 또한 경찰공무원은 다른 공무원에게 투표를 하거나 하지 아니하도록 권유하는 행위, 서명운동을 기획·주재하거나 권유하는 행위를 하도록 요구하거나 정치행위의 보상 또는 보복으로서 이익.또는 불이익을 약속해서는 아니 된다.

⑥ 집단행동의 금지

공무원은 노동운동 기타 공무 이외의 일을 위한 집단적 행위를 해서는 아니 된다. 다만, 사실상 노무에 종사하는 공무원과 대통령령으로 정한 특수경력직 공무원은 제외로 한다(허경미, 2003: 88-94).

(4) 직무상의 의무

경찰공무원과 일반 공무원이 공통으로 갖는 의무로는 법령 준수 의무, 복종 의무, 직무에 전념할 의무, 친절·공정 의무 등이 있다. 일반 공무원과 달리 경찰공무원만이 가지는 특수한 의무로는 허위 보고 등의 금지, 지휘권 남용 등의 금지, 제복 착용 의무, 지정 장소 외에서의 직무 수행 금지, 근무 시간 중 음주 금지, 민사 분쟁에의 부당 개입 금지 등이 있다(이철호, 2008: 93-94).

① 법령 준수 의무: 경찰공무원은 직무 집행 법령을 준수해야 한다. 이는 경찰공무원의 직무 수행에서 가장 기본적인 의무이다.

② 복종 의무: 경찰공무원은 직무를 수행할 때 소속 상관의 직무상의 명령에 복종해야 한다. 복종 의무는 직무의 독립성이 인정된 공무원(예: 감사위원·소청심사위원)에게는 적용되지 않는다.

㉠ 소속 상관의 의미: 소속 상관이란 직무상의 소속 상관을 의미한다. 둘 이상의 상관으로부터 서로 모순되는 직무명령이 발령되는 때에는 직속 상관의 직무명령에 복종해야 한다.

㉡ 직무명령

- 의의: 직무명령이란 소속 상관이 직무와 관련하여 내리는 부하 공무원에 대한 명령이라는 점에서 상급 관청이 하급 관청에 대해 발하는 훈령과 구별된다.
- 요건: 직무명령은 그 내용이 적법하고 공익에 적법해야 하며 형식적 요건으로서 직무상의 소속 상관이 발하고, 당해 하급 공무원의 직무 범위에 속하는 사항에 관한 것이며, 소정의 절차나 형식을 갖추어야 한다.
- 범위: 직무명령에는 직무 집행에 직접 관계되는 것뿐만 아니라 복장 등도 대상 범위에 들어간다. 그러나 직무와 관련 없는 공무원의 사생활에까지 미치는 것은 아니다.
- 복종 의무의 한계: 직무명령이 부당하다고 인정되는 경우에도 복종해

야 한다(의견 진술이 바람직). 그러나 명백히 위법한 직무명령에 대해서는 복종을 거부할 수 있으며, 위법함을 알고서도 복종했을 경우에는 복종자는 그에 대한 책임을 면할 수 없다(박종철 고문치사사건 판례).

㉢ 복종 의무 위반의 효과: 직무명령에의 복종 의무를 위반하더라도 당해 경찰공무원의 행위가 위법이 되지는 않으며, 내부적으로 징계 사유가 될 뿐이다(최영규, 2004: 135).

③ 직무에 전념할 의무

㉠ 직장 이탈 금지 의무: 경찰공무원은 소속 상관의 허가 또는 정당한 이유 없이 직장을 이탈하지 못한다. 이는 시간 외 근무명령이 있는 경우에도 적용된다.

㉡ 영리 업무 종사 금지 의무: 경찰공무원은 공무 이외의 영리를 목적으로 하는 사무에 종사하지 못한다.

㉢ 겸직 금지 의무: 경찰공무원은 소속 기관장의 허가 없이 다른 직무를 겸할 수 없다.

④ 친절·공정 의무: 경찰공무원은 국민 전체에 대한 봉사자로서 친절·공정히 집무해야 한다. 이는 윤리적 의무에 그치는 것이 아닌 법적 의무이다.

⑤ 허위 보고 등의 금지: 경찰공무원은 직무에 관해 허위의 보고나 통보를 해서는 안 되며 직무를 태만히 하거나 유기해서는 아니 된다(경찰공무원법 제18조).

⑥ 지휘권 남용 등의 금지: 전시·사변 등의 비상사태나 작전 수행 중 소속 경찰공무원을 지휘·감독하는 자는 정당한 사유 없이 직무 수행을 거부 또는 유기하거나 소속 경찰공무원을 지정된 근무지에서 임의로 진출·퇴각 또는 이탈하게 해서는 안 된다(경찰공무원법 제19조).

⑦ 제복 착용 의무: 경찰공무원은 제복을 착용해야 한다(경찰공무원법 제20조).

⑧ 경찰공무원복무규정(대통령령)상의 의무: 지정 장소 외에서의 직무 수행 금지, 근무 시간 중 음주 금지, 민사 분쟁에의 부당 개입 금지 등(최영규, 2004: 134-143).

3) 경찰공무원의 책임

(1) 의의

경찰공무원의 책임이란 경찰공무원으로서의 의무를 위반한 경우에 법률상의 제재 또는 불이익을 받게 되는 것을 말한다. 협의로는 경찰공무원이 공무원으로서의 의무에 위반함으로써 공무원 관계 내부에서 사용자인 국가에 대해 지는 책임을 말하며, 징계 책임과 국가에 대한 변상 책임이 이에 해당한다. 공무원법상의 책임 또는 행정상의 책임(징계책임, 변상책임)이라고도 한다. 광의로는 경찰공무원의 의무 위반행위가 동시에 사회 법익을 침해함으로써 지게 되는 형사상의 책임(형법상 책임, 경찰형벌상 책임) 및 민사상의 손해배상 책임까지 포함된다(허경미, 2003: 102).

(2) 징계책임

① 의의

경찰공무원이 공무원법상의 의무를 위반한 경우에 공무원 관계의 질서 유지를 위해 제재를 가하는 것을 징계벌이라고 하고 이 징계벌을 받게 되는 지위를 징계책임이라고 한다(이철호, 2008: 100).

② 징계벌과 형벌의 구별

구분	징계벌	형벌
권력의 기초	국가와 공무원 간의 특별권력 관계	국가의 일반통치권
목적	공무원 관계의 내부 질서 유지	일반 사회의 질서 유지
내용	경찰공무원의 신분상의 불이익	생명, 자유, 재산적 이익의 박탈
피침해 이익	공무원법상의 의무 위반	반사회적 법익 침해
구성 요건	고의 · 과실이 없더라도 처벌 가능	고의범만 처벌함이 원칙이고 과실범은 예외적으로만 처벌
양자의 관계	징계벌과 형벌은 그 성질을 달리하기 때문에 병과할 수 있으며, 병과하더라도 일사부재리의 원칙에 위배되지 않는다.	

③ 징계 사유

㉠ 징계 사유

- 국가공무원법 · 경찰공무원법 및 동법에 의한 명령에 위반했을 때
- 직무상의 의무에 위반하거나 직무를 태만히 한 때
- 직무의 내외를 불문하고 그 체면 또는 위신을 손상하는 행위를 한 때

㉡ 징계 사유가 있을 때에 징계권자는 당해 공무원의 고의 또는 과실을 불문하고 징계할 수 있다.

㉢ 징계 사유가 있는 때에는 징계권자는 반드시 징계위원회에 징계 의결을 요구해야 하고, 징계 의결의 결과에 따라 징계처분을 해야 한다.

㉣ 징계 사유의 시효: 징계의결의 요구는 징계 사유가 발생한 때부터 2년(금품 및 향응 수수, 공금의 횡령, 유용의 경우는 3년)을 경과한 때에는 행하지 못한다.

④ 징계의 종류

국가공무원법상의 징계로는 배제징계인 파면, 해임과 교정징계인 정직, 감봉, 견책이 있다. 또한 전투경찰대설치법상으로는 영창과 근신이 있다.

㉠ 국가공무원법상의 징계: 파면 · 해임은 배제징계(공무원 관계 소멸)이고, 정직 · 감봉 · 견책은 교정징계(공무원 관계 유지)이다. 교정징계에서 정직의 경우에는 직무에 종사할 수 없고, 감봉 · 견책인 경우에는 직무 종사가 가능하다. 여기서 파면 · 해임 · 정직은 중징계이고, 감봉 · 견책은 경징계이다.

중징계	파면	• 경찰공무원 신분을 박탈하여 공무원 관계를 해제하는 것으로서 가장 중한 징계벌이다. • 파면을 당한 자는 5년간 공무원에 임용될 수 없으며, 경찰공무원으로 임용될 수 없다. • 퇴직급여는 1/2(5년 이상 근무자) 또는 3/4(5년 미만의 근무자) 지급
	해임	• 경찰공무원 신분을 박탈하여 공무원 관계를 해제하는 징계벌이다. • 해임을 당한 자는 3년간 공무원에 임용될 수 없으며, 경찰공무원으로 임용될 수 없다. • 해임된 자에 대한 퇴직급여는 전액 지급하되, 금품 및 향응 수수, 공금의 횡령 · 유용으로 해임된 때에는 일 를 감액하여 지급한다(재직 기간이 5년 미만인 자의 퇴직급여는 그 금액의 8분의1을, 재직 기간이 5년 이상인 자의 퇴직급여는 그 금액의 4분의 1을 감액하여 지급한다).

	강등	• 3개월간 직무에 종사하지 못하며 1계급 아내로 직급을 내리나 신분은 보유하고 그 기간 중 보수의 3분의 2를 감한다. • 강등 기간 종료 후 18개월까지는 승진이 제한된다.
	정직	• 경찰공무원 신분은 보유하지만 일정 기간 직무에 종사하지 못하게 하는 징계벌이다. • 정직 기간은 1월 이상 3월 이하이며, 정직 기간 중 보수의 2/3를 감액한다. • 정직 기간 종료 후 18개월까지는 승진이 제한된다.
경징계	감봉	• 1월 이상 3월 이하의 기간 동안 보수의 1/3를 감액하는 징계벌이다. • 감봉 기간 종료 후 12개월까지는 승진이 제한된다.
	견책	• 전과에 대해 훈계하고 회개하게 하는 징계벌이다. • 견책의 집행 종료 후 6개월까지는 승진이 제한된다.

㉡ 전투경찰대설치법상의 징계

영창과 근신은 전투경찰대에 근무하는 경사 이하 경찰관과 전투경찰순경에만 적용된다.

영창	전투경찰대 또는 경찰서 유치장 등에 15일 이내 구금하는 조치
근신	평상 근무에 복무함을 금지하고 15일 이내의 기간을 두고 일정한 장소에서 자기 잘못에 대해 반성케 하는 조치

⑤ 징계권자

대통령	• 경무관 이상의 파면, 해임, 정직 • 총경과 경정의 파면, 해임
경찰청장	• 총경과 경정의 정직 • 경감 이하의 파면, 해임, 정직
소속기관장	• 모든 경찰공무원의 감봉, 견책

⑥ 징계위원회

경찰공무원의 징계는 반드시 관할 징계위원회의 의결을 거쳐야 한다.

㉠ 중앙징계위원회(국무총리 소속)는 경무관 이상의 징계 의결을 관할한다.

㉡ 경찰공무원 중앙징계위원회는 총경 및 경정의 징계 의결을 관할한다.

㉢ 경찰공무원 보통징계위원회는 경감 이하의 징계 의결을 관할한다. 다만, 경찰서, 경찰기동대, 전투경찰대, 해양경찰서, 경비창, 경비함정 및 경찰청장 또는 해양경찰청장이 지정하는 경감 이상의 경찰공무원을 장으로 하는 기관에 설치된 보통징계위원회는 당해 소속기관 소속 경위 이상의 경찰공무원에 대한 징계사건을 심의, 의결한다. 또한 이와 같은 징계위원회 의결 시 30% 이내의 범위에서 법조인과 관련 대학교수 등 외부 인사를 징계위원회 위원으로 위촉할 수 있다(2009. 1. 1 경찰공무원 징계령 개정). 그리고 2명 이상이 대상이 되는 사건은 계급의 동일 여부를 불문하고 직근 상급기관에서 처리하도록 한다(2009. 1. 1 경찰공무원 징계령 개정).

⑦ 징계 절차

㉠ 공무원의 징계는 징계의결요구권자의 요구에 의해 징계위원회의 의결을 거쳐 징계권자가 행한다.

㉡ 징계 사유가 있는 때에는 징계권자는 반드시 징계위원회에 징계 의결을 요구해야 하고 징계 의결의 결과에 따라 징계처분을 해야 한다. 징계를 행할 때에는 징계권자가 징계처분 사유설명서를 상대방에게 교부해야 한다.

㉢ 감사원에서 조사 중인 사건에 대해서는 조사개시의 통보를 받은 날로부터 징계 의결의 요구 기타 징계 절차를 진행하지 못한다.

㉣ 형사소추 우선 원칙에 따라 징계에 붙이거나 붙일 사건에 대해 형사소추가 진행되더라도 그 사건에 대한 징계 절차는 중지되지 않는다. 다만 검찰, 경찰 기타 수사기관에서 수사 중인 사건에 대해서는 수사개시 통보를 받은 날부터 징계 절차를 중지할 수 있다(이철호, 2008: 104).

⑧ 징계 양정

㉠ 재량의 인정 여부: 징계 사유가 발생하는 한 징계권자는 반드시 징계위원회에 징계를 요구해야 하므로 징계를 요구할 것인가(징계의 요건 자체)에 관해 결정재량은 인정되지 않는다. 반면 징계의 종류 중 어느

것을 선택할 수 있는지에 대해서는 징계권자에게 선택재량이 인정된다.

㉡ 일반적으로 징계 정도는 비위의 유형, 정도 및 과실의 경중과 평소 소행, 근무성적, 공적, 개전(改悛)의 정, 기타의 정상을 참작하여 징계 양정 기준에 따라 정한다.

㉢ 징계처분이 사회 통념상 현저하게 타당성을 잃은 경우에는 위법이다.

※ 감독자 문책 시 정상 참작 사유

감독자를 문책할 때에는 「경찰공무원 징계 양정 등에 관한 규칙」(제4조)에 해당하는 정상 참작 사유 유무를 명확히 조사하여 징계책임을 감경하거나 귀책 사유가 인정되지 않을 때에는 징계책임을 묻지 않는다. 다만 같은 유형의 비위가 빈발할 때에는 그러하지 아니하다.

부하 직원의 비위를 발견하여 사전 보고했거나 이를 적법 타당하게 조치한 경우, 부하 직원의 비위가 비번일, 휴가 중 발생하는 등 감독자의 감독 범위를 벗어났다고 판단되는 경우, 부하 직원의 비위가 소관 업무와 직접 관련이 없거나 부임 기간이 얼마 되지 않아(2개월 미만) 실질적인 감독이 곤란한 경우, 부하 직원에 대해 평소 철저한 교양감독을 행한 것이 입증되는 경우, 교정 불가능하다고 판단된 문제성 직원으로서 사유를 명시하여 인사 조치(전출 등)한 이후에 같은 문제 직원이 비위를 야기했을 경우.

⑨ 징계에 대한 구제

징계 결정에 이의가 있는 자는 위법을 이유로 하는 경우에 경찰청장(임용권 위임의 경우에는 수임자)을 피고로 하여 행정소송을 제기할 수 있다.

(3) 변상책임

① 의의: 변상책임이란 공무원이 그 의무를 위반함으로써 국가에 대해 재산상의 손해를 발생하게 한 경우에 국가에 대해 부담하는 손해배상 책임을 말한다(이철호, 2008: 107).

② 국가배상법상의 변상책임: 경찰공무원이 그 직무를 집행함에 당하여 고의 또는 과실로 법령에 위반하여 타인에게 손해를 가했을 경우에

국가는 그 손해를 배상할 책임이 있고, 국가가 배상한 경우에 국가는 경찰공무원에게 고의 또는 중과실이 있을 때에는 그에게 구상할 수 있다. 국가가 구상권을 행사하면 경찰공무원은 국가에 대한 변상책임을 진다.

③ 회계 관계 직원 등의 변상책임(회계 관계 직원 등의 책임에 관한 법률 제4조)

㉠ 회계 관계 직원은 고의 또는 중대한 과실로 법령 그 밖의 관계 규정과 예산에 정해진 바에 위반하여 국가 · 지방자치단체 그 밖에 감사원의 감사를 받는 단체 등의 재산에 대해 손해를 끼친 때에는 변상의 책임이 있다(회계 관계 직원 등의 책임에 관한 법률 제4조 1항).

㉡ 현금 또는 물품을 출납 · 보관하는 회계 관계 직원은 선량한 관리자로서의 주의를 게을리하여 그가 보관하는 현금 또는 물품이 망실되거나 훼손된 때에는 변상의 책임이 있다. 현금 또는 물품을 출납 · 보관하는 회계 관계 직원은 스스로 사무를 집행하지 아니한 것을 이유로 그 책임을 면할 수 없다(회계 관계 직원 등의 책임에 관한 법률 제4조 2항, 3항).

㉢ 위 ①항 및 ②항의 경우에 손해가 2인 이상의 회계 관계 직원의 행위로 인해 발생한 때에는 각자의 행위가 손해 발생에 미친 정도에 따라 각각 변상의 책임을 진다. 이 경우 손해 발생에 미친 정도가 분명하지 아니한 때에는 그 정도가 동일한 것으로 본다(회계 관계 직원 등의 책임에 관한 법률 제4조 4항).

(4) 형사상의 책임

① 형사벌 책임: 경찰공무원이 형법상의 공무원의 직무에 관한 죄와 뇌물죄 등을 범한 경우에 받게 되는 책임을 말한다.

② 행정형벌 책임: 경찰공무원의 의무 위반 행위로 행정법령상 보장된 법익을 침해하는 경우에 행정 목적 달성을 위해 과해지는 제재를 말한다(예: 경찰관직무집행법 제12조: 경찰공무원으로서 경찰관직무집행법상의 의무에 위반하거나 직권을 남용하여 다른 사람에게 해를 끼

친 자는 1년 이하의 징역이나 금고에 처한다).

(5) 민사상 손해배상 책임

① 경찰공무원이 직무상 불법행위로 국민에게 손해를 입힌 경우에, 국가의 손해배상 책임과 함께 가해 경찰공무원의 피해자에 대한 민사상 손해배상 책임을 인정할 것인가에 대해서는 견해의 대립이 있다.

② 판례는 공무원에게 고의·중과실이 있는 때에는 국가와 함께 공무원도 손해배상 책임이 있는 것으로 보아 피해자에게 국가나 공무원 중 누구에게라도 손해배상을 청구할 수 있는 선택적 청구권을 인정하고 있다. 그러나 공무원에게 경과실이 있는 때에는 선택적 청구권을 부정한다.

③ 따라서 피해자에게 선택적 청구권이 인정되는 범위에서는 경찰공무원에게 민사상의 손해배상 책임이 있다(허경미, 2003: 114-115).

제 5 절 경찰작용법

1 서설

1) 경찰작용법의 의의

경찰작용법은 경찰행정의 내용을 규율하는 법규로서 경찰행정상의 법률관계의 성립·변경·소멸에 관련된 모든 법규를 말한다. 이러한 경찰작용법은 경찰의 임무, 경찰권 발동의 근거와 한계, 경찰행정의 유형, 경찰상 처분의 법적 효력, 경찰강제 등에 관한 규율을 내용으로 한다. 경찰작용은 국민의 자유와 권리에 긴장 관계를 일으킬 가능성이 큰 작용이므로 법치주의가 강하게 요구된다. 따라서 경찰작용의 근거, 요건, 한계 등에 관해 가능한 한 명백히 규정해야 한다. 그러나 경찰작용은 목전의 급박한 위험 방지를 임무로 할 뿐만 아니라 변화하는 사회 사정이나 인간 활동 형태의 다양성으로 인해 입법기관이 미리 모든 경찰권 발동의 상태를 상정해서 그 요건을 법률에 규정하는 것은 불가능하다. 또한 경찰작용법은 체계적 통합성과 법적 명확성을 가지고 있지 못하다는 한계를 지니고 있다(이철호, 2008: 110-111).

2) 현행 경찰작용에 관한 법

일반법이라고 할 수 있는 것에 「경찰관직무집행법」이 있다. 그 밖에 다수의 개별법이 있다. 경범죄처벌법, 도로교통법, 교통사고처리특례법, 청소년보호법, 식품위생법, 공중위생관리법, 총포·도검·화약류단속법, 풍속영업의 규제에 관한 법률, (구)음반·비디오물 및 게임물에 관한 법률(현재 이 법률은 2006년 폐지되고 영화 및 비디오물의 진흥에 관한 법률과 게임산업 진흥에 관한 법률로 구분되어 다시 제정되었다) 등이 그 예이다.

2 경찰권의 근거와 한계

1) 경찰권의 의의와 근거

(1) 경찰권의 의의

경찰권이란 사회 공공의 안녕·질서를 유지하기 위해 일반통치권에 의거하여 국민의 재산·신체에 대해 일방적으로 명령하고 강제할 수 있는 경찰작용상의 권한을 말하며, 경찰권은 경찰작용의 기초가 된다.

(2) 경찰권의 법적 근거

① 원칙

헌법은 국민의 자유와 권리를 제한하는 경우에는 반드시 법률에 근거하도록 하고 있으므로(헌법 제37조 2항), 전형적인 권력작용으로서 개인의 권익에 중대한 영향을 미치는 경찰권은 원칙적으로 법률에 근거가 있는 경우에만 발동될 수 있다. 여기서의 법률은 조직법적 근거 외에 작용법적 근거까지 요한다.

② 예외

법률에서 구체적으로 범위를 정해 행정기관에 위임한 경우에 한해 법규명령으로 경찰권의 행사 근거를 정할 수 있다. 그러나 자치법규 중 조례로는 소방권의 근거만을 정할 수 있고, 규칙으로는 경찰권의 근거를 정할 수 없다.

2) 일반적 수권 조항(일반 조항)의 인정 여부

(1) 경찰권의 발동 근거에 관한 법규정의 방식

① 일반적 수권 조항(일반 조항)에 의한 일반수권의 방식

일반적 수권 조항이란 법률에 의한 개별적인 수권 없이 경찰권의 발동권한을 포괄적으로 수권하는 규정을 말한다. 일반적 수권 조항의 대표적 예로는 1794년 프로이센 일반란트법 제10조 2항 17호를 들 수 있다. 이 규정은 "공공의 안전 및 질서를 유지하기 위해 또한 공중 및 그의 개개 구성원을 현저한 위험으로부터 방지하기 위해 필요한 조치를 취하는 것은 경찰의 직무이다"라고 규정하고 있다(허경미, 2003: 120-121).

② 개별적 수권 조항(특별 조항)에 의한 개별 수권의 방식

개별적 수권 조항이란 개별적·구체적 사안에 대해 특정한 종류와 내용의 조치 권한을 수권하는 규정을 말한다. 개별적 수권 조항의 예로는 경찰관직무집행법 제3조~제8조(불심검문, 보호 조치, 위험 발생의 방지, 범죄예방과 제지, 위험 방지를 위한 출입, 사실의 확인 등)를 들 수 있다.

③ 일반적 수권 조항과 개별적 수권 조항의 관계

독일에서는 모든 주의 경찰법이 일반 조항적 경찰 개념을 채택하고 있고, 본(Bohn) 기본법 아래서도 일반 조항에 의한 경찰권 발동이 인정되고 있다. 따라서 경찰권 발동에 관한 개별적인 작용법적 근거 규정이 없을 때에는 일반 조항에 의해 경찰권이 발동될 수 있다고 보고 있다. 이러한 개별적 수권 조항이 있는 한도 내에서 일반적 수권 조항은 적용되지 않으며, 일반적 수권 조항은 개별적 수권 조항이 없는 경우에 보충적으로만 적용된다(김남진, 2001: 146).

(2) 우리나라에서의 일반적 수권 조항 인정 여부

긍정설	경찰관직무집행법 제2조 6호의 '공공의 안녕과 질서 유지'의 규정을 일반적 수권 조항으로 보고 개별적인 근거 규정이 없을 때에는 이 조항에 의해 경찰권을 발동할 수 있다고 보는 견해이다. 그 논거로는 경찰작용의 성질상 경찰권 발동의 모든 요건을 법률에 규정하는 것은 입법 기술상 불가능하며, 일반 조항은 개별적 규정이 없는 때에 한해 보충적으로만 적용되는 것이고, 일반 조항으로 인한 경찰권 발동의 남용 가능성은 조리상의 한계 등으로 충분히 통제될 수 있으므로 경찰권 발동의 근거로서 일반 조항이 가능하다고 한다(김남진, 2001: 255; 류지태, 2006: 758).
부정설	경찰권을 포함한 모든 권력적 작용에는 법률의 근거가 있어야 하는데 이 경우의 법률은 당연히 개별적·구체적인 경찰작용법이어야 하고, 포괄적·일반적 수권법은 허용되지 아니하므로 일반 조항을 인정할 수 없다고 한다. 경찰관직무집행법상의 '공공의 안녕과 질서 유지'는 경찰권의 발동 근거에 관한 일반 조항이 아니고 그것은 다만 경찰의 직무 범위를 정한 것으로서 본질적으로 조직법적 성질의 규정이라고 본다(김동희, 2004b: 164).
절충설 (입법 필요설)	현행 헌법하에서 일반 조항은 인정될 수 있고, 또한 인정되어야 하지만 아직 우리의 현행법은 수용하지 않고 있어 경찰법의 개정을 통해 일반 조항이 규정되어야 한다고 주장한다(최영규, 2004: 166-168; 홍정선, 2004b: 246-247).
판례의 태도	판례는 청원경찰의 경찰권 발동의 적법성을 판단하면서 경찰관직무집행법 제2조 제6호를 경찰권 발동의 일반적 근거 조항으로 인정하고 있다. **〈인정 판례〉** 청원경찰법 제3조, 경찰관직무집행법 제2조 규정에 비추어보면 군 도시과 단속계 요원으로 근무하고 있는 청원경찰관이 허가 없이 창고를 주택으로 개축하는 것을 단속하는 것은 그의 정당한 공무 집행에 속한다고 할 것이므로 이를 폭력으로 방해하는 소위는 공무집행방해죄에 해당된다(대판 1986. 1. 28, 85도2448).
결론	일반 조항을 부정하는 견해에 따르게 되면 개별적 수권 조항이 없는 경우에는 경찰권 발동이 불가능하게 된다. 따라서 긍정설의 입장에서 개별적 수권 조항이 없을 때 경찰관직무집행법 제2조 제5호를 권한 규범으로서 일반 조항으로 인정하여 경찰권 발동이 가능하다고 할 것이다. 다만 이를 인정한다고 하여도 개괄적 수권 조항은 개별적인 규정이 없는 경우에 보충적으로만 적용되어야 하며, 일반적인 경찰권 행사의 조리상의 한계를 준수해야 할 것이다.

3) 경찰권의 한계

(1) 법규상의 한계

경찰작용은 국민의 권리와 자유를 침해하는 가장 전형적인 권력작용이므로 법치행정의 원칙이 특히 엄격하게 요청된다. 따라서 경찰권은 반드시 법규(법률과 법규명령)의 근거가 있을 때에만 발동할 수 있는 동시에 법규에 의해 허용된 한도 안에서만 발동되어야 한다. 즉, 경찰법규는 경찰권의 근거인 동시에 경찰권의 제1단계적 한계이기도 하다(박윤흔, 2001: 309).

(2) 소극적 한계: 조리상의 한계

경찰권 행사의 법규상의 한계는 경찰법규가 경찰권 발동의 요건을 불확정 개념으로 규정하고 있기 때문에 그 요건이 충족된 경우에도 경찰권의 행사와 관련해서는 행정편의주의가 적용되어 법규적 제약이 형식적인 것에 불과한 경우가 많게 된다. 따라서 경찰권 발동에 대한 제2단계적 제약으로 조리상의 한계는 매우 중요하다. 경찰권의 조리상 한계론은 주로 일반 조항과 관련하여 전개된 것이다.

① 경찰 소극 목적의 원칙(경찰권 발동의 목적)

경찰의 본질과 목적은 사회 공공의 안녕과 질서 유지에 있으므로 적극적으로 사회 공공의 복리를 증진하기 위해 경찰권을 발동할 수 없고 사회 공공의 안녕과 질서 유지에 위해가 되는 것을 예방하고 제거하기 위한 소극 목적을 위해서만 발동될 수 있다(허경미, 2003: 122).

② 경찰공공의 원칙(경찰권 발동의 영역)

경찰권은 사회 공공의 질서를 유지하기 위해서만 발동될 수 있고 사회 공공의 질서에 직접 관계되지 않는 사항(사생활 · 사주소 · 민사 관계)은 경찰권 발동의 대상이 되지 않는다는 원칙이다(강구철, 1991: 81; 박윤흔, 2001: 309).

※ 경찰 공공의 원칙과 그 내용

- 사생활 불가침의 원칙: 사회 공공의 질서와 관계가 없는 개인의 사적 생활 영역에 경찰권이 개입해서는 안 된다는 원칙을 말한다. 사생활의 개념은 사회의 통념에 따라 정해질 수밖에 없다. 다만 개인의 사생활이라도 그것이 사회 질서에 직접적인 영향을 줄 때는 경찰권의 대상이 된다. 전염병 환자에 대한 강제 격리, 청소년의 음주 · 흡연 금지 등이 그 예이다(허경미, 2003: 123).

• 사주소 불가침의 원칙: 경찰은 직접 공중과 접촉되지 않는 개인의 사주소 내에서 일어나는 행위에 대해서는 관여할 수 없다는 원칙을 말한다. 사주소의 개념은 사회 통념에 따라 정해질 수밖에 없다. 그러나 사주소 내의 행위가 사회 공공의 안녕과 질서에 직접 중대한 장해를 가져오는 경우(지나친 소음·악취·음향의 발생, 외부에서 보이는 사주소 내의 나체 등)에는 경찰의 개입이 가능하게 된다(강구철, 1991: 82).

• 민사관계 불간섭의 원칙: 사회 공공의 질서에 영향을 미치지 않는 채권·채무 관계와 같은 민사상의 법률 관계 내지 권리 관계에 경찰이 개입할 수 없다는 원칙을 말한다(김동희, 2004b: 167; 이명구, 2000: 972; 박윤흔, 2001: 310-311; 강구철, 1991: 82-83). 따라서 경찰관은 사인 간의 임대차 관계나 채무 이행 관계 등에 개입할 수 없다. 또한 사경제적 거래는 원칙적으로 사유재산제도 및 계약 자유의 원칙에 의해 개인의 자유에 속하고 경찰권은 원칙적으로 관여할 수 없다(예외: 암표상, 총포·도검의 거래, 청소년에의 술·담배 판매 등).

③ 경찰 비례의 원칙(경찰권 발동의 조건과 정도)

㉠ 의의: 경찰권 행사에서 사회 공공의 안녕과 질서에 대한 위해를 방지할 필요성과 그에 따르는 당사자의 자유·권리의 제한 사이에는 사회통념상 적당하다고 인정되는 비례가 유지되어야 한다는 원칙을 말한다. 과잉 금지의 원칙이라고도 한다. 경찰 비례의 원칙은 일반 조항에 근거하여 경찰권을 발동하는 경우는 물론 개별적 수권 조항에 근거하여 경찰권을 발동하는 경우에도 적용된다(홍성방, 1999a: 114).

㉡ 법적 근거: 헌법 제37조 2항과 경찰관직무집행법 제1조 2항의 "경찰관의 직권은 그 직무 수행에 필요한 최소한도 내에서 행사되어야 하며 이를 남용하여서는 아니 된다"는 규정이 실정법적 근거이다.

㉢ 내용

• 경찰권 발동의 조건: 경찰권은 사회 질서 유지상 묵과할 수 없는 장해를 제거하기 위해서만 발동할 수 있다. 여기서 묵과할 수 없는 장해란 그 장해를 방치함으로써 생기는 사회적 불이익의 정도가 그 장해를 제

거함으로써 생기는 사회적 불이익의 정도보다 크다고 평가되는 장해를 말한다.

- 경찰권 발동 수단: 경찰권 발동의 수단은 위해 방지를 위한 적합한 수단이어야 하고(적합성의 원칙), 그 적합한 수단 중에서도 최소한의 침해를 주는 수단을 선택해야 한다(필요성의 원칙).
- 경찰권 발동의 정도(상당성의 원칙): 당해 경찰 수단의 행사 필요성과 이로 인한 당사자의 자유 제한 사이에는 적당한 비례가 있어야 한다는 원칙이다. 이를 협의의 비례의 원칙이라고 한다. 이것은 경미한 위해의 제거를 위해 과도하게 개인의 자유를 제한해서는 안 된다는 것을 의미한다. 이 원칙은 "참새를 잡기 위해 대포를 쏘아서는 안 된다"라는 말로 비유된다(최영규, 2004: 184-187; 박상희·서정범, 1996: 93).

④ 경찰책임의 원칙(경찰권 발동의 대상)

㉠ 의의: 경찰권 발동은 원칙적으로 경찰 위반의 행위 또는 상태에 대해 직접적인 책임이 있는 자(경찰책임자)에 대해서만 행해져야 한다는 원칙을 말한다.

㉡ 경찰책임의 요건: 경찰책임을 인정하려는 이유는 사회 공공의 질서 유지에 위해가 되는 행위 또는 상태를 제거하려는 데 있으므로 어떤 자의 생활 범위로부터 사회적 장해가 발생했다는 외면적·객관적 표상만 있으면 그 자에게 경찰책임이 인정된다. 따라서 경찰책임은 형사책임과 달리 책임자가 자연인·법인인지의 여부, 고의·과실과 같은 주관적 요건 등을 불문한다(홍정선, 2004b: 271).

㉢ 경찰책임의 유형

행위책임	• 자기 또는 자기의 지배에 속하는 사람의 행위로 인해 사회 공공의 질서에 대한 위해를 발생케 한 경우에 지는 책임이다. • 타인을 보호 감독할 지위에 있는 자는 그 범위 안에서 지배자로서 그 피지배자의 행위로 인해 발생하는 경찰 위반에 대해 경찰책임을 진다. 자녀의 행위에 대해서는 친권자가, 사용인의 행위에 대해서는 사용주가 책임을 진다. 이 경우 책임은 대위책임이 아니라 자기의 지배권 내에서 경찰 위반 상태가 발생한 데 대한 책임인 자기책임이다(박윤흔, 2001: 313). • 행위책임은 경찰 위해에 대한 직접적인 원인을 야기시킨 자에게 귀속한다.

	• 예: 상점의 TV에서 하는 스포츠 중계를 보려고 군중이 모여 도로 통행에 방해를 준 경우 ⇒ 책임을 져야 하는 자는 TV를 설치한 상점 주인이 아니라 군중이다.
상태책임	• 물건의 소유자, 점유자 또는 사실상의 지배권을 행사하는 사람이 자기가 점유 또는 소유하는 당해 물건의 상태나 동물의 행위로부터 야기된 경찰상의 장해에 대해 지는 책임이다. • 물건에 대한 권원(權原)의 정당성을 묻지 않으므로 경찰기관은 당해 물건의 소유 관계와는 관계없이 당해 물건을 현실적으로 지배하고 있는 당사자에게 경찰권을 발동할 수 있다(김남진, 2001: 258; 김동희, 2004b: 168, 류지태, 2006: 796). • 예: 도심지에 광견을 방치한 자
경합책임	• 행위책임과 상태책임이 경합하는 경우에는 일반적으로 행위책임이 우선한다.
혼합책임	• 다수인의 행위 또는 다수인이 지배하는 물건의 상태로 인해 하나의 질서 위반 상태가 발생했거나 행위책임과 상태책임이 중복하여 질서 위반 상태가 발생한 경우이다. • 이 경우 누가 경찰책임을 질 것인지가 문제되는데 다수설은 경찰책임자와 책임 정도의 결정은 경찰기관의 성실한 재량에 맡길 수밖에 없다고 한다(류지태, 2006: 801).

ⓡ 경찰책임의 예외

경찰권은 원칙적으로 질서 위반 상태를 발생케 한 직접 책임자에 대해서만 발동해야 하지만 예외적으로 긴급한 경찰상의 위해 방지나 장애 제거를 위해 질서 위반과 관계가 없는 제3자에게 경찰권을 발동하는 경우가 인정된다. 이는 형법상의 긴급피난과 동일한 법리에 의한 것이다. 따라서 비책임자에 대한 경찰권 발동은 경찰 위반의 상태가 현존·급박하고, 제1차적 경찰책임자에 대한 경찰권의 발동으로는 위해의 제거를 기대할 수 없고, 원칙적으로 법령에 근거가 있고, 피해에 대한 손실보상을 할 것 등의 요건을 충족해야 한다. 예로는 수난 구호를 위한 징용(수난구호법 제8조) 및 화재 현장에 있는 자에 대한 소화작업 동원(소방법 제57조) 등이 있다(허경미, 2003: 124-128).

⑤ 경찰 평등의 원칙

경찰 평등의 원칙이란 경찰권의 행사에서 불합리한 근거, 즉 성별·종교·사회적 신분 등을 이유로 차별을 해서는 안 된다는 원칙을 말한다.

(3) 적극적 한계: 경찰개입청구권

① 경찰개입청구권의 의의

자기의 이익을 위해 타인에 대한 경찰권의 발동을 청구할 수 있는 권리이다.

② 인정 논거

㉠ 반사적 이익의 보호 법익화

종래의 자유주의적 법치국가에서는 행정권의 발동은 공익 실현을 위한 것이며, 특정 개인을 위한 것이 아니기 때문에 행정권의 발동으로 특정 개인이 이익을 받더라도 그것은 반사적 이익에 불과하고, 따라서 개인은 자기의 이익을 위해 타인에 대한 일정한 행정권의 발동을 청구하는 것은 인정되지 않는다고 보았다. 그러나 오늘날의 사회적 법치국가에서는 대폭적으로 반사적 이익의 보호 법익화가 실현되어 종래에는 반사적 이익으로 보았던 것도 관계 법규가 공익과 동시에 개인적 이익도 보호하는 것으로 해석함으로써 행정개입청구권 또는 경찰개입청구권을 인정할 수 있는 근거가 마련되었다.

㉡ 재량권의 0으로의 수축

- 행정편의주의: 종래에는 행정편의주의에 의해 행정청에 재량이 인정되어 있는 경우에 행정권을 발동할 것인지의 여부는 행정청이 편의적으로 결정할 수 있기 때문에 행정개입청구권이 인정되지 않았다.
- 경찰권 행사의 편의주의의 원칙: 경찰 위반의 상태가 있는 경우에도 반드시 경찰권을 발동해야 하는 것은 아니며 발동의 여부(결정재량) 또는 경찰권 발동이 전제된 상황에서 어떠한 종류의 조치를 취할 것인가의 여부(선택재량)는 경찰기관의 재량에 맡겨져 있었다.
- 재량권의 0으로의 수축: 행정청 또는 경찰기관에 재량이 인정되어 있는 경우라도 개인의 생명·신체·재산에 대한 목전의 급박한 위해를 예방 또는 제거하기 위해 긴급한 필요가 있는 경우에는 그 재량의 폭이 감소되어 마침내는 0에 도달함으로써 행정청은 오직 일정한 조치를 취해야만 의무에 합당한 재량권 행사로 인정되는데 이를 '재량권의 0

으로의 수축'이라고 한다.

- 재량권이 영으로 수축되면 경찰행정청은 일정한 행위를 해야 할 개입 의무를 지게 되며(재량행위의 기속행위화), 따라서 개인은 경찰 개입 청구권을 가지게 되는 것이다.

③ 구제

경찰권 발동 의무가 발생했음에도 불구하고 경찰기관이 부작위, 즉 경찰권을 발동하지 않으면 의무이행심판 및 부작위위법 확인소송이 가능하며 그로 인해 손해가 발생한 경우에는 손해배상소송을 제기하여 구제받을 수 있다(최영규, 2004: 197-200).

3 경찰작용의 유형

1) 경찰하명

(1) 하명의 의의

경찰하명이란 경찰 목적, 즉 사회 공공의 안녕과 질서를 유지하기 위해 국가 일반통치권에 근거하여 개인에게 특정한 작위·부작위·급부·수인의 의무를 명하는 경찰작용을 말한다.

(2) 하명의 형식

① 경찰하명에는 직접 법령에 의하는 '법규하명'과 법령에 의거한 행정행위(=처분)의 형식에 의하는 '처분하명'이 있다.

참고

처분이란 행정청이 행하는 구체적 사실에 관한 법 집행으로서 공권력의 행사 또는 그 거부와 기타 이에 준하는 행정작용을 말한다.

② 경찰하명(처분하명)의 형식은 문서에 의하는 것이 원칙이나 신속을 요하거나 사안이 경미한 경우에는 구술이나 행동(예: 수신호로 교통

정리를 하는 것) 등 여러 가지 표지를 통해서도 행해질 수 있다.

(3) 하명의 종류

① 내용에 따른 분류

- 작위하명: 특정인 또는 불특정 다수인에게 일정한 행위를 적극적으로 행할 의무를 부과하는 작용이다(예: 교통 방해물 제거명령).
- 부작위하명(금지): 특정인 또는 불특정 다수인에게 일정한 행위를 하지 말아야 할 의무를 부과하는 작용이다. 경찰하명 중에 가장 많이 행해지는 것으로 경찰 금지라고도 한다. 경찰 금지에는 절대적 금지와 상대적 금지가 있다. 절대적 금지는 청소년의 흡연·음주 금지, 인신매매 금지, 아편 흡식 금지, 마약의 제조·판매 금지, 불량식품의 판매 금지 등이다. 또한 상대적 금지는 주차금지구역의 지정, 영업 장소의 제한, 총포 소지·거래 금지, 건축 금지, 음식점 영업 금지 등이다(최영규, 2004: 237-238).
- 수인하명: 특정인 또는 불특정 다수인에게 경찰강제에 대해 저항하지 말고 이를 감수해야 할 의무를 부과하는 작용이다(예: 범죄의 예방을 위한 극장에의 출입과 조사 등).
- 급부하명: 특정인 또는 불특정 다수인에게 금전 또는 물품을 제공할 의무를 부과하는 작용이다(예: 수수료 납부 의무 등).

② 형식에 따른 분류

- 법규하명: 법령 등의 일반적·추상적 규율에 의해 직접 일정한 경찰의무를 발생시키게 되는 하명(예: 총포 소지 금지, 무면허 운전 금지, 음주 운전 금지 등)
- 처분하명: 법령에 의거하여 경찰관청이 직권으로 부과하는 하명(예: 야간통행 제한, 위험한 도로의 통행 금지, 차량 정지 명령, 대피명령 등)

③ 대상에 따른 분류

- 대인적 하명: 특정인의 개인적 사정에 중점을 두고 행해지는 하명(예: 운전 면허의 정지)
- 대물적 하명: 특정의 물건이나 설비 등 물적 사정에 중점을 두고 하는

하명(예: 자동차의 사용 정지)

- 혼합적 하명: 대물적 하명이면서 동시에 대인적 하명의 요소가 혼합된 경우(예: 총포 판매업의 영업 정지)

(4) 하명의 효과

경찰 의무 발생	하명의 내용에 따라 그 수명자는 경찰행정 주체인 국가에 대해 작위·부작위·급부 또는 수인의 의무를 지게 된다.
인적 범위	법규하명은 불특정 다수인에 대해 일반적으로 그 효력이 발생되는데 대해, 처분하명은 그 처분의 상대방인 특정인에 대해 효력을 가지는 것이 보통이다. • 대인적 하명: 그 효과는 하명의 상대방에게만 발생하는 것이 원칙으로 경찰 의무는 상대방 이외의 사람에게는 이전 또는 승계가 되지 않는다(예: 교통사고를 낸 운전자의 운전 면허 취소). • 대물적 하명: 하명의 상대방뿐만 아니라 특정한 물건이나 설비 등의 양수인·승계인에게도 미친다(예: 정비 불량 자동차의 사용 정지 명령). • 혼합적 하명: 원칙적으로 효과의 이전·승계가 제한된다(예: 총포 판매업의 영업 정지).
지역적 범위	• 원칙: 하명을 행한 경찰행정관청의 관할구역 내에서만 효력을 미친다. • 예외: 법령의 규정상 또는 처분의 성질상 관할구역 밖에까지 효력이 미치는 경우도 있다(예: 운전 면허의 효력 정지).

(5) 하명 위반의 효과

경찰하명은 개인의 자연적 자유를 제한하는 명령적 행위이므로 경찰하명 자체의 효력으로서 하명에 위반한 법률행위의 효과까지 부인되는 것은 아니다. 다만 그 의무가 이행되지 않은 경우에는 강제집행이나 처벌의 대상이 된다(예: 영업 정지 명령에 위반하여 영업을 계속했을 경우 당해 영업에 관한 거래행위의 효력까지 부인되지는 않는다). 경찰하명에 의한 의무를 불이행한 자는 경찰상 강제집행의 대상이 되고, 의무를 위반한 경우에는 경찰벌이 과해진다.

(6) 하명에 대한 구제

① 경찰하명이 위법한 경우: 위법한 경찰하명으로 법률상의 이익을 침해

받은 자는 행정심판 또는 행정소송으로 그 하명의 취소 · 변경을 구할 수 있으며, 손해가 발생된 경우 국가배상법에 따라 국가배상의 청구가 가능하다.

② 경찰처분이 적법한 경우: 적법한 경찰하명으로 상대방이 입은 손실에 대해서는 보상하지 않음이 원칙이다. 다만 그 손실이 수인 한도를 넘어 '특별한 희생'으로 인정되는 경우에는 그에 대한 손실보상청구권의 행사가 가능하다.

2) 경찰허가

(1) 의의

경찰허가란 일반적 · 상대적 금지를 특정한 경우에 해제함으로써 금지된 행위를 적법하게 할 수 있는 자연의 자유를 회복시켜 주는 경찰처분을 말한다(예: 운전 면허 · 총포 영업 허가 · 총포 소지 허가 · 수렵 허가 · 건축 허가 등)(이철호, 2008: 136).

(2) 경찰허가의 법적 성질

특정인에게 권리 · 능력 등을 설정해 주는 것이 아니라 일반적 · 상대적 금지를 특정한 경우에 해제하여 자연의 자유를 회복시켜 주는 명령적 행정행위이다. 또한 경찰허가는 기속행위 내지 기속재량행위이다. 사회 공공의 안녕 · 질서에 대해 위해가 발생할 우려가 없는 한 반드시 허가를 해야 하며 만일 공익상의 필요가 없음에도 불구하고 허가를 거부하는 것은 국민의 자유를 불필요하게 제한하는 것으로 그 자체가 자유 침해로서의 위법이기 때문이다(최영규, 2004: 242-244).

(3) 경찰허가의 형식

경찰허가는 하명과는 달리 법규 허가는 없고 언제나 구체적인 처분의 형식으로 행해진다. 불요식 행위인 것이 보통이지만 허가의 유무 및 그 내용을 명백히 하기 위해 면허증의 교부 등과 같은 공적 증명을 필요로 하는 경우도 있다(김남진, 2001: 285).

(4) 경찰허가의 요건

상대방의 신청	경찰허가는 상대방의 신청을 요하는 쌍방적 행정행위인 것이 보통이나 법령에 특별한 규정이 없는 한 신청은 허가의 필요 요건은 아니므로 허가는 신청 없이도 행해질 수 있을 뿐만 아니라(예: 통행 금지 해제, 입산 금지 해제 등) 상대방의 신청과 다른 내용의 허가, 즉 수정 허가도 가능하다.
시험, 검사 등	허가를 위해 심사해야 할 인적 자격이나 물적 안정성의 보장을 위해 시험의 합격이나 검사 등을 필요로 하는 경우도 있다(예: 운전 면허, 자동차 검사).
수수료, 조세 등의 납부	경찰허가의 요건으로 수수료 · 조세 등의 납부를 요하는 경우도 있다(예: 면허증 교부 등의 수수료).

(5) 경찰허가의 상대방

허가의 상대방은 원칙적으로 특정인 또는 특정 다수인을 대상으로 한다. 그러나 예외적으로 불특정 다수인에 대해 행해지는 경우도 있다(예: 야간 통행 금지 해제, 도로통행 금지 해제, 입산 금지 해제, 교통신호기의 파란 신호등).

(6) 경찰허가의 종류

- 대인적 허가: 특정인의 기능 · 지식 · 적성 등 주관적 요소에 착안하여 행하는 허가이다(예: 운전 면허 · 의사 면허).
- 대물적 허가: 물건 · 시설의 객관적 사정을 기준으로 행하는 허가이다(예: 자동차 검사).
- 혼합적 허가: 특정인의 주관적 사정과 물건 · 시설의 객관적 사정을 동시에 고려하여 하는 허가이다(예: 총포 · 화약류 제조 허가, 총포 소지 허가).

(7) 경찰허가의 효과

경찰허가는 경찰 목적을 위한 일반적 · 상대적 금지를 해제하여 자연의 자유를 회복시켜 주는 데 그친다(절대적 금지에 대한 허가는 할 수 없다). 경찰허가는 경찰허가를 받은 자에게 권리 · 능력 기타의 법률상의 힘을 설정하는 것은 아니며, 경찰허가로 인해 허가받은 자가 받는 이익은 권리가 아니라 반사적 이익에 불과하다. 따라서 경찰허가는 당해 허가를 규정하고 있는 법률상의 경찰 금지만 해제하고 다른 법률상의 제한까지 해제하는 것은 아니다. 따라서 경찰공무원이 주유소 영업에 대한 허가를 받은 경우에도 국가공무원법상의 영리 업무 금지 규정에 의한 제한으로 인해 당해 영업에 종사하지 못한다. 또한 경찰허가는 일정한 행위를 적법하게 할 수 있도록 하는데 지나지 않으므로(행위의 적법 요건) 허가를 요하는 행위를 허가 없이 한 경우에는 처벌의 대상이 될지라도 그 법률행위의 효력이 부인되는 것은 아니다.

① 허가 효과의 인적 범위

㉠ 대인적 허가: 허가의 효과는 일신적인 것으로 허가받은 상대방에게만 국한되고 타인에게 이전 · 상속할 수 없다.

㉡ 대물적 허가: 허가를 받은 자뿐만 아니라 그 물건 · 시설을 취득한 승계인에게도 그 효과가 미친다.

㉢ 혼합적 허가: 원칙적으로 이전성이 없으나 예외적으로 행정청의 동의 · 승인하에 가능한 경우도 있다(이철호, 2008: 142, 김동희, 2004b: 181).

② 허가 효과의 지역적 범위

원칙적으로 경찰허가의 효과는 당해 경찰관청의 관할구역 내에서만 미친다(예: 총포 판매업 허가). 다만 예외적으로 법령의 규정에 의하거나 또는 허가의 성질상 관할구역 밖에까지 미치는 경우도 있다(예: 운전 면허).

(8) 경찰허가의 하자

경찰허가의 성립에 중대 · 명백한 하자가 있는 경우는 무효가 되며 그 정도에 이르지 않는 경우에는 취소할 수 있다(최영규, 2004: 246-254).

※ 경찰허가권자

㉠ 경찰청장

- 총포 · 화약류제조업(총포의 개조 · 수리업과 화약류의 변형 · 가공업을 포함)
- 총포 · 화약류의 수출입

㉡ 지방경찰청장
- 도검 · 분사기 · 전자충격기 · 석궁제조업
- 총포 · 도검 · 화약류 · 분사기 · 전자충격기 · 석궁판매업
- 도검 · 분사기 · 전자충격기 · 석궁의 수출입
- 경찰서장의 소지 허가 대상 이외의 총포 소지
- 화약류 저장소 설치(1급, 2급, 도화선 저장소, 수중 저장소, 실탄 저장소, 꽃불류 저장소, 장난감용 꽃불류 저장소)

㉢ 경찰서장
- 도검 · 화약류 · 분사기 및 전자충격기 · 석궁의 소지
- 엽총 · 공기총 · 가스발사총 · 마취총 · 산업용 총 · 구난구명총 소지
- 화약류 저장소 설치(3급, 간이저장소)
- 화약류 사용 · 양수

3) 경찰면제

(1) 의의

경찰면제란 경찰 목적상 과해진 작위 · 급부 · 수인의 의무를 특정한 경우에 해제하여 주는 경찰상의 행정행위를 말한다. 이는 경찰상의 의무를 해제하여 자연의 자유를 회복시켜 주는 행위로서 명령적 행정행위에 속하며, 경찰면제의 발급 여부를 결정하는 것은 원칙적으로 기속재량행위에 속한다.

(2) 경찰허가와의 이동(異同)

① 공통점: 경찰 의무의 해제

② 차이점: 해제되는 경찰 의무의 종류

㉠ 경찰허가: 경찰금지(부작위 의무)를 해제하는 행위

㉡ 경찰면제: 경찰상의 작위 · 급부 · 수인의 의무를 해제하는 행위(김남진, 2001: 168-169).

4) 경찰행정행위의 부관

(1) 의의

일반적으로 부관이란 행정행위의 일반적 효력을 제한하기 위해 주된 행정행위에 부가된 종된 규율을 말한다(이철호, 2008: 141).

(2) 종류

조건	행정행위의 효과의 발생 또는 소멸을 '장래의 불확실한 사실'에 의존시키는 부관을 말한다.
	• 정지 조건: 행정행위의 효과의 발생을 장래의 불확실한 사실에 의존시키는 것으로 조건이 성취되면 그때부터 행정행위의 효력이 발생한다(예: 재해시설 완비를 조건으로 하는 도로 사용 허가, 우천이 아닐 경우 옥외 집회장소 허가). • 해제 조건: 행정행위의 효과의 소멸은 장래의 불확실한 사실에 의존시키는 것으로 일단 행정행위와 동시에 효력은 발생하지만 해제 조건이 성취되면 그때부터 행정행위의 효력은 소멸한다(예: 2개월 이내에 공사에 착수할 것을 조건으로 한 건축 허가).
기한	행정행위의 효력의 발생 또는 소멸을 '발생이 확실'한 장래의 사실에 의존케 하는 부관을 말한다(예: 12월 31일까지 허가한다. 갑(甲)이 사망할 때까지 연금을 지급한다).
부담	행정행위의 주된 내용에 부가하여 그 효과를 받는 상대방에게 작위 · 부작위 · 급부 · 수인 의무를 명하는 부관을 말한다(예: 도로 · 하천의 점용 허가를 하면서 점용료 또는 사용료의 납부를 명하는 것, 영업 허가를 하면서 종업원의 건강진단 의무를 부과하는 것).
철회권 유보	행정행위의 주된 내용에 부가하여 특정한 경우에 행정행위를 철회할 수 있는 권한을 미리 유보하는 부관을 말한다(예: 숙박업 허가를 하면서 윤락행위를 알선하면 허가를 취소한다는 경우).
법률 효과의 일부 배제	행정행위의 주된 내용에 부가하여 법률에서 일반적으로 그 행위에 부여한 '법률 효과' 중의 일부의 발생을 배제(제한)하는 부관을 말한다(예: 격일제 운행을 조건으로 한 택시 영업 허가, 야간에만 개시할 것을 조건으로 시장 개설 허가).
수정 부담	행정행위의 상대방이 신청한 것과 다르게 행정행위의 내용을 부여하는 경우를 말한다(예: A국으로부터의 수입 허가를 신청했으나 허가 관청이 B국으로부터의 수입을 허가한 경우, 화물 차량의 A도로 통행허가 신청에 대해 B도로 통행을 허가한 경우).

(3) 부관의 한계

부관은 재량행위에만 붙일 수 있고, 기속행위에는 붙일 수 없다(통설 · 판례). 또한 부관은 법령에 위배되어서는 아니 되며, 법령 및 주된 행정행위의 목적에 비추어 필요한 범위를 넘어서는 아니 된다. 더불어 부관은 비례의 원칙 및 평등의 원칙에 적합해야 한다(허경미, 2003: 105).

4 경찰강제와 경찰벌

1) 경찰강제

(1) 의의

① 개념: 경찰강제란 경찰상의 목적 달성을 위해 개인의 신체·재산 또는 가택에 실력을 가해 경찰상 필요한 상태를 실현시키는 작용을 말한다(김동희, 2004b: 183; 박윤흔, 2001: 337).

② 특성

㉠ 자력(自力) 집행: 경찰강제는 경찰법상의 의무 이행을 행정권이 자력으로 강제시키는 점에서 법원의 개입을 필요로 하는 민사상의 강제집행(他力 집행)과 다르다.

㉡ 상대방의 수인 의무 발생: 경찰강제에는 그 속에 수인 의무가 내포되어 있으므로 상대방이 이에 저항할 수 없으며, 저항할 경우 공무집행방해죄가 성립한다.

㉢ 구별 개념

- 경찰하명, 경찰허가와의 구별: 경찰강제는 권력적 실력 행사로써 경찰상 필요한 상태를 실현시키는 사실행위인 점에서 경찰 의무를 명하거나 해제하는 법적 행위인 경찰하명, 경찰허가와 구별된다(박윤흔, 2001: 337).
- 경찰벌과의 구별: 경찰강제는 직접 경찰 목적을 실현하기 위해 실력 행사를 하는 점에서 과거의 의무 위반에 대해 제재를 가해 심리적 강제를 함으로써 간접적으로 의무 이행을 확보하는 경찰벌과 구별된다(허경미, 2003: 234-236).

(2) 종류

① 경찰상 강제집행

㉠ 의의: 경찰상 강제집행이란 경찰상의 의무 불이행에 대해 경찰 목적 달성을 위해 개인의 신체 또는 재산에 실력을 가해 경찰상 필요한 상태, 즉 의무가 이행된 것과 동일한 상태를 실현하는 권력적 작용이다.

㉡ 구별 개념

경찰상 즉시강제	• 같은 점: 양자 모두 직접 국민의 신체 · 재산에 실력을 행사하는 점에서 동일함. • 차이점: 경찰상 강제집행은 의무의 부과와 그 불이행을 전제로 하지만, 경찰상 즉시강제는 의무를 전제로 하지 않고 즉시 실력으로 경찰상 필요한 상태를 실현시킴(이철호, 2008: 177-178).
경찰벌	• 같은 점: 경찰 목적의 실현을 확보하기 위한 수단 • 차이점: 경찰상 강제집행은 장래에 향해 의무 이행을 강제하는 것을 직접 목적으로 하고, 경찰벌은 과거의 의무 위반에 대한 제재를 직접 목적으로 함.

㉢ 근거

• 국민의 신체 · 재산에 실력을 행사하여 경찰상 필요한 상태를 실현하는 권력적 작용이므로 법치행정의 원칙상 법적 근거가 있어야 한다.

• 경찰상 강제집행에 관한 일반법으로 행정대집행법과 국세징수법이 있으며, 그 외 도로교통법, 출입국관리법 등의 많은 개별법이 있다.

㉣ 수단

• 대집행: 의무자가 대체적 작위 의무를 이행하지 않는 경우에 경찰행정청이 그 작위 의무를 스스로 행하거나 또는 제3자로 하여금 이를 행하게 하여 의무의 이행이 있었던 것과 동일한 상태를 실현시킨 후 그에 관한 비용을 의무자로부터 징수하는 것을 말한다(예: 도로교통법 제31조의 주 · 정차 위반 차량에 대한 대집행). 일반법으로 행정대집행법이 있다. 대집행의 절차: 계고 → 대집행영장의 통지 → 실행 → 비용 징수

• 집행벌: 비대체적 작위 의무 또는 부작위 의무를 이행하지 아니하는 경우 일정한 기한까지 의무를 이행하지 않을 때에는 일정한 과태료를 과할 뜻을 미리 계고하고 기한 안에 의무 이행이 없는 경우 과태료를 과함으로써 의무자에게 심리적인 압박을 주어 간접적으로 의무 이행

을 강제하는 것이다(예: 도로교통법상의 범칙금 1차 납부 기간 초과 시 범칙금의 100분의 20을 더한 금액 부담). 의무 불이행의 상태가 계속되는 한 경찰행정청은 반복 부과할 수 있다.

- 직접강제: 경찰상의 의무의 불이행이 있는 경우에 직접 의무자의 신체나 재산에 실력을 가해 의무의 이행이 있었던 것과 같은 상태를 실현하는 작용을 말한다(예: 집회 및 시위에 관한 법률 제18조에 따른 해산명령 불이행에 대한 해산 조치). 불이행하고 있는 의무의 종류를 가리지 않는다. 따라서 대체적 작위 의무뿐만 아니라 비대체적 작위 의무, 부작위 의무, 수인 의무 등에 대해 그 이행을 강제할 수 있다.
- 강제 징수: 경찰상의 금전급부 의무를 이행하지 않는 경우에 경찰행정청이 의무자의 재산에 실력을 가하여 의무 이행이 있었던 것과 동일한 상태를 실현하는 작용을 말한다(예: 도로교통법 제31조의 주·정차 위반 차량에 대한 대집행에 따른 비용의 강제 징수). 일반법으로 국세징수법이 있다. 강제 징수의 절차: 독촉 → 체납처분(압류 → 매각 → 청산)(이철호, 2008: 182).

② 경찰상 즉시강제

㉠ 의의: 목전의 급박한 경찰상의 장해를 제거하기 위해 필요한 경우 또는 그 성질상 미리 의무를 명해서는 목적 달성이 불가능한 경우에, 직접 개인의 신체·재산에 실력을 가해 경찰상 필요한 상태를 실현하는 경찰작용을 말한다(김동희, 2004a: 415; 류지태, 2006: 256; 한견우, 1996b: 300). 경찰상의 의무의 부과 및 그의 불이행을 전제로 하지 않는다. 경찰상 즉시강제는 국민의 의무와는 상관 없이 경찰기관이 실력을 행사하여 경찰 목적을 도모하는 경우이므로 인권 침해의 소지가 많다.

㉡ 근거: 일반법으로 경찰관 직무 집행이 있고 각 단행법으로 검역법·소방법·전염병예방법·마약법·식품위생법 등이 있다.

㉢ 수단: 즉시강제의 수단은 그 대상에 따라 다시 대인적 강제, 대물적 강제 및 대가택강제로 구별된다(허경미, 2003: 165).

대인적 즉시강제	• 경찰관직무집행법: 불심검문, 보호 조치, 경고 · 억류 · 피난 등 위험 발생 방지 조치, 범죄의 예방 · 제지 조치, 장구 · 무기 사용 • 각 단행법: 강제건강진단 · 강제격리 · 교통 차단(전염병예방법), 강제 수용(마약법), 원조강제(수난구호법, 소방법)
대물적 즉시강제	• 경찰관직무집행법: 무기 · 흉기 · 위험물의 임시 영치, 위험 발생 방지 조치 • 각 단행법: 물건의 폐기 · 압류 · 수거(검역법), 물건의 영치(행형법), 물건의 파괴(소방법) 등
대가택적 즉시강제	• 경찰관직무집행법: 위험 방지를 위한 건물 · 선박 · 여관 · 음식점 등에의 출입(김동희, 2004a: 419). • 각 단행법: 임검 · 검사 · 수색 등(조세범처벌법 · 총포도검화약류단속법)

㉣ 한계

- 필요성: 경찰 목적 달성을 위해 즉시강제가 필요한 경우라야 한다.
- 급박성: 위해의 발생이 목전에 급박해야 한다.
- 보충성: 경찰상 즉시강제 이외의 다른 수단으로는 행정 목적을 달성할 수 없어야 한다.
- 비례성: 즉시강제의 수단은 목전에 급박한 위해를 제거하는 데 적합하고 최소한의 침해를 가져오는 수단을 선택해야 하며, 즉시강제 조치로 인한 불이익이 그것에 의해 초래되는 이익보다 커서는 안 된다.
- 소극성: 경찰상 즉시강제는 소극적으로 공공의 질서 유지를 위한 필요한 범위 내에 그쳐야 한다(최영규, 2004: 267-268).

㉤ 경찰상 즉시강제와 영장주의: 헌법상의 영장주의는 국민의 기본권을 보장하기 위해 경찰상의 즉시강제에도 동일하게 적용되어야 하나, 다만 즉시강제의 특수성으로 보아 경찰 목적 달성을 위해 불가피하다고 인정할 만한 합리적 이유가 있는 특수한 경우에 한해 영장주의에 대한 예외를 인정할 수 있다는 견해가 통설(절충설)이다.

㉥ 경찰상 즉시강제에 대한 구제

- 적법한 즉시강제에 대한 구제: 즉시강제가 적법할지라도 대상자가 귀책 사유 없이 수인의 정도를 넘는 특별한 희생을 받은 경우에는 손실

보상청구권이 인정된다(김남진, 2001: 281-282).

- 위법한 즉시강제에 대한 구제: 공무원의 위법한 즉시강제에 대해 정당 방위가 가능하다.

또한 즉시강제는 사실행위이지만 행정쟁송의 대상이 된다. 그러나 즉시강제의 성질상 쟁송을 제기할 이익이 없는 경우가 보통이며 따라서 손해배상·원상 회복을 청구할 수밖에 없다. 다만 권리 침해 상태가 계속 중에 있거나 즉시강제의 취소로 인해 회복되는 법률상의 이익이 있는 때에는 취소할 수 있다. 만약 위법한 경찰상 즉시강제로 인해 생명·신체 또는 재산상의 손해를 입었을 때 국가배상법에 의해 국가에 손해배상을 청구할 수 있다(최영규, 2004: 267-268).

③ 경찰조사

경찰조사란 경찰기관이 경찰상 필요한 자료나 정보를 얻기 위해 영업소에 출입하는 등의 조사작용을 말한다. 경찰조사는 종래 경찰상 즉시강제에 포함되어 논의되었으나 지금은 분리하여 다루는 것이 일반적이다. 불심검문, 총포·화약류 제작소의 임검, 영업 장소 등에의 출입·검사 등이 여기에 해당한다.

2) 경찰벌

(1) 의의

① 개념

경찰법규상의 의무 위반에 대해 일반통치권에 의거하여 과하는 제재로서의 처벌을 말한다(이철호, 2008: 189; 박윤흔, 2001: 352).

② 기능

㉠ 직접적 기능: 과거의 의무 위반에 대한 제재를 가함으로써 경찰 법규의 실효성을 확보한다.

㉡ 간접적 기능: 간접적으로는 의무자에게 심리적 압박을 가해 의무 이행을 확보하는 기능을 갖는다.

(2) 성질

① 징계벌과의 구별

구분	경찰벌	징계벌
목적	경찰법규의 실효성 확보	특별권력 관계의 내부 질서 유지
권력적 기초	일반통치권	특별권력
대상	경찰법상의 의무 위반자	특별권력 관계 내부의 질서 문란자
경찰벌과 징계벌은 그 목적 대상, 처벌의 권력적 기초가 다르므로 병과할 수 있다(일사부재리의 원칙이 적용되지 않는다).		

② 집행벌과의 구별

구분	경찰벌	집행벌
차이점	경찰법상의 의무 위반이라는 과거의 비행에 대해 과하는 제재	경찰법상의 의무 불이행이 있는 경우에 장래의 이행을 강제하기 위한 금전벌
같은 점	양자 모두 경찰법상 의무 이행을 확보하기 위한 간접적 수단	

③ 형사벌과의 구별(상대적 구별임)

경찰벌은 경찰 목적의 실현을 위한 국가의 명령·금지를 위반한 까닭에 범죄로 되는, 즉 법이 범죄로 규정했기 때문에 반사회성이 인정되는 행위(법정범)를 제재하는 것임에 반해 형사벌은 법규에 범죄라고 규정하지 않더라도 행위 그 자체가 반사회적·반도덕성을 가졌기 때문에 처벌되는 행위(자연범)를 제재를 뜻한다(김철용, 1999: 285; 김동희, 2004a: 431).

(3) 근거

① 법률

경찰벌에도 죄형법정주의가 적용되므로 법률에 의하지 않고는 경찰벌을 과할 수 없다. 우리나라에서는 경찰벌에 대한 통칙적 규정은 없고, 각 단행법에서 개별적 규정을 두고 있다.

② 법규명령

법률은 벌칙제정권을 개별적으로 법규명령에 위임할 수 있는데 명령으로써 경찰벌법규를 제정할 때에는 법률에서 처벌 대상인 행위, 그 구성 요건 및 처벌의 최고한도를 구체적으로 위임받아 그 한도 내에서 규정하는데 그쳐야 한다.

③ 조례

지방자치단체는 조례로써 1,000만 원 이하의 과태료의 벌칙을 정할 수 있다(지방자치법 제27조).

(4) 종류

① 경찰형법

경찰법규상의 의무 위반에 대한 제재로서 형법상의 형(사형・징역・금고・구류・자격 정지・자격 상실・벌금・과료・몰수)을 과하는 경찰벌이다. 원칙적으로 형법 총칙이 적용된다.

② 경찰질서벌

경찰법규상의 의무 위반에 대한 제재로서 과태료를 과하는 경찰벌이다. 형법 총칙이 적용되지 않는다(김동희, 2004a: 433).

(5) 경찰벌의 과벌 절차

<table>
<tr><td rowspan="3">경찰형벌의 과벌 절차</td><td>원칙</td><td>경찰형벌도 형사소송법이 정하는 바에 따라 법원의 선고에 의해 과하는 것이 원칙이다.</td></tr>
<tr><td>예외적 절차</td><td>• 통고처분: 정식재판에 갈음하여 절차의 간이・신속을 주안으로 하여 행정청이 일정한 벌금 또는 과료에 상당한 금액의 납부를 명하는 준사법적 행정행위이다. 조세범・관세범・출입국관리사범・교통사범 등에 대해 인정되고 있다. 만약 통고처분을 받은 자가 법정 기간 내에 통고된 내용에 따라 이행한 때에는 일사부재리의 원칙의 적용을 받아 다시 소추할 수 없다. 법정 기간 내에 통고된 내용을 이행하지 않으면 통고처분은 당연히 효력을 상실하고 통고처분권자가 고발을 하면 형사소송법의 절차에 따라 수사・공소 제기를 한다.</td></tr>
<tr><td colspan="2">• 즉결심판: 20만 원 이하의 벌금・구류 또는 과료에 해당하는 경찰벌은 「즉결심판에 관한 절차법」이 정하는 바에 따라 즉결심판에 의해 과해지며, 그 형은 경찰서장에 의해 집행된다. 즉결심판에 불복이 있는 자는 고지를 받은 날로부터 7일 이내에 정식재판을 청구할 수 있다.</td></tr>
</table>

경찰질서벌의 과벌절차	• 국가의 법령에 근거한 과태료: 다른 법률에 특별한 규정이 있는 경우를 제외하고는 과태료에 처할 자의 주소지를 관할하는 지방법원이 비송사건절차법상의 재판절차에 의한다. • 조례에 의한 과태료: 조례에 의한 과태료의 징수는 지방세 징수의 예에 따라 징수한다. 그 밖에 과태료의 부과 · 징수는 관할구역 안의 지방자치단체장이 한다(김남진, 2001: 242).

5 경찰관직무집행법

1) 경찰관직무집행법의 제정

우리나라 최초의 경찰작용법은 1894년의 「행정경찰장정」(일본의 행정경찰규칙 모방)이다. 이후 1914년 제정된 「행정집행령」이 1948년까지 존속(일본의 행정집행법 모방)되었다. 6 · 25전쟁이 끝난 직후인 1953년 12월 14일 경찰작용법인 「경찰관직무집행법」이 제정(프랑스법과 독일법 이외에 일부 영 · 미법을 반영함)되었다(장영민, 1995: 26).

「경찰관직무집행법」은 경찰관이 국민에 대한 생명 · 신체 · 재산의 보호, 범죄의 예방, 공안의 유지, 기타 법령 집행 등의 직무를 충실히 수행하도록 하기 위해 필요한 사항을 정하려는 취지로 제정되었다.

주요 내용은 경찰관이 수상한 거동, 기타 주위의 사정을 합리적으로 판단하여 죄를 범했거나 범하려고 하고 있다고 의심할 만한 상당한 이유가 있는 자 또는 이미 행해진 범죄 또는 행해지려고 하는 범죄에 관해 그 사실을 안다고 인정되는 자를 정지시켜 질문할 수 있도록 했다. 또한 경찰관이 인명 또는 신체에 위해를 미치거나 재산에 중대한 손해를 끼칠 우려가 있는 천재 · 사변 · 공작물의 손괴 등의 사태가 발생할 때에는 경고 · 피난 등의 필요한 조치를 할 수 있도록 했다. 더불어 경찰관이 범죄행위가 목전에 행해지려고 하는 것을 인정한 때에는 그 예방을 위해 관계자에 필요한 경고를 발하거나 그 행위를 제지할 수 있는 근거를 마련했다, 또한 경찰관은 범인의 체포, 도주의 방지, 자기 또는 타인의 생명, 신체에 대한 방호, 공무집행에 대한 항거를 억제하기 위해 필요하다고 인정되는 상당한 이유가 있을 때에는 그 사태를 합리적으로 판단하여 필요한 한도 내에서 무기를 사용할 수 있는 근거를 마련했다.

2) 경찰관직무집행법의 주요 개정 과정

(1) 1차 개정(1981. 4. 13)

1953년 제정된 「경찰관직무집행법」은 전후 일본의 「경찰관직무집행법」을 직역한 것으로서 우리나라의 실정에 맞지 아니할 뿐 아니라, 치안 수요의 급증에 따라 법적 근거 없이 사실상 수행하고 있는 모든 경찰작용이 다양한 바, 현 실정에 맞도록 명문화하여 경찰관의 직무 집행에 합리성과 합법성을 보장하려는 취지로 개정되었다. 주요 내용은 다음과 같다.

① 경찰관의 직무의 범위를 현 실정에 맞도록 구체적으로 정함.

② 경찰관이 정신착란자 등 긴급구호를 요하는 자에 대해 보건의료기관이나 공공구호기관에 구호를 요청한 때에는 정당한 이유 없이 이를 거절하지 못하도록 함.

③ 대간첩작전 또는 소요 사태의 진압을 위해 필요한 때에는 일정한 지역에 대한 접근이나 통행을 제한하거나 금지할 수 있도록 함.

④ 경찰관은 범죄 발생의 위험이 현저한 가택에 대한 방범 계도를 위해 필요한 때에는 관계인의 동의를 얻어 가택을 방문·계도할 수 있도록 함.

⑤ 경찰관서의 장은 직무 수행에 필요한 경우 국가기관이나 공사단체 등에 대해 직무 수행에 관련된 사실을 조회할 수 있으며, 긴급을 요할 때에는 소속 경찰관으로 하여금 현장에 출장하여 그 사실을 확인할 수 있도록 함.

⑥ 구속 수사 중인 자, 구류형의 선고를 받은 자, 다른 수사기관에 의해 구속되어 일시 수용이 의뢰된 자를 수용하기 위해 유치장의 설치 근거를 정함.

⑦ 무기 등을 소지한 범인이 경찰관으로부터 3회 이상 투기명령을 받고도 이에 불응하면서 계속 항거할 때, 무장간첩이나 소요 행위자가 투강명령이나 3회 이상의 해산명령을 받고도 이에 불응하면서 무기·폭

발물 등을 소지하고 계속 항거할 때에는 경찰관이 무기를 사용할 수 있도록 함.

(2) 2차 개정(1988.12.31)

88서울올림픽과 민주화운동의 영향으로 경찰권의 남용으로 인한 기본권 침해의 소지가 있는 사항에 관해 경찰권 행사의 요건과 한계를 엄격하게 함으로써 경찰권 행사의 적정을 도모하기 위해 개정되었다. 주요 내용은 다음과 같다.

① 경찰관으로부터 경찰관서에의 동행 요구를 받은 자는 그 동행 요구를 거절할 수 있도록 함.

② 경찰관이 불심검문을 하거나 동행을 요구할 경우 당해인에게 자신의 신분을 표시하는 증표를 제시하면서 소속과 성명을 밝히고 그 목적과 이유를 설명해야 하며, 동행의 경우에는 동행 장소를 밝힌 후 동행을 거부할 자유와 동행 후 언제든지 경찰관서로부터 퇴거할 자유가 있음을 고지하도록 함.

③ 경찰관이 동행을 한 경우에는 당해인의 가족·친지 등에게 동행한 경찰관의 신분, 동행 장소, 동행 목적과 이유를 고지하거나 본인으로 하여금 즉시 연락할 수 있는 기회를 부여하도록 해야 하고, 변호인의 조력을 받을 권리가 있음을 고지하도록 함.

(3) 3차 개정(1989.6.16)

민주화운동 과정에서 잦은 최루탄 사용으로 인명 피해가 자주 발생함에 따라 사용 요건과 방법에 대한 규정을 마련하기 위해 개정되었다. 또한 각종 불법집회 및 시위 진압을 위해 최루탄이 사용되고 있는 바, 이를 남용할 경우 국민의 생명·신체와 재산 및 공공시설에 현저한 위해 발생의 소지가 있으므로 최루탄을 사용할 경우 그 일시 등 사용 내용을 기록하도록 하는 규정 등을 마련하여 그 피해를 예방하려는 취지로 개정되었다.

(4) 4차 개정(1991. 3. 8)

경찰관의 임의동행 및 경찰 장구 사용의 요건을 일부 완화하여 경찰의 민생치안 활동의 효율적 수행을 뒷받침하기 위해 개정되었다. 주요 내용은 다음과 같다.

① 임의동행 시 동행을 거부할 자유와 언제든지 경찰관서로부터 퇴거할 자유가 있음을 고지하도록 한 규정을 삭제함.

② 임의동행을 한 경우 3시간을 초과하여 경찰관서에 머물게 할 수 없도록 하던 것을 6시간으로 연장함.

③ 장기 3년 이상의 징역이나 금고에 해당하는 죄를 범한 범인에게 경찰장구를 사용할 수 있게 하던 것을 현행범이나 장기 3년 이상의 징역이나 금고에 해당하는 죄를 범한 범인에게 사용할 수 있도록 요건을 완화함.

(5) 5차 개정(1996. 8. 8)

국제 해양 질서의 급격한 변화와 21세기 해양경쟁 시대에 적극적으로 대비함으로써 우리의 무한한 해양 잠재력을 개발하여 해양 선진 대국으로 도약하기 위한 기반을 조성하기 위해, 여러 행정기관에 분산되어 있는 수산・해운・항만・해양환경 보전・해양조사・해양자원 개발・해양과학 기술 등 해양 관련 행정 기능을 통합하여 종합적인 해양 개발과 이용・보전 기능 등을 전담할 해양수산부를 신설하고, 해양수산부 장관 소속하에 해양에서의 경찰 및 오염 방제 업무를 담당할 해양경찰청을 신설하려는 취지로 개정되었다.

(6) 6차 개정(1999. 5. 24)

경찰관 직무 집행을 위해 사용 중인 경찰장구・무기 등을 포괄한 장비 정의 규정을 신설하여 이들 개념을 좀 더 명확히 하고, 경찰장비의 사용과 관련하여 안전성을 확보하기 위해 인명 또는 신체에 위해를 가할 수 있는 경찰장비에 대해서는 장비의 종류, 사용 기준, 안전교육, 안전검사의 기준을 대통령령으로 정하도록 하며, 분사기 또는 최루탄 및 무기의 사용 기록 보관, 경찰장비의 임의 개조 금지 규정을 마련하려는 취지로 개정되었다. 주요 내용은 다음과 같다.

① 인명 또는 신체에 위해를 가할 수 있는 경찰장비에 대해서는 필요한

안전교육과 안전검사를 실시하고 그 대상이 되는 경찰장비의 종류, 사용 기준, 안전교육, 안전검사의 기준 등은 대통령령으로 정하도록 함(법 제10조 제①항 및 제④항).

② 경찰장비는 무기, 경찰장구, 최루제 및 그 발사장치, 감식기구, 해안감시기구, 통신기기, 차량, 선박, 항공기 등 경찰의 직무 수행을 위해 필요한 장치와 기구로 포괄적으로 그 개념을 정의하고, 경찰장구 및 무기의 개념을 좀 더 세부적으로 규정함(법 제10조 제②항, 제10조의2 제②항 및 제10조의4 제②항).

③ 경찰장비를 임의로 개조하거나 임의의 장비를 부착하여 통상의 용법과 달리 사용할 수 없도록 함(법 제10조 제③항).

④ 대간첩·대테러작전 등 국가 안전에 관련되는 작전을 수행할 때에는 개인화기 외에 공용화기를 사용할 수 있도록 함(법 제10조의4 제③항).

(7) 7차 개정(2004. 12. 23)

광역화·기동화되는 현대 범죄에 효과적으로 대응하기 위해 경찰서장 소속하에 두는 지서(支署)를 없애고 기존 여러 개의 파출소 관할구역을 통합하여 하나의 관할구역으로 하는 지구대를 설치할 수 있도록 하는 한편, 정부조직법이 개정(법률 제7186호, 2004. 3. 11. 공포·시행)되어 각 행정기관에 배치하는 정무직 공무원은 법률에 근거를 두도록 함에 따라 경찰위원회규정에 따라 정무직 공무원으로 되어 있던 경찰위원회 상임위원에 대한 법적 근거를 마련하려는 취지로 개정되었다.

(8) 8차 개정(2006. 2. 21)

종전의 제주도를 폐지하고, 제주특별자치도를 설치하여 자치조직·인사권 및 자치재정권 등 자치권을 강화하며, 교육자치제도의 개선과 자치경찰제의 도입을 통해 실질적인 지방자치를 보장함으로써 선진적인 지방분권 모델을 구축하는 한편, 제주특별자치도에 적용되고 있는 각종 법령상 행정규제를 폭넓게 완화하고, 중앙행정기관의 권한을 대폭 이양하며, 청정산업 및 서비스산업을 육성하여 제주특별자치도를 국제자유도시로 조성·발전시키려는 취지로 제정된 제주특별자치도 설치 및 국제자유도시 조성을 위한 특별법을 뒷받침하기 위해 자치경찰제가 실시될 수 있는 근거 마련을 위해 개정되었다.

(9) 9차 개정(2011. 8. 4)

경찰관직무집행법 제2조에 따른 경찰의 직무에는 경찰법 제3조에서 규정하고 있는 국가경찰의 임무 중 "국민의 생명·신체 및 재산의 보호"가 빠져 있고, 반대로 경찰법 제3조에 따른 국가경찰의 임무에는 경찰관직무집행법 제2조에서 규정하고 있는 경찰의 직무 중 "경비·요인 경호 및 대간첩작전 수행"이 빠져 있어, 경찰의 임무에 관한 두 법의 규정을 상호 일치시키기 위해 개정되었다.

3) 경찰관직무집행법의 목적(동법 제1조)

경찰관직무집행법은 국민의 자유와 권리의 보호 및 사회 공공의 질서 유지를 위한 경찰관의 직무 수행에 필요한 사항을 규정함을 목적으로 한다. 이 법에 규정된 경찰관의 직권은 그 직무 수행에 필요한 최소한도 내에서 행사되어야 하며 이를 남용해서는 안 된다.

4) 경찰관직무집행법의 적용 범위

① 경찰관직무집행법은 경찰공무원법상의 경찰공무원과 전투경찰대설치법상의 작전전투경찰순경 및 의무전투경찰순경의 직무 수행에 적용된다.

② 해양경찰은 경찰법의 적용 대상은 아니나 경찰공무원법의 적용 대상이며, 해양에서는 경찰관직무집행법에 의해 직무를 수행한다.

③ 청원경찰은 그 경비구역 내에 한하여 경비 임무를 수행하기 위해 경찰관직무집행법에 의한 직무를 수행하도록 되어 있다(청원경찰법 제3조).

5) 경찰관직무집행법상의 직무 범위(동법 제2조)

경찰관은 국민의 생명·신체 및 재산의 보호, 범죄의 예방·진압 및 수사, 경비 · 요인 경호 및 대간첩 작전 수행, 치안정보의 수집 · 작성 및 배포, 교통의 단속과 위해의 방지, 기타 공공의 안녕과 질서 유지를 위한 직무를 행한다.

6) 경찰관직무집행법상의 기본 원칙

① 협의의 비례의 원칙: 법에 규정된 직권은 직무 수행을 위한 필요 최소 한도의 범위 내에서 행사해야 한다.
② 상당성의 원칙: 무기 사용과 보호 조치 등을 위한 상당한 이유가 있어야 즉시강제가 가능하다.
③ 필요성의 원칙: 사실의 확인, 장구의 사용 등의 경우 그러한 조치를 취해야 할 필요 또는 부득이한 경우에 한해 직권의 행사가 가능하다.
④ 보충성의 원칙: 경찰관이 무기를 사용할 때에는 무기를 사용하지 않고는 도저히 다른 수단이 없을 때에 한해 사용이 가능하다.

7) 경찰관직무집행법의 주요 내용

(1) 대인적 즉시강제 수단

① 불심검문(동법 제3조)
㉠ 의의: 불심검문이란 경찰관이 거동이 수상한 자를 발견한 때에 이를 정지시켜 질문하는 것을 말한다.
㉡ 대상: 어떠한 죄를 범했거나 범하려 하고 있다고 의심할 만한 상당한 이유가 있는 자 또는 이미 행해진 범죄나 행해지려고 하는 범죄 행위에 관해 그 사실을 안다고 인정되는 자를 대상으로 한다.
㉢ 불심검문의 수단

• 정지와 질문: 경찰관이 주위의 사정을 합리적으로 판단하여 거동 불심자라고 인정되는 때에는 그를 정지시켜 질문할 수 있다. 질문은 어디까지나 임의 수단이므로 질문에 대해 상대방은 답변을 강요당하지 않는다. 또한 질문은 수사의 단서를 얻기 위한 것이고 피의자 신문이 아니므로 진술거부권을 고지할 필요는 없다(한견우, 1996b: 279; 김남진,

2001: 324).

- 동행 요구(임의 동행): 그 장소에서 질문하는 것이 본인에게 불리하거나 교통에 방해가 된다고 인정되는 때에는 부근의 경찰서·파출소 또는 출장소에 동행할 것을 요구할 수 있다. 이 동행은 임의적인 것이므로 당해인은 경찰관의 동행 요구를 거절할 수 있고 경찰관은 강요해서는 안 된다. 동행을 요구할 경우 경찰관은 자신이 신분을 표시하는 증표를 제시하면서 소속과 성명을 밝히고, 그 목적·이유를 설명해야 하며, 동행 장소를 밝혀야 한다. 동행한 경우 경찰관은 당해인의 가족 또는 친지 등에게 동행한 경찰관의 신분, 동행 장소, 동행 목적과 이유를 고지하거나 본인에게 즉시 연락 기회를 부여해야 하며, 변호인의 조력을 받을 권리가 있음을 고지해야 한다. 질문, 동행, 흉기 조사의 경우에 당해인은 형사소송에 관한 법률에 의하지 아니하고는 신체를 구속당하지 아니하며, 그 의사에 반해 답변을 강요당하지 않는다. 경찰관은 당해인을 6시간을 초과하여 경찰관서에 머물게 할 수 없다.
- 흉기 조사: 불심검문에 수반하여 흉기 등의 소지 여부를 밝히기 위해 거동이 수상한 자의 옷이나 휴대품을 조사할 수 있다.

② 보호 조치(동법 제4조)

㉠ 의의: 경찰관이 수상한 거동 기타 주위의 사정을 합리적으로 판단하여 긴급구호를 요하는 자를 발견한 때에 관계 기관에 긴급구호를 요청하거나 경찰관서에 일시적으로 보호하여 구호의 방법을 강구하는 조치를 말한다(류지태, 2006: 773; 한견우, 1996b: 280).

㉡ 보호 조치의 대상자

- 강제보호 대상자: 정신착란 또는 술취한 상태로 인해 자기 또는 타인의 생명·신체와 재산에 위해를 미칠 우려가 있는 자와 자살을 기도하는 자는 본인의 의사와 관계 없이 강제 보호할 수 있다.
- 임의보호 대상자: 미아, 병자, 부상자 등으로서 적당한 보호자가 없으며 응급의 구호를 요한다고 인정되는 자이다. 다만 당해인이 이를 거절하는 경우에는 보호할 수 없다.

㉢ 보호 조치의 방법

- 긴급구호의 요청: 경찰관이 긴급구호를 요하는 사람을 발견한 때에는 보건의료기관이나 공공구호기관에 긴급구호를 요청할 수 있다. 경찰관의 긴급구호 요청을 받은 보건의료기관이나 공공구호기관은 정당한 이유 없이 구호를 거절할 수 없다.
- 경찰관서에서의 일시보호: 피구호자를 보호자나 관계 기관에 인계할 때까지 일시보호하거나 보호 조치 사유가 해제될 때까지 일시보호하는 것을 말한다. 경찰관서에서의 보호는 24시간을 초과할 수 없다.

㉣ 사후조치: 경찰관이 보호 조치를 한 때에는 지체 없이 피보호자의 가족, 친지, 기타의 연고자에게 통지해야 한다. 가족 등이 없을 경우 적당한 공공구호기관이나 의료기관에 즉시 인계한다. 이 경우 즉시 그 사실을 소속 경찰서장에게 보고해야 한다.

③ 위험 발생의 방지 조치(동법 제5조) – 대인적, 대물적, 대가택적 강제수단

㉠ 의의: 사람의 생명 또는 신체에 위해를 미치거나 재산에 중대한 손해를 끼칠 우려가 있는 위험한 사태가 발생할 경우에 이를 방지하기 위해 취하는 조치를 말한다(류지태, 2006: 775).

㉡ 요건: 천재·사변, 공작물의 손괴, 교통사고, 위험물의 폭발, 광견·분마류 등의 출현, 극단한 혼란 기타 위험한 사태가 발생한 때이다.

㉢ 구체적 수단

- 경고: 천재·사변, 공작물의 손괴, 교통사고, 위험물의 폭발, 광견·분마류 등의 출현, 극단한 혼란 기타 위험한 사태가 발생한 때이다.
- 억류 또는 피난 조치: 경찰관은 특히 긴급을 요할 때에는 위해를 받을 우려가 있는 자에 대해 필요한 한도에서 이를 억류하거나 피난시킬 수 있다.
- 위험 방지 조치: 경찰관은 위험 사태의 발생 장소에 있는 자, 사물의 관리자, 기타 관계자에 대해 위험 방지상 필요하다고 인정되는 조치를 취하게 하거나, 또는 스스로 그 조치를 취할 수 있다.

• 접근 또는 통행의 제한 및 금지: 경찰관서의 장은 대간첩 작전 수행 또는 소요 사태 진압을 위해 필요하다고 인정되는 상당한 이유가 있을 때에는 대간첩 작전지역 또는 경찰관서·무기고 등 국가 중요 시설에 대한 접근 또는 통행을 제한하거나 금지할 수 있다.

④ 범죄의 예방과 제지 조치(동법 제6조)

경찰관은 범죄행위가 목전에 행해지려 하고 있다고 인정될 때에는 이를 예방하기 위해 관계자에게 필요한 경고를 발하고, 그 행위로 인해 생명·신체에 위해를 미치거나 재산상의 중대한 손해를 끼칠 우려가 있어 긴급을 요하는 경우에는 그 행위를 제지할 수 있다.

⑤ 경찰장비의 사용(동법 제10조)

• 의의: 경찰관은 직무 수행 중 경찰장비를 사용할 수 있다. 다만 인명 또는 신체에 위해를 가할 수 있는 경찰장비에 대해서는 필요한 안전교육과 안전검사를 실시해야 한다.

• 개념: 무기, 경찰장구, 최루제 및 그 발사장치, 감식기구, 해안감시기구, 통신기기, 차량, 선박, 항공기 등 경찰의 직무 수행을 위해 필요한 장치와 기구를 말한다.

• 사용 기준: 경찰장비는 통상의 용법에 따라 필요한 최소한의 범위 내에서 이를 사용해야 한다. 또한 경찰장비는 임의로 개조하거나 임의의 장비를 부착하여 통상의 용법과 달리 사용함으로써 타인의 생명·신체에 위해를 주어서는 아니 된다.

⑥ 경찰장구의 사용(동법 제10조의2)

• 의의: 경찰관은 현행범인인 경우와 사형·무기 또는 장기 3년 이상의 징역이나 금고에 해당되는 죄를 범한 범인의 체포·도주의 방지, 자기 또는 타인의 생명·신체에 대한 방호, 공무 집행에 대한 항거의 억제를 위해 필요하다고 인정되는 상당한 이유가 있는 때에는 그 사태를 합리적으로 판단하여 필요한 한도 내에서 경찰장구를 사용할 수 있다.

• 개념: '경찰장구'라 함은 경찰관이 휴대하여 범인 검거와 범죄 진압 등 직무 수행에 사용하는 수갑·포승·경찰봉·방패 등을 말한다. 그 밖

에 법에는 규정이 없지만 경적 · 호신용구 · 진압장구 등도 포함된다.

⑦ 분사기 등의 사용(동법 제10조의3)

- 의의: 경찰관이 범인의 체포 · 도주의 방지 또는 불법시위로 인한 현저한 위해 발생을 억제하기 위해 분사기 또는 최루탄을 사용하는 조치를 말한다.
- 요건과 한계: 경찰관은 범인의 체포 · 도주의 방지 또는 불법집회 · 시위로 인해 자기 또는 타인의 생명 · 신체와 재산 및 공공시설 안전에 대한 현저한 위해의 발생을 억제하기 위해 부득이한 경우 현장 책임자의 판단으로 필요한 최소한의 범위 안에서 분사기(총포, 도검, 화약류 등 단속법의 규정에 의한 분사기와 최루 등의 작용제) 또는 최루탄을 사용할 수 있다.
- 기록 보관: 분사기나 최루탄의 사용 시 책임자는 사용 일시, 장소, 대상, 현장 책임자, 종류, 수량 등을 기록 · 보관해야 한다.

⑧ 무기의 사용(동법 제10조의4)

- 의의: 경찰관은 직무를 수행하기 위해 필요하다고 인정되는 범위 내에서 무기를 사용할 수 있다.
- 개념: 무기란 인명 또는 신체에 위해를 가할 수 있도록 제작된 권총, 소총, 도검 등을 말한다. 대간첩 · 대테러 작전 등 국가 안전에 관련되는 작전을 수행할 때에는 개인화기 외에 공용화기를 사용할 수 있다.
- 사용의 요건: 위해를 수반하지 않는 무기의 사용은 범인의 체포, 도주의 방지를 위해 필요한 때, 자기 또는 타인의 생명, 신체에 대한 방호를 위해 필요한 때, 공무 집행에 대한 항거를 억제하기 위해 필요한 때에 가능하다. 반면 위해를 수반하는 무기의 사용은 형법에 규정한 정당방위와 긴급피난에 해당하는 때, 사형 · 무기 또는 장기 3년 이상의 징역이나 금고에 해당하는 범인을 체포하는 경우 또는 제3자가 범인을 도주시키려고 경찰관에게 항거하는 경우에 항거 · 도주 방지를 위해 무기를 사용하지 않고는 다른 수단이 없다고 인정되는 상당한 이유가 있는 때, 구속영장과 압수 · 수색영장 집행 시 항거 · 도주의 방지를 위

해 필요한 때, 무기 · 흉기 등 위험한 물건을 소지한 범인 · 소요행위자가 경찰관으로부터 3회 이상의 투기명령 · 투항명령을 받고도 불응하면서 계속 항거할 때, 대간첩 작전 수행 중 무장간첩이 경찰관의 투항명령을 받고도 이에 불응할 때에 가능하다.

- 사용의 한계: 사태를 합리적으로 판단하여 무기 사용이 필요하다고 인정되는 상당한 이유가 있을 때 필요한 한도 내에서 사용해야 한다는 경찰 비례의 원칙과 무기를 사용하지 아니하고는 다른 수단이 없다고 인정되는 상당한 이유가 있을 때에 사용해야 한다는 보충성의 원칙이 있다.

(2) 대물적 즉시강제 수단: 임시영치(동법 제4조 제③항)

임시영치란 경찰관이 「경찰관직무집행법」 제4조 1항에 따라 피구호자를 보호 조치하면서 휴대하고 있던 무기 · 흉기 등의 물건을 경찰관서에 10일 이내 임시로 영치하는 조치이다.

(3) 대가택적 즉시강제 수단: 위험 방지를 위한 출입(동법 제7조)

<table>
<tr><td>의의</td><td colspan="2">위험한 사태가 발생하여 인명, 신체 또는 재산에 대한 위해가 절박한 때에 그 위해를 방지하거나 피해자를 구조하기 위해 부득이하다고 인정되는 경우 경찰관이 타인의 건물 등에 출입하는 조치를 말한다.</td></tr>
<tr><td rowspan="2">일반 위험 방지를 위한 출입 (긴급출입)</td><td>위험 사태의 발생</td><td>• 인명 또는 신체에 위해를 미치거나 재산에 중대한 손해를 끼칠 수 있는 천재 · 사변 · 공작물의 손괴 · 교통사고 · 위험물의 폭발 · 광견 등의 출현 및 극단의 혼잡, 기타 위험한 사태가 있을 때(동법 제5조 제①항의 사태)
• 대간첩작전 수행 중이거나 소요 사태가 발생한 경우(제5조 제②항의 사태)
• 범죄행위가 목전에 행해지려 하고 있다고 인정될 때(제6조 제①항의 사태)
• 위해의 절박: 인명 · 신체 또는 재산에 대한 위해가 절박할 것.
• 위해 방지나 피해자를 구조하기 위해 부득이하다고 인정될 것.</td></tr>
<tr><td>출입의 객체</td><td>타인의 토지 · 건물 또는 선차 내이다. 그 이외의 장소, 예컨대 항공기, 광갱(鑛坑) 등도 이에 포함된다고 볼 것이다.</td></tr>
</table>

공개된 장소에 대한 출입	흥행장 · 여관 · 음식점 · 역 기타 다수인이 출입하는 장소의 관리자 또는 이에 준하는 관계인은 그 영업 또는 공개 시간 내에 경찰관이 범죄의 예방 및 인명 · 신체와 재산에 대한 위해 예방의 목적으로 그 장소에 출입할 것을 요구한 때에는 정당한 이유 없이 이를 거절할 수 없다.
출입 시 주의 사항	경찰관이 위험 방지를 위해 필요한 장소에 출입할 때에는 그 신분을 표시하는 증표를 제시해야 하며, 함부로 관계인의 정당한 업무를 방해해서는 아니 된다.
사후 조치	위험 방지를 위한 출입 시에는 출입보고서를 작성하여 소속 경찰서장에 보고해야 한다.

(4) 직무 수행을 위한 임의적 사실행위–사실 확인과 출석 요구(동법 제8조)

경찰관서의 장은 직무 수행에 필요하다고 인정되는 상당한 이유가 있을 때에는 국가기관 또는 공사단체 등에 대해 사실을 조회할 수 있다. 또한 경찰관서의 장은 직무 수행에 필요하다고 인정되며, 긴급을 요할 때에는 소속 경찰관으로 하여금 현장에 출동하여 당해 기관 또는 단체의 장의 협조를 얻어 그 사실을 확인하게 할 수 있다. 아울러 경찰관은 미아를 인수할 보호자의 여부 확인, 유실물을 인수할 권리자의 여부 확인, 사고로 인한 사상자의 확인, 행정처분을 위한 교통사고 조사상의 사실 확인을 위해 필요한 때에는 관계인에게 경찰관서에 출석할 것을 요구할 수 있다. 관계인의 출석을 요구하는 경우에는 출석을 요하는 사유 · 일시 및 장소를 명확히 한 출석요구서에 의한다. 이 경우 출석을 강제할 수는 없다.

(5) 유치장(동법 제9조)

경찰서 및 지방해양경찰관서에 법률이 정한 절차에 따라 체포 · 구속되거나 신체의 자유를 제한하는 판결 또는 처분을 받은 자를 수용하기 위해 유치장을 둔다(유치장의 설치 근거법: 경찰관직무집행법).

(6) 경찰관의 직권 남용 시의 처벌(동법 제12조)

경찰관이 직권을 남용하여 타인에게 해를 끼친 경우에는 1년 이하의 징역이나 금고에 처한다.

Chapter 05

경찰관리

제 1 절 경찰관리의 의의

1 경찰관리의 개념

경찰관리란 경찰 목적을 효과적으로 달성하기 위해 조직을 구성하고 있는 인적 자원과 물적 자원인 장비, 시설, 예산 등 경찰행정자원을 합리적·체계적으로 조직화함으로써 경찰 전체의 활동을 효율적이고 신속하게 운영하기 위해 경찰관 각자에게 직무를 부여하고 이들의 활동을 적절하게 수행시키는 작용이라고 할 수 있다(이상안, 1999: 327).

2 경찰관리의 효율화

1) 효율화의 필요성

(1) 행정조직의 비대화

현대 국가의 정부는 조직 규모의 확대와 기구의 분화, 업무의 다양화·

복잡화로 말미암아 급속도로 팽창·비대화되어 행정의 비능률·비경제를 초래했으므로 행정관리의 합리화가 시급한 과제로 대두되고 있다. 경찰조직도 예외가 아니다.

(2) 민간 부문의 관리기술 발달

민간 부문, 특히 기업은 생존·경쟁전략으로 혁신적인 관리기법을 발전·활용하고 있으며, 그 영향이 공공 부문에 미치고 있다.

2) 구체적 방안

(1) 지역 주민의 경찰 수요 파악

국민이나 지역 주민이 바라는 경찰 수요나 그 변동 요인을 신속하게 파악하여 이를 경찰관리에 반영해야 한다.

(2) 의사소통의 원활화

경찰조직의 구성원이 공동 목적 의식이나 귀속감을 느낄 수 있도록 구성원 간에 의사소통이 원활하게 이루어져야 한다.

(3) 경영 이념의 도입

경찰행정도 대규모 조직을 통해 많은 사람이 협동하면서 경찰 목표 달성을 위해 노력한다는 점에서는 민간 부문의 기업 경영과 유사하므로 경영이념을 도입하여 경찰 목표의 최적 달성을 촉진시킬 수 있도록 조직을 혁신하고 인력·자원·예산 등의 요소를 최적화하여 생산성 향상을 기해야 할 것이다(이상안, 1999: 327-329).

3 경찰관리자의 역할과 자세

1) 경찰관리자의 의의

경찰관리자란 경찰조직의 목적 달성을 위해 인적·물적 자원을 활용하여 업무를 추진해 나가는 사람을 의미한다. 경찰관리자는 그 권한과 책임·의무의 정도에 따라 고위관리자와 중간관리자로 구분할 수 있다. 경찰에서 고위관리자란 주로 총경급 이상의 간부를, 그 이하 경정·경감급의 과장이나 계장·반장 등을 중간관리자라고 한다.

경찰관리자는 경찰이 사회로부터 이해와 협력을 이끌어 내고, 경찰 목적을 달성하는 데 기여하도록 해야 하며, 조직의 미래를 결정하는 조직개혁에 앞장서야 하고, 조직 내의 구습과 나쁜 관행의 타파에 솔선수범해야 한다. 또한 조직구성원에 대해 리더십을 발휘하고, 직원들을 좋은 환경과 조건에서 일할 수 있도록 창의성을 발휘해야 하며, 직원들의 사기와 자질 향상을 위해서도 노력해야 한다.

2) 경찰관리자의 역할

(1) 고위관리자의 역할

① 비전의 제시

조직의 목표에 의거한 조직의 비전을 제시하고 이해시켜 조직구성원을 조직 목표에 일체화시켜야 한다. 또한 관리자 스스로 솔선수범해야 한다.

② 환경에 대한 적응성 확보

관리자는 환경에 대한 조직의 적응성을 확보해야 한다. 급변하는 조직환경에 신축적으로 대처하기 위해 경찰조직을 최적화하고 조직 내부와 시민으로부터 지지·협력을 얻도록 해야 한다.

③ 조정과 통합

관리자는 경찰행정 활동을 조정·통제한다. 여러 부서 간의 대립과 갈등을 최소한으로 줄이고 관할권에 관한 분쟁을 해결하며 조직 목표와 사업계획을 하급자에게 명확히 하며 권한·책임을 적절하게 위임한다.

④ 직원의 지도 육성

직원이 갖고 있는 능력을 향상시키고 창조성을 발휘하도록 함으로써 직원 스스로 성장·발전하도록 노력해야 하며, 이는 곧 직원의 사기와도 중요한 상관 관계를 갖는다.

⑤ 직원의 사기관리

부하 직원들이 조직 목표의 달성을 위해 열성적·헌신적으로 협력하고 노력할 수 있도록 여건을 조성해 주어야 한다.

⑥ 직원의 생활지도

부하 직원의 사생활의 문란이나 품위 손상 행위는 조직 전체의 신뢰와 직결되므로 사생활도 공무원으로서의 품위가 손상되지 않도록 하고 안정된 생활을 할 수 있도록 주의를 기울여야 한다(조철옥, 2012: 290-291).

(2) 중간관리자의 역할

① 상사의 보좌

상급관리자의 업무 방침이나 지시에 따라 실천계획을 수립하는 등 보좌 역할을 해야 한다. 중간관리자는 조직에 대한 충성심을 갖고 사업계획을 성공적으로 수행하기 위해 성실하게 상사를 보좌해야 한다.

② 지도·감독

경찰 업무의 실시로부터 평가의 단계에 이르기까지 중간관리자의 감독 업무가 중요한 역할을 한다. 지도·감독은 업무 추진뿐만 아니라 부하를 육성하는 기능도 한다. 특히 경찰 집행 업무는 중간관리자의 지도 감독에 많이 의존한다.

③ 커뮤니케이션

중간적 위치에서 상하간에 원활한 커뮤니케이션이 이루어지도록 조정 역할을 해야 한다. 특히 부하의 의견의 상달에 주의를 기울여야 한다.

3) 경찰관리자의 요건

(1) 넓은 시야

관리자는 조직을 전체적인 시야와 감각에서 파악하는 관점을 가져야 한다. 조직이 전문화·분화될수록 관리자의 관점은 전체적으로 확대되어야 한다.

(2) 문제 해결 능력

새로운 해결책이나 정책 구상을 필요로 하는 당면 문제를 적극적으로 활용할 수 있는 문제 해결 능력이 요구된다.

(3) 기획 능력

변화하는 사회 정세에 잘 적응할 수 있는 기획 능력이 요구된다. 경찰의 목표를 설정하고 정책대안을 분석·평가하며 관련된 정보를 창조적으로 활용할 수 있는 능력을 갖추고 있어야 한다.

(4) 리더십

솔선수범을 통해 부하 직원에게 동기를 부여하고 창의와 열성을 이끌어내며 조직 내에 쇄신적 분위기를 조성할 수 있는 통솔력과 지도력이 요구된다.

(5) 대외 교섭력

모든 인적 자원·물적 자원과 지위·정보·권위 등 모든 정치적 자원을 효율적으로 동원하여 고도의 정치적 수완과 영향력을 발휘함으로써 주민이나 정치집단·사회집단의 적극적인 지지·협조를 확보할 수 있어야 한다.

(6) 판단력

문제가 발생한 경우 참모의 협조나 정확한 정보·자료 등을 바탕으로 문제점을 분석하고 정확한 실태를 파악한 후 냉정한 판단을 내릴 수 있어야 한다.

(7) 업무 지식

관리자, 특히 중간관리자는 담당하는 업무에 관한 전문적인 지식·기술을 습득하고 있어야 한다. 즉, 담당 업무에 관한 이론적인 지식은 물론 법규·사례 등에 정통하고 직무 수행에 관한 경험적 지식을 갖추어야 한다(이황우, 2002: 126-129).

제2절 경찰조직관리

1 경찰조직의 의의

1) 경찰조직의 개념

일반적으로 조직이란 일정한 환경하에서 특정 목표를 추구하기 위해 일정한 구조를 가진 사회적 실체를 말한다. 경찰조직은 경찰 특유의 목적을 달성하기 위해 경찰 구성원과 물적 자원을 결합하는 체계적인 협동 방식이며, 그 자체의 생명력을 지니는 특징을 가지고 있는 유기체로 볼 수 있다. 경찰조직은 그 구조 차원에서 분업과 전문화, 명령 계통, 의사전달의 과정, 지휘·감독권의 범위, 권한과 책임의 분담, 조정과 통합의 과정을 중심으로 경찰 목적의 달성에 효율적으로 공헌할 수 있도록 짜여져야 한다(이상안, 1999: 282-283).

2) 경찰조직의 지도 원리(이념)

(1) 경찰법 제1조

종래는 능률성 또는 효율성에 치중했고 민주성은 소홀히 여겨져 왔으나 현행 「경찰법」 제1조는 "경찰의 민주적인 관리·운영과 효율적인 임무 수행을 위해 경찰의 기본 조직 및 직무 범위 기타 필요한 사항을 규정함을 목적으로 한다"고 함으로써 민주성과 효율성의 조화를 천명하고 있다.

(2) 경찰조직의 지도 원리

① 민주성

경찰작용은 권력적 수단이므로 경찰조직의 민주성 확보가 강력히 요구된다. 현행 경찰위원회는 민주적 통제 장치이다. 민주성과 관련하여, 주권자인 국민에 의해 통제되며 국민과 가까이 있으면서 그들에 의해 관리되고 있는가의 문제이다. 그러나 경찰조직의 민주적 통제 장치라고 볼 수 있는 경찰위원회의 현실을 살펴보건대, 현행의 경찰위원회는 권한 면에서나 이와 불가분의 관계에 있는 운영 면에서나 미흡한 것이 사실이다. 이러한 경찰위원회에 실질적인 권한을 부여하고 운영을 정상화할 필요가 있다. 또한 자치경찰제를 실시할 것인가가 현재 경찰의 과제로 되어 있으나, 이는 국가의 대사를 결정하는 문제이므로 충분한 연구와 수사권 등 제도적 뒷받침이 선행되어야 한다.

② 효율성

경찰은 사회 안전과 질서 유지라는 신속을 요하는 작용임을 그 특징으로 하기 때문에 경찰조직은 능률성과 기동성을 요구한다. 효율성 또는 능률성과 관련하여, 지나치게 많은 중간관리층의 슬림화, 3~4단계의 계층구조의 적정화, 농어촌 등 과소지역과 도시 등 과밀지역 간의 획일적인 조직구조의 타당성, 집행 기능과 정책 입안 기능의 혼재의 적합 여부 등을 검토해야 할 것이다.

③ 정치적 중립성

경찰조직은 불편부당, 공평 중립을 요하는 경찰의 본질상 당연히 정치적 중립성의 보장을 필요로 한다(이상안, 1999: 282-284).

2 관료제

1) 관료제의 의의

관료제는 극히 다의적인 개념이어서 한마디로 정의하기는 어렵다. 그러나 일반적으로 관료제란 계층제적 구조를 가진 복잡한 합리적·능률적 관리조직을 의미한다. 경찰조직의 구조는 군대식 조직에 가까운 관료제(bureaucracy)의 형태를 띠고 있다(이황우, 2002: 114).

2) 관료제의 특성

(1) 법규에 의한 지배

관료제의 성립은 합법적 절차에 따라 제정된 법규에 근거를 두고 있으며, 법규의 지배가 확립되고 있다. 관료제의 지배 원리는 전통이나 개인적 자질에 의한 카리스마가 아니라 합리적 절차에 따라 제정된 법규 또는 규칙에 따른다.

관료의 권한과 직무 범위는 법규에 의해 규정된다. 따라서 경찰조직도 그 조직에 관한 기본법인 경찰법에 의해 조직의 직무 범위가 정해져 있으며, 경찰작용에 관한 기본법인 「경찰관직무집행법」에 의해 그 권한이 구체화되어 있다.

(2) 직무조직의 계층제

직무조직은 계층제적 구조로 되어 있다. 계층제는 상명하복의 질서정연한 체제이다. 경찰의 경우 직무상 경찰청에서부터 지방경찰청, 경찰서로 이어지는 계층을 이루고 있으며, 순경으로부터 치안총감에 이르기까지 계급 구분이 명백하여 지시·명령자와 집행자가 명확히 구분되어 있다.

(3) 문서주의

관료제에서의 직무 수행은 구두(口頭)가 아니라 문서에 의해 행하는 것을 원칙으로 한다. 그 결과도 문서로 기록·보존된다.

(4) 공사(公私)의 구별

직무 수행 과정에서 개인적 감정에 의하지 않고 법규에 따라 공정하게 임무를 수행하고 인정·비합리성이 지배하는 가족 관계·사적 관계는 배제된다.

(5) 전문적 자격

모든 직무는 전문적 지식과 기술을 가진 관료가 담당하며, 이들은 시험 또는 자격 등에 의해 공개적으로 채용된다. 또한 관료들은 지속적인 교육 훈련을 통해 전문적 능력을 기르고 관료직을 평생의 직업으로 여기고 전념

한다.

(6) 보수의 지급

직무 수행의 대가로 관료는 일정한 급료를 받고, 승진 및 퇴직금 등의 직업적 보상을 받는다.

(7) 고용의 자유계약

관료제에서 고용 관계는 전통적인 신분 관계가 아닌 평등한 관계에서 고용의 자유계약이 허용된다(이황우, 2002: 116-118; 하상균 · 김종길 · 조성택, 2013: 221).

3 경찰조직의 편성 원리

1) 의의

경찰조직의 편성 원리는 경찰조직을 어떻게 편성하는 것이 다수의 구성원이 효율적으로 협동하여 경찰조직의 목표를 가장 효율적으로 달성할 수 있는가에 관한 원리를 말한다. 일반적인 조직의 편성 원리 중에서 경찰조직과 관련된 것으로는 계층제의 원리, 통솔 범위의 원리, 명령 통일의 원리, 분업의 원리, 조정의 원리 등이 있다(이상안, 1999: 299-300).

2) 계층제의 원리

(1) 계층제의 의의

계층제란 조직에서 직무를 권한과 책임의 정도에 따라 등급화하고 상하 조직 단위 간에 명령복종 관계를 적용하는 것을 말한다. 즉, 계층제는 권한과 책임의 종적 분업 관계를 의미하는 것으로 상위로 갈수록 권한과 책임이 무거운 임무를 수행하도록 조직을 편성하는 것을 말한다(조철옥, 2007: 296).

계층제는 경찰과 군대조직의 편성에 핵심적인 원리로 명령과 지시를 여과 없이 수행하도록 하는 데 적합한 조직 원리이다. 따라서 계층제는 수직적인 상하 명령 복종 관계를 특징으로 하므로 조직의 일체감, 통일성을 유지하는 데 기여한다.

(2) 계층제의 특성

① 계층의 수

조직의 규모가 확대·전문화되고 업무의 다양성과 구성원의 수가 증가되는 데에 따라 조직의 계층 수도 증가한다.

② 계층제와 업무의 성격

계층수준이 높을수록 주요 정책·비정형적 업무를, 낮을수록 정형적 업무를 담당한다.

③ 계층제와 통솔 범위

통솔 범위가 넓어지면 계층의 수는 적어지고 통솔 범위가 좁아지면 계층의 수는 많아진다. 즉, 계층제는 통솔 범위와 상관 관계에 있다.

(3) 계층제의 기능(장·단점)

① 계층제의 장점(순기능)

㉠ 명령·지시·권한의 위임이나 의사소통의 경로
㉡ 권한과 책임 한계의 설정 기준
㉢ 내부 통제의 경로
㉣ 조직 내의 분쟁 및 갈등의 조절 수단
㉤ 승진의 경로가 되어 사기 앙양
㉥ 조직의 통일성·일체감 유지
㉦ 행정의 능률성 보장
㉧ 조직의 안정성
㉨ 신중한 업무 처리

② 계층제의 단점(역기능)

㉠ 계층 수가 많아지면 의사소통의 단계가 기하급수적으로 늘어나 업무 처리가 지연

㉡ 조직의 경직화 초래
㉢ 동태적인 인간관계 형성 저해
㉣ 의사소통 왜곡
㉤ 자율성이 강한 전문가와 계층제의 권위 간 대립·갈등
㉥ 계층제를 비합리적인 인간 지배의 수단으로 인식할 우려
㉦ 창의적·쇄신적 활동 곤란
㉧ 환경 변동에 대한 조직의 신축적 대응 불능
㉨ 인간의 자아 실현 욕구나 성취 욕구의 추구와의 조화 곤란

3) 통솔 범위의 원리

(1) 통솔 범위의 개념

통솔 범위란 1인의 상관 또는 감독자가 효과적으로 직접 통솔할 수 있는 부하의 수를 말한다. 통솔 범위의 개념은 개인이 기울일 수 있는 주의력의 범위에는 심리적·생리적으로 일정한 한계가 있다는 데 근거를 두고 있다.

(2) 통솔 범위의 결정 요인

① 업무의 성격

업무의 종류가 단순할수록 통솔 범위는 넓어지며 전문적인 사무의 경우 처리 업무의 종류가 복잡할수록 통솔 범위는 좁아진다.

② 시간적 요인

신설 조직보다는 기성 조직이나 안정된 조직의 감독자가 많은 부하의 통솔이 가능하다.

③ 공간적 요인

한 장소에 모여 있거나 교통이 발달하면 통솔 범위가 확대된다.

④ 부하들의 능력

부하들이 유능하고 잘 훈련된 경우에는 통솔 범위가 확대된다.

⑤ 감독자의 리더십의 질

감독자가 유능하고 정력적이며 활동적일 때에는 통솔 범위가 넓어진다.

⑥ 부하들의 사기와 창의성

부하들의 사기가 높고 창의성이 있는 경우에는 통솔 범위가 넓어진다.

⑦ 통솔 범위와 계층제

계층의 수가 많을수록 통솔 범위가 좁아지며, 적을수록 통솔 범위가 넓어진다.

4) 명령 통일의 원리

(1) 개념

조직의 구성원 간에 지시나 보고를 주고받는 과정에서 지시를 한 사람만이 할 수 있고, 보고도 한 사람에게만 해야 한다는 원칙으로, 이는 업무 수행의 혼선과 그로 인한 비능률을 막기 위한 것이다. 즉, 한 사람의 상관으로부터 명령을 받는 부하는 조직적·능률적이며 책임 있게 일을 할 수 있지만 여러 사람으로부터 지시나 명령을 받는 경우 서로 모순되는 지시가 내려지고 이로 인해 부하는 혼란을 일으키고 비능률적이며 무책임하게 되기 때문이다.

다만, 명령 통일의 원리를 너무 철저히 지키다 보면 업무 수행에 혼란을 야기할 수도 있다. 관리자가 사고나 다른 이유로 인해 적정한 지시를 할 수 없다면, 그 관리자로 인해 모든 업무가 마비될 수 있다. 경찰 업무는 신속한 결정을 요구하는 경우가 많기 때문에 관리자가 사고나 다른 이유로 적정한 지휘 통솔을 할 수 없는 때를 대비하여 대리 또는 대행자를 미리 지정해 두는 대행 체제를 갖추어 두어야 한다. 권한의 위임은 관리자의 임무를 하위 관리자에게 일부 맡기는 것으로 계층제에 의해 상위직에 부여된 권한과 책임을 하위자에게 분담시킴으로써, 통솔 범위의 한계를 재조정하거나 명령 통일의 한계를 완화시킬 수 있는 제도이다.

(2) 장·단점

① 장점(순기능)

㉠ 책임의 소재를 명확히 한다.

㉡ 조직적·능률적·책임 있는 업무 처리가 이루어진다.

㉢ 조직 내 혼란을 방지한다.

㉣ 경찰조직의 구성원으로 하여금 누구에게 보고해야 하며 누구로부터 보고를 받는가를 명시해 줌으로써 지위의 안정감을 갖게 한다.

② 단점(역기능)

㉠ 비상사태 또는 직접적인 감독자가 감독을 할 수 없을 때에는 업무가 마비될 수 있다.

㉡ 한 사람의 상관을 통한 의사전달을 강조하면 행정 능률과 횡적인 조정을 저해한다.

㉢ 직접 감독하지 않는 참모 및 계선조직이 부하들에게 유익한 자문을 하도록 허용치 않는다.

(3) 한국 경찰의 과제

명령 통일의 원리와 관련하여 경찰 업무에 대한 외부 기관의 지휘·통제 등의 극복이 문제된다. 경찰 업무는 정보·보안활동과 관련하여 국가정보원의 조정과 통제를 받도록 되어 있으며, 대간첩작전의 수행과 관련해서는 국방부의 통제를 받는다. 또한 수사와 관련해서는 검사의 지휘를 받도록 되어 있다. 이와 같은 업무 중에는 성질상 부득이한 것도 있으나, 본질적이지 아니하고 입법정책의 문제 또는 운영 측면에서 극복되어야 할 과제도 있다.

5) 분업(전문화)의 원리

(1) 개념

분업(division of labor) 또는 전문화(specialization)란 업무를 성질별로 구분하여 조직구성원에게 가능한 한 가지의 주관 업무를 분담시킴으로써 조직관리상의 능률을 향상시키려는 것을 말한다.

이러한 분업의 원리는 조직의 상층부만이 아니라 조직의 모든 계층에 다 적용되는 것이다. 경찰의 경과제도는 이런 분업의 원리를 반영한 것이다.

(2) 장·단점

① 장점

㉠ 조직의 목표 달성을 위한 능률적 수단이다.

㉡ 업무는 그 업무를 가장 잘 알고 있는 경찰관에 의해 수행되기 때문에 경찰기관 내에서 직무 수행의 질을 향상시킨다.

㉢ 업무를 습득하는 데 걸리는 시간을 단축시킬 수 있다.

② 단점

㉠ 정형화된 일을 반복시켜 일에 대한 흥미를 잃게 한다.

㉡ 고도로 전문화된 대규모 조직의 특성으로 구성원은 소외감을 느끼고 참여 의식을 갖기 어렵다.

㉢ 전문화의 정도가 높아질수록 조정과 통합이 어려워진다.

㉣ 자기 분야는 잘 알지만 시야가 좁아지고 전체적인 입장에서 보는 넓은 통찰력을 갖기 어렵다.

㉤ 지나친 전문화는 과도한 경쟁을 초래하고 비밀을 증가시키며 경찰기관 내부에 부패를 조장시킬 수 있다.

6) 조정의 원리

(1) 개념

조정(coordination)이란 공동의 목표를 달성하기 위해 행동의 통일을 이루도록 집단적 노력을 질서정연하게 배열해 가는 과정을 말한다. 즉, 조정이란 일정한 목적을 향해 조직구성원의 활동·기능이 조화를 이루도록 결합시키는 것이다.

(2) 필요성

조정의 원리는 구성원이나 단위 기관의 활동을 전체적인 관점에서 통일하여 조직의 목표달성도를 높이려는 원리이다. 전체적인 조화와 통합을 위해 조정이 중요하며, 조직의 목표 달성 과정에서 야기되는 각종 이해관계의 대립, 갈등의 해결 등을 위해 조정이 필요하다.

(3) 조정의 방법

① 조직의 구성원이 추구할 목표의 명확화
② 구성원 각자의 권한·책임의 한계 명확화
③ 회의·위원회를 통한 상반되는 이해관계·이견·대안 등의 조정
④ 계층제에 의한 방법
⑤ 조정기구의 설치
⑥ 정형적인 절차에 의한 일상적 성질의 업무 처리
⑦ 자율적인 자기 조정
⑧ 갈등이 세분화된 업무 처리에서 나오는 것이라면 업무 처리 과정을 통합한다든지 연결하는 장치나 대화 채널을 확보해 주는 것이 필요(이황우, 2002: 126-129; 이상안, 1999: 300-325; 하상군·김종길·조성택, 2013: 221-222).

제 3 절 경찰인사관리

1 인사관리의 의의

1) 인사관리의 개념

인사관리는 다른 관리 기능과의 유기적인 협조하에 경찰의 목적을 효과적으로 이루어가기 위해 경찰 인력을 효율적이며 공정하게 운용하는 동태적인 과정으로, 경찰관을 체계적이고 합리적인 기준에 따라 분류, 모집, 채용, 교육훈련, 보수, 승진, 퇴직관리 등을 해나가는 활동을 말한다(이황우·김진혁·임창호, 2007: 1).

2) 인사관리의 목적

(1) 효율적인 경찰 인력의 운영

치안 수요에 맞게 경찰관을 적재적소에 배분하고 이들의 근무 의욕과 사기가 높은 수준을 유지하도록 하는 데 있다.

(2) 합리적이고 객관적인 인사 운영

합리적이고 객관적인 기준을 중심으로 인사 운영을 공정하게 하는 것이다. 임기응변식, 정실주의, 연고주의가 아니라 객관적이고 실적에 기반을 둔 인사관리가 경찰관의 동기부여나 사기관리에 기여하게 된다.

(3) 경찰조직과 경찰관 개개인의 욕구 조화

경찰조직은 조직을 구성하고 있는 경찰관들 사이의 협동을 통해 임무를 수행할 수 있는 것이지, 수직적 조직 체계와 명령에 의해서만 임무를 수행하는 것은 아니므로 인사관리를 통해 경찰조직과 경찰관 개개인의 욕구를 잘 조화시켜야 한다.

(4) 우수 인력의 확보

우수한 인재를 확보하여 그들의 능력을 계속적으로 발전시키고 또한 그들이 근무 의욕을 갖고 열심히 일하게 함으로써 조직의 효과성을 높이는 데 있다.

(5) 환경 변화에 대한 적응성 확보

관행과 구습에 얽매이지 않고 변화하는 환경에 적응할 수 있도록 하는 것도 인사관리의 목적이다(이황우, 2002: 284).

3) 인사관리의 실현 과정

경찰활동의 수요와 공급에 관한 예측을 통해 최적의 경찰관 수급 방안을 수립하는 데에서 시작한다. 인력 규모와 질에 대한 장기적인 계획을 세워야 합리적인 인사관리가 가능하다.

경찰의 인사관리는 모집・채용 외에 배치전환・교육훈련・동기부여・행동통제 등을 통해 경찰관이 직업인으로서 경찰 업무를 의욕적으로 수행할 수 있도록 해야 한다.

4) 인사행정의 2대 원칙

(1) 엽관주의

① 개념

엽관주의는 모든 공직 임용에서 능력·자격·업적 기준보다 충성심, 당파성, 학연, 혈연, 지연, 정치적 영향력 등에 기준을 두는 인사제도를 말한다.

② 장점

㉠ 정당정치의 발전에 기여
㉡ 관료에 대한 민중통제 강화
㉢ 관직의 특권화 배제
㉣ 관료주의와 관료제의 침체 방지
㉤ 공무원의 적극적인 충성심 유도

③ 단점

㉠ 인사행정의 정실화에 따른 행정 능률의 저하 우려
㉡ 부적격자의 임명에 따른 부패·낭비의 조장과 행정 질서의 문란 초래
㉢ 공무원은 국민보다 정당을 위해 봉사
㉣ 한시적 신분 보장으로 인해 장기적 행정 수행의 곤란
㉤ 불필요한 관직의 증설로 예산 장비와 국민의 부담 가중 우려
㉥ 매관매직 풍조와 금권정치의 유행
㉦ 공무원이 집권당의 사병화(私兵化)로 전락되어 행정의 국민에 대한 무책임성 조장
㉧ 행정의 계속성·안정성 저해
㉨ 경험·기술 축적의 곤란 및 행정 기능의 중단·마비·혼란 초래(신현기 외, 2011: 261-262).

(2) 실적주의

① 개념

실적주의는 정당이나 연고 관계를 떠나서 개인의 능력·자격·성적을 기준으로 공직임용과 승진을 시키는 인사제도를 말한다.

② 장점

㉠ 공무원의 정치적 중립과 부패 방지에 기여
㉡ 행정의 전문성·독자성·계속성 확보
㉢ 정실적·엽관제적 인사행정의 폐해 극복
㉣ 기회 균등 및 사회적 평등 실현에 기여
㉤ 행정 능률 향상에 기여

③ 단점

㉠ 인사행정의 소극화·형식화·집권화 초래
㉡ 정책의 효율적인 수립·집행 곤란
㉢ 공무원의 보수화와 특권의식화
㉣ 정치성과 가치 성향의 과소 평가
㉤ 행정관리적 측면의 소홀
㉥ 정당 이념의 행정에 대한 반영 곤란
㉦ 공무원에 대한 민주적 통제의 곤란
㉧ 행정환경 변화에 탄력적 대응의 어려움(신현기 외, 2011: 262).

5) 공직 분류의 방식

(1) 계급제

① 개념

계급제는 공무원의 자격 및 신분을 중심으로 계급을 만드는 제도로서 인간 중심의 분류 방법이다. 계급제는 보통 계급의 수가 적고 계급 간의 차별이 심하며 외부로부터의 충원이 힘든 폐쇄형의 충원 방식을 취하고 있다. 대표적인 국가로는 관료제 전통이 강한 독일, 프랑스, 일본 등이 이 제도를 따르고 있다.

② 장점

㉠ 일반 교양을 가진 유능한 인재의 등용

㉡ 인사 배치의 신축성과 적응성

㉢ 신분 보장의 강화(행정의 안정화 도모)

㉣ 협조·조정의 용이

㉤ 직업공무원제의 확립에 기여

③ 단점

㉠ 행정의 전문화 곤란

㉡ 객관적인 근무평정의 곤란

㉢ 동일 업무에 대한 동일 보수 지급의 곤란

㉣ 계급의 폐쇄화에 따른 상호 배타적인 긴장 조성

㉤ 직무와 직무 담당자의 능력의 괴리 초래

㉥ 직무 지향적 동기 유발의 좌절 초래(강용길 외, 2010: 253-254).

(2) 직위분류제

① 개념

직위분류제는 공직을 분류할 때 행정기관을 구성하는 개개의 직위에 내포되어 있는 직무의 종류와 책임도 및 곤란도에 따라 여러 직종과 등급 및 직급으로 분류하는 제도이다. 이 제도는 1909년 미국의 시카고에서 처음 실시되었다.

② 장점

㉠ '동일 직무에 대한 동일 보수의 원칙'을 확립함으로써 보수제도의 합리적 기준을 제시

㉡ 시험·채용·전직의 합리적 기준을 제공

㉢ 훈련 수요의 명확화와 체계적인 인력 수급계획 수립

㉣ 근무성적평정의 자료 제공

㉤ 전직이 제한되고 동일한 직무를 장기간 담당하게 되어 행정조직의 전문화·분업화에 기여

㉥ 권한·책임 한계의 명확화

③ 단점

㉠ 유능한 일반행정가의 확보 곤란

㉡ 직책에 따른 전문화로 전문가 간의 협조·조정·의사소통 곤란

㉢ 신분 보장의 미흡

㉣ 인사 배치의 탄력성 제약(비융통성)(하상군·김종길·조성택, 2013: 224).

(3) 양자의 관계

① 계급제와 직위분류제의 비교

	계급제	직위분류제
분류 방법	사람 중심의 분류 방법	직무 중심의 분류 방법
충원 방식	폐쇄형	개방형
인사 배치	신축적	비융통적
양자의 비교	직위분류제와 계급제는 이념적으로는 상호 대립·모순되는 제도이지만 실질적으로는 양 제도의 장점을 따서 상호 조화시키려는 양 제도의 접근(조화·절충)이 시도되고 있다. 직위분류제와 계급제는 서로 양립될 수 없는 상호 배타적인 관계가 아니라 상호 결점을 치유할 수 있는 상호 보완적인 관계에 있다고 볼 수 있다.	

② 우리나라의 경우

우리나라에서 공직의 분류는 계급제 위주로 되어 왔으나, 지난 20여년간 직위분류제도의 요소를 많이 가미시켜 왔다. 따라서 현재는 계급제를 기반으로 하고 직위분류제적 요소를 가미한 혼합 형태라고 할 수 있다(이상안, 1999: 415-424).

2 근무성적평정

1) 의의

근무성적평정은 조직과 구성원의 활동을 향상·발전시키고 구성원들에게 승진 등의 공정한 기회를 부여하기 위해, 구성원들의 능력·적성·태

도·근무 수행 가치 등을 체계적·객관적·정기적으로 파악·평가하는 것을 말한다.

2) 목적

(1) 공무원의 능력 발전

근무성적평정을 통해 공무원 개인의 장·단점을 타인을 통해 지적받아 장점은 더욱 신장시키고 단점은 보완할 수 있도록 도와주는 역할을 함으로써 공무원 개개인의 능력 발전을 도모하게 된다. 또한 근무성적평정을 훈련 수요 파악의 기준으로 이용하는 경우에도 개인의 부족한 능력을 훈련을 통해 보충함으로써 능력의 신장을 가져오게 된다.

(2) 공정하고 객관적인 인사행정의 기준 제고

근무성적평정 결과를 가지고 승진·전보·훈련·보수 지급 등의 기준으로 활용함으로써 공정하고 객관적인 인사행정이 이루어질 수 있다.

(3) 채용시험의 타당성 측정

시험성적과 채용 후의 근무성적을 비교하여 경찰채용시험의 타당성을 측정할 수 있다.

(4) 훈련 수요의 파악

근무성적평정을 통해 개개 공무원의 능력을 알게 되고 현재 그가 담당하는 직책이 요구하는 능력과 비교하여 어떤 훈련이 필요한지를 알게 된다.

(5) 기타

적재적소의 인사 배치, 감독자와 부하 간의 협조, 이해의 증진 등(이황우, 2002: 342-344).

3) 평정 대상 및 평정 항목

(1) 평정 대상

총경 이하의 경찰공무원에 대해서는 매년 근무성적을 평정해야 하며, 근무성적평정의 결과는 승진, 전보(轉補), 특별승급 및 특별상여금 지급 등 각종 인사관리에 반영해야 한다. 평정은 공정하고 타당하게 종합적으로 분석·평가해야 하며 총경의 근무성적은 제2평정 요소에 의해서만 평정한다.

(2) 평정 요소

총경	근무 실적, 직무 수행 능력 및 직무 수행 태도로 구분하여 주관적으로 평정한다.
경정 이하	㉠ 제1 평정 요소(30점) – 객관적 평가 요소 경찰 업무 발전 기여도 15점, 포상 5점, 직장훈련 5점, 첩보 제출 3점, 근무 태도 2점 ㉡ 제2 평정 요소(20점) – 주관적 평가 요소 근무 실적 6.5점, 직무 수행 능력 7점, 직무 수행 태도 6.5점

※ 제2 평정 요소에 의한 근무성적평정은 평정 대상자의 계급별로 평정 결과가 수: 20퍼센트, 우: 40퍼센트, 양: 30퍼센트, 가: 10퍼센트 분포 비율에 맞도록 해야 한다.

4) 평정의 절차

(1) 평정자와 확인자

근무성적의 평정은 3인으로 하되 평정 절차는 다음과 같다.

① 제1차 평정자: 피평정자의 직근 상급감독자

② 제2차 평정자: 제1차 평정자의 직근 상급감독자

③ 제3차 평정자: 제2차 평정자의 직근 상급감독자

④ 평정자를 특정하기 어려운 경우: 경찰청장이 평정자를 지정하도록 규정되어 있다.

(2) 평정의 시기 및 평정표 제출

근무성적평정은 전년도 11월 1일부터 당해 연도 10월 31일까지를 기준으로 하여 매년 1회씩 정기적으로 평정한다.

5) 평정 결과의 활용

근무성적평정의 결과는 공개하지 아니한다. 그러나 경찰공무원의 근무성적평정 결과는 승진, 전보, 특별승급 및 특별상여금 지급 등에 크게 작용한다. 또한 근무성적평정은 심사승진 대상자 명부 작성에 50%, 시험승진의 경우에는 25%의 비율을 차지하고 있다.

3 사기관리

1) 사기의 의의

사기(morale)란 자발적 · 적극적인 근무 의욕, 근무 태도를 의미한다. 즉, 사기란 조직 목표를 달성하기 위해 열성적 · 헌신적으로 협력하고 노력하려는 개인과 집단의 정신적 자세 · 태도를 말한다.

2) 사기의 성격

(1) 개인적 · 자발적 성격

사기는 개인이 직무와 근무환경에 대해 가지는 심리 상태를 가리키며, 적극적 · 자발적인 근무 의욕을 말한다. 타율적이고 강제적인 근무 의욕 고취는 자주성이 결여됨으로써 장기적으로 지속될 수 없을 뿐만 아니라, 수동적이며 무책임한 행동을 하게 한다.

자발적이고 자주적인 성격을 갖는 사기는 스스로 행동에 책임감과 적응성을 길러주고, 나아가서는 창의성과 자기 개발을 통한 자기 혁신을 계속하게 함으로써 조직 목표 달성에 기여하게 한다.

(2) 집단적 · 조직적 성격

사기는 개인적인 근무 의욕에 그치는 것이 아니라 조직구성원이 전체로서 조직의 목표 달성에 이바지하려는 정신 상태라 할 수 있다. 사기는 협동심 · 단결성 · 단체성 등을 전제로 하는 것이다. 높은 집단 사기는 개인적 문제로 사기가 떨어진 구성원의 입장을 극복하는 데 도움을 줄 수 있다.

(3) 사회적 성격

사기는 조직구성원인 개인 또는 어느 한 기관의 자기 만족을 의미하는 것이 아니며, 좀 더 큰 사회적 가치 또는 발전에 공헌하는 것이어야 한다.

사기는 사회적 가치 또는 사회적 역할과 결부됨으로써 지적·도덕적 만족감을 충족시킬 수 있어야 한다.

3) 경찰 사기의 효용성

경찰관의 사기를 고취함으로써 경찰기관과 경찰관에게 미치는 효과는 다음과 같다.

첫째, 경찰관들의 사기가 높을 때에는 자기의 직무·역할을 헌신적으로 수행함으로써 목표 달성에 기여한다.

둘째, 사기는 경찰기관의 이미지를 좋게 하여 경찰의 활동과 직무에 대한 관심이 높아지고 우수한 자질을 갖춘 인재가 경찰기관에 지원토록 한다.

셋째, 경찰조직과 관리자에게 충성을 다하게 되며, 자기가 소속한 경찰기관에 대해 긍지를 가진다.

넷째, 규칙이나 직무명령 및 규범들을 자발적으로 준수한다.

다섯째, 자발적 협력을 바탕으로 경찰기관의 위기극복 능력을 배양한다.

여섯째, 조직활동과 담당 직무에 대한 관심이 높아진다.

일곱째, 경찰기관에 대한 긍지를 높이고, 여덟째, 경찰관들은 자기가 소속한 직무에 대한 창의성을 발휘한다(이황우, 2002: 386-390).

4) 사기의 결정 요인

사기는 조직 내의 인간관계, 근무 조건, 신분의 안정, 보수, 승진 등과 관련되는 복합적 요인에 의해 포괄적·전체적으로 영향을 받으며 반드시 어떤 특정 요인에 의한 결과는 아니다. 경찰관의 사기는 인간의 기본적 욕구와 연관되어 있는 요인들의 충족 여부에 따라 영향을 받는다. 예컨대, 물질적 보수, 귀속감과 일체감, 안정감, 성공감, 참여 의식, 감독의 방법, 조직의 목표에 대한 명확한 인식, 정신적·육체적 건강, 근무 조건 등이다.

(1) 맥클랜드의 성취동기이론

맥클랜드(David McClelland)는 인간에게 작업환경 및 사기와 관련된 세

가지 주요한 동기와 욕구가 있다고 주장하면서 인간의 욕구를 성취 욕구, 권력 욕구, 친교 욕구 등 세 가지 욕구이론(three-needs theory)으로 제시했다.

① 성취 욕구

어떤 개인은 성공에 대한 강한 욕구를 가지고 있지만 성공에서 오는 보상을 바라기보다는 오히려 개인적인 성취감에 굶주려 있다고 본다. 예전에는 해 오던 것보다 무언가 더 낫고 더 효과적인 것을 하려는 욕구를 가지고 있다는 것이다. 즉, 성취 욕구(needs for achievement)는 남보다 뛰어나고, 표준에 맞게 무언가 이루어내고, 성공을 추구하려는 욕구를 말한다.

② 권력 욕구

권력 욕구(needs for power)는 다른 사람에게 영향을 미치고 그러한 영향력을 가지고자 하는 욕구를 말한다. 즉, 다른 방식으로는 행동할 수 없는 방법으로 타인을 행동하도록 만들려는 욕구이다. 권력에 대한 욕구가 높은 개인은 책임지는 것을 선호하고 다른 사람에 대한 영향력을 가지는 것에 가장 큰 관심을 두고 있으며, 경쟁적인 일과 지위를 추구하는 상황을 중요시한다.

③ 친교 욕구

친교 욕구(needs for affiliation)는 친근하고 가까운 인간관계에 대한 욕구로서 다른 사람이 자신을 좋아해 주고 또 받아들여 주기를 바라는 것이다. 이러한 욕구는 비교적 적은 관심이 주어진 것으로 높은 친화 욕구를 가진 개인은 우호적인 관계를 추구하며, 경쟁적인 상황보다는 오히려 협력하는 것을 선호화고 상호 이해를 포함하는 관계를 요구하게 된다(이종수 외, 2006: 386-387).

(2) 머슬로의 욕구계층이론

① 개념

미국의 사회심리학자 머슬로(Abraham Maslow)는 욕구계층이론(hierarchy of needs theory)을 통해 모든 인간에게는 생리적 욕구, 안전의 욕구, 사회적 욕구, 존경의 욕구, 자아 실현의 욕구 등 다서 가지 욕구 계층이 존재한다고 주장했다. 이 이론에 따르면 각 계층의 욕구가 충분히 만족된 경우 그 다음 단계의 욕구가 지배적으로 나타나게 된다. 동기부여라는 관점에서 본다면 어떠한 욕구도 완전히 만족될 수 없다. 그럼에도 불구하고 어느 정도 만족된 욕구는 더 이상의 자극을 줄 수 없다고 머슬로의 이론은 설명하고 있다. 머슬로에 따르면, 만약 누군가를 동기부여시키려 한다면 그 사람이 욕구의 다섯 가지 분류 단계 중 어디에 위치하고 있으며, 그 단계에서의 욕구를 만족시키거나 상위 단계의 욕구를 만족시키기는 데 초점을 맞추어 이해할 필요가 있다고 한다(이종수 외, 2009: 346).

② 욕구계층이론과 경찰 사기

생리적 욕구	• 의 · 식 · 주 및 건강 등에 관한 욕구 • 충족 요건–적정 보수제도, 휴양제도
안전 욕구	• 공무원의 현재 및 장래의 신분이나 생활에 대한 불안을 해소 • 충족 요건–신분 보장, 연금제도
사회적 욕구	• 동료 · 상사 · 조직 전체에 대한 친근감, 귀속감을 충족 • 충족 요건–인간관계의 개선, 고충처리 상담
존경 욕구	• 타인의 인정 · 존중 · 신망을 받으려는 욕구 • 충족 요건–참여 확대, 권한의 위임, 제안제도, 포상제도
자아(자기) 실현 욕구	• 장래에의 자기 발전 · 자기 완성의 욕구 및 성취감 충족 • 충족 요건–공정하고 합리적인 승진, 공무원단체 활용

5) 경찰관의 사기 제고 방법

경찰관의 사기를 제고하는 기초적이고 근본적인 방법은 사기의 결정 요인들을 충족시켜 만족감을 얻게 해 주는 것이다.

(1) 자율성 존중

모든 인간은 타율적이고 통제적일 때 자발적 근무 의욕과 창의성이 발휘될 수 없으므로 자율성을 발휘할 수 있는 근무 여건을 조성해 주어야 한다.

(2) 인격 존중

경찰관 개개인을 계급으로서가 아니라 인격의 주체로서 가치를 존중해 주어야 경찰관은 상사에 대해서나 동료, 부하에 대해 인간적인 인정감이나 귀속감을 갖게 될 것이고 그것은 원만한 인간관계를 유지시켜 주며 사기와 직결된다.

(3) 기본적 인권의 존중

행복추구권 등과 같이 경찰관에게도 인정되는 기본적 인권은 존중해 주어야 한다. 경찰관이 근무 시간이나 근무 방법에서 기본적 인권을 침해당한다고 생각할 때에 자발적인 근무 의욕이 생길 수 없다.

(4) 실적 중심의 공정한 인사관리와 승진제도의 운영

승진·보직제도의 합리성·공정성 여부는 공무원의 사기를 실질적으로 좌우하는 중요한 문제이다. 지연·학연 등에 의한 편파적 인사를 배제하고 능률·업적·성과 중심으로 인사관리가 이루어져야만 무사안일주의가 타파되어 왕성한 근무 의욕을 기대할 수 있다. 또한 승진 적체가 해소되어야 하고, 인사권자·감독자의 주관적 재량의 여지가 많고 승진에 큰 영향을 미치는 근무성적평정도 공정하게 이루어져야 한다(하상군·김종길·조성택, 2013: 225-226).

(5) 정당한 보수

경찰공무원에게 기본적 생활의 안정과 국가공무원법이 요구하는 품위 유지가 가능한 수준의 적정한 보수가 주어져야 할 뿐만 아니라 그 업적에 따라 상훈(賞勳) 등이 공정하게 이루어져야 한다.

(6) 고충처리·인사상담제도의 활용

인사상의 불이익 처분이나 불만, 갈등 등의 문제가 신속하고도 적절하게 해결되지 않을 때 사기 저하로 연결되므로 고충처리제도·인사상담제도가 적극적으로 활용되어야 한다.

(7) 제안제도의 활용

직무에 대한 창의력을 발휘하고 직책에 대한 적극적 관심을 갖도록 제안제도를 활용해야 한다.

(8) 근무 조건 개선

근무 조건 · 근무환경 · 후생복지가 개선되어야 한다.

4 교육훈련

1) 교육훈련의 의의

(1) 개념

경찰조직의 목적 달성에 민주적이고 능률적으로 기여할 수 있도록 경찰관의 능력을 계발하고 직무 수행에 필요한 지식과 기술을 연마하며, 직무 수행에 적합한 태도와 가치관의 발전적 변화를 촉진하는 계획적이고 지속적인 활동이다(이황우, 2002: 320).

(2) 목적

교육훈련의 목적은 경찰관의 가치와 형태를 업무 수행에 적합하게 변화시켜 조직의 통합성을 유지 및 증진시키는 데 있다. 특히, 교육훈련을 통해서는 경찰관의 지식과 기술의 향상, 민주적 가치관의 확립, 효율성과 경영마인드의 향상, 새로운 지식과 기술 및 관리기법의 도입, 승진 대비와 계속적인 발전성 유지의 목적을 달성할 수 있다.

2) 교육훈련 기관

경찰대학	• 경찰청장 소속 하에 설치. 경찰대학설치법(1979년)에 의해 4년제 정규대학으로 설치되고 1981년부터 신입생을 처음 선발 • 4년제 정규 대학생은 물론, 경감, 경정의 고급간부 과정과 총경의 경찰고위정책 과정을 운영함으로써 경찰간부의 재교육도 담당 • 부설기관 ㉠ 경찰수사연수원-교육기관 ㉡ 치안정책연구소-연구기관
경찰교육원 (구 경찰종합학교)	• 경찰청 소속하에 설치 • 경찰간부 후보생에 대한 교육훈련 • 경위 이하의 경찰공무원에 대한 재교육, 정보 등 특수 분야에 대한 전문화 교육

중앙경찰학교	• 순경으로 처음 채용된 자와 전투경찰순경과 의무경찰순경에 대한 신임 교육

3) 교육훈련의 내용(경찰공무원교육훈련규정 제7조)

(1) 학교교육

신임 및 재직 경찰관에 대해 경찰대학·경찰교육원·중앙경찰학교에서 실시하고 있는 교육훈련을 말한다. 신규채용자 교육훈련 중 경찰간부후보생은 1년간 경찰교육원에서, 신임순경은 36주간 중앙경찰학교에서 교육훈련을 받는다.

구분	내용
신임 교육	경찰공무원으로 신규채용된 자로서 임용 전 신임 교육을 받지 아니한 자는 신규채용된 후 신임 교육을 받아야 한다. • 소양교육-경찰기관의 연혁, 경찰 존립의 목적과 기능, 경찰조직의 구조와 역할, 각 부서의 업무 상황, 자기의 위치와 역할 등 • 직무 수행에 필요한 기초지식-문서처리법, 기안문의 작성 방법, 각종 경찰장구의 사용법, 무기 사용과 손질법, 경찰 직무의 구체적인 내용 등 • 실무에 필요한 법률과 규정-헌법, 형법, 형사소송법, 민법, 민사소송법, 행정법, 경찰법 등의 법률과 인사관리의 방침, 신분 보장, 고용 조건, 복무규율, 여비 지급, 근무 시간 등의 규정 • 체력 연마와 무술 훈련-범인 체포, 집단사태의 진압, 작전 임무 수행, 자위 능력 제고를 위한 호신술, 체포술의 연마 등
기본 교육	• 재직 경찰관이 승진한 경우 승진된 계급의 직무와 관련된 학식 기술의 습득, 직무 수행 능력과 관리기법을 배양할 수 있도록 실시하는 교육훈련 • 경정·경감·경위 및 경사(경찰공무원승진임용규정 제24조 제1항 및 제36조 제1항의 규정에 의해 경정·경감·경위 및 경사 승진후보자명부에 등재된 자를 포함한다)는 해당 계급별 기본 교육을 받아야 한다. • 경찰청장 또는 해양경찰청장이 정하는 바에 의해 교육훈련 대상자로 선발된 총경(경찰공무원승진임용규정 제24조 제1항의 규정에 의해 총경승진후보자명부에 등재된 자를 포함한다)은 기본 교육으로 치안정책교육을 받아야 한다.
전문 교육	• 총경정 이하 경찰공무원은 직무와 관련된 전문 교육을 받아야 한다.

(2) 위임교육

재직 경찰관들을 국내외의 관계 기관에 위탁하며 실시하는 교육을 말한다.

(3) 직장훈련

직장훈련은 경찰기관의 장이 소속 경찰공무원의 직무 수행 능력을 향상시키기 위해 일상 업무를 통해 행하는 훈련을 말한다. 실시 방법은 경정 이하의 경찰공무원에 대해 소집, 순회, 과제, 실습, 시청각 및 직접 지도 등의 방법에 의해 시행한다. 훈련 내용은 학과교육으로서 정신교육(월 1회 이상)과 술과훈련으로서 사격훈련(전·후반기 2회 이상)과 무도훈련(월 1회 이상)으로 구분된다.

제 4 절 예산관리

1 예산의 의의

1) 예산의 개념

예산이란 정부에 의해 편성되어 국회의 심의·결정으로 성립되는 1회계연도의 국가의 세입·세출의 예정계획을 말한다. 국가의 주요 정책이나 사업계획은 예산을 통해 구체화되고 실제 행동에 옮겨지게 된다. 그러므로 예산은 국가의 정책 이념이나 사업계획을 구체화하는 일련의 계획 과정이라 할 수 있다.

2) 경찰예산의 의의와 기능

경찰예산이란 정부 예산 중 경찰에 배분된 예산을 말하며, 경찰의 사업계획은 예산을 통해 구체화된다. 경찰예산은 국민의 조세 부담에 의해 마련된 것이므로 경찰예산관리자는 한정된 재원의 효율적인 배분과 조정을 통해 재정지출의 생산성을 최대한 높이고, 국민으로부터 예산 운용이 공정하고 능률적이라는 신뢰와 지지를 얻어야 한다.

경찰예산은 경찰의 범죄 예방과 수사 등 범죄에 대처하는 경찰활동을 유도·조장한다. 또한 경경찰의 보수, 교육훈련, 물적 시설 제공, 근무환경 개선 등 기본적 수요를 충족시킴으로써 궁극적으로 국민 생활의 안녕과 질서 유지를 지원하게 된다(이황우, 2002: 441-442).

2 예산의 종류

1) 일반회계예산과 특별회계예산

(1) 일반회계 예산

국가의 전반적 활동(예: 치안, 사법, 국토 방위 등)에 대한 세입·세출을 포괄하여 편성하는 예산이다.

(2) 특별회계예산

국가가 특정한 사업을 운영하거나 기타 일반회계와 분리하여 계리할 필요가 있을 때 법률로써 설치·편성하는 예산이다(예: 자동차교통관리개선 특별회계, 국유재산관리 특별회계, 책임운영기관 특별회계).

특별회계는 원칙적으로 설치 소관 부서가 관리하여 기획재정부의 직접적인 통제를 받지 않는다. 최근 조세 이외의 정부 수입과 사업적 성격을 지니는 행정 분야가 증대함에 따라 이들 분야의 경영합리화를 위해 특별회계의 적용이 점차 늘어가고 있는 경향이다.

2) 예산 성립 과정상의 분류

(1) 확정예산과 준예산

① 확정예산

정부가 편성하여 회계연도 개시 30일 전까지 국회에서 의결되어 성립된 예산이다.

② 준예산

회계연도 개시일까지 예산안이 국회에서 의결되지 못한 경우에 전년도 예산에 준해 집행하는 예산이다. 이는 예산 집행의 신축성을 부여하고 예산 불성립으로 인한 행정의 중단을 방지하기 위한 것이다. 지출 용도는 ㉠ 헌법이나 법률에 의해 설치된 기관 또는 시설의 유지·운영비, ㉡ 공무원의 보수와 사무 처리에 관한 기본 경비, ㉢ 이미 예산으로 승인된 사업의 계속비 등이다.

(2) 본예산·수정예산·추가경정예산

① 본예산

당초에 국회의 의결을 얻어 확정, 성립된 예산이다.

② 수정예산

정부가 예산안을 국회에 제출한 후 국회의 심의, 확정 전에 국제 정세나 국내외의 사회·경제적 여건의 변동으로 그 내용의 일부를 수정하여 제출하는 예산이다.

③ 추가경정예산

본예산 성립 후 회계연도 도중에 당초의 예산에 수정·추가한 예산이다. 즉, 예산이 국회를 통과하여 확정된 후에 생긴 사유로 인해 이미 성립한 예산에 변경을 가할 필요가 있을 때 편성하는 예산이다. 수정예산이 예산안을 국회에 제출한 후 국회의 심의·확정 전에 내용을 수정하는 예산인데 반해 추가경정예산은 예산 성립 후에 생긴 사유로 예산 금액을 추가 또는 변경시킨 예산이다(하상군·김종길·조성택, 2013: 229).

3 경찰예산의 편성 및 집행

1) 경찰예산의 편성

예산은 정부가 편성하여 국회에 제출하고 국회의 심의·의결을 통해 성립하고 대통령이 이를 공포한다.

(1) 제1 단계: 사업계획서의 제출

예산의 요구에 앞서서 경찰청장은 매년 1월 31일까지 다음 연도의 신규 사업 및 기획재정부 장관이 정한 주요 계속사업에 대한 증가사업계획서를 기획재정부 장관에게 제출해야 한다.

이러한 신규 및 주요 계속사업계획서의 제출은 경찰청의 입장에서는 다음 연도의 주요 정책이나 새로운 사업계획을 수립하고 이를 제시하는 계기가 된다. 매년 초에 기획재정부 장관에게 제출되는 신규 및 계속사업계획서와 실제 예산 요구 사이에는 괴리가 크다.

(2) 제2 단계: 예산편성지침의 하달

기획재정부 장관은 매년 4월 30일까지 국무회의의 심의를 거쳐 대통령의 승인을 얻은 다음 연도의 예산편성지침을 경찰청장 및 각 중앙관서의 장에게 시달해야 한다. 이를 위해 기획재정부 장관은 예산편성지침에 포함시킬 사항에 관한 중앙관서장의 의견을 제출받아 이를 토대로 예산편성지침, 예산요구서 작성 기준을 확정하여 경찰청에 시달한다.

(3) 제3 단계: 예산요구서 제출

경찰청장은 다음 연도의 세입·세출예산, 계속비, 명시이월비 및 국고채무상환부담행위요구서를 작성하여 매년 6월 30일까지 기획재정부 장관에게 제출해야 한다.

(4) 제4 단계: 정부안의 확정 및 국회 제출

경찰청의 예산요구서가 기획재정부 장관에게 제출되면 기획재정부 예산실은 예산사정에 착수한다. 기획재정부 장관은 위와 같은 절차를 거쳐 예산을 편성하여 국무회의의 심의를 거쳐 대통령의 승인을 얻어야 한다. 이렇게 확정된 정부예산안은 국회의 심의에 필요한 첨부서류와 함께 회계연도 개시 90일 전까지 국회에 제출한다.

(5) 제5 단계: 국회의 심의, 의결

예산안의 심의를 위한 국회가 개회되고 예산안의 종합심사를 위해 예산결산특별위원회가 구성되고 여기서의 종합심사를 거쳐 국회 본회의 의결을 거친다. 국회는 정부의 동의 없이 정부가 제출한 지출예산 각 항의 금액을 증가하거나 새 비목(費目)을 설치하지 못하며, 회계연도 개시 30일 전까지 예산을 의결해야 한다.

(6) 제6 단계: 대통령의 예산 공포

예산이 국회에서 심의·확정되어 정부에 이송된 경우에는 대통령은 그 예산을 공포한다. 대통령은 예산에 대한 국회의 의결에 대해서는 거부권을 행사할 수 없다.

2) 예산의 집행

예산 집행의 주된 부분은 예산의 배정·수입 및 지출이다.

(1) 예산의 배정

예산의 배정이란 국회의 의결에 의해 성립된 예산을 구체적으로 집행하기 위해 각 중앙관서별로 배정하는 것을 말하며, 예산의 집행은 예산의 배정으로 시작된다. 예산이 국회에서 성립되면 경찰청장은 사업운영계획 및 이에 의한 세입·세출예산·계속비와 국고채무부담행위를 포함한 예산배정요구서를 기획재정부 장관에게 제출한다.

기획재정부 장관은 예산배정요구서와 재정경제부 장관이 작성한 월별 자금계획에 따라 4분기별 예산배정계획을 작성하고, 이를 국무회의의 심의를 거쳐 대통령의 승인을 얻어야 한다.

예산 배정은 위의 배정계획을 토대로 하여 기획재정부 장관이 하게 되며, 각 중앙관서의 장이 기획재정부 장관으로부터 배정받은 범위 내에서 다시 산하기관에 대해 예산을 배정한다.

한편, 국회를 통과한 예산이라 하더라도 당해 예산이 배정되지 않은 상태에서는 지출원인행위를 할 수 없다.

(2) 수입

세입예산은 그 연도 수입의 단순한 예측 견적에 지나지 아니하고 조세 기타의 수입은 법령이 정하는 바에 의해 징수 또는 수납한다. 수입의 종류에는 사업상 수입(재산수입 · 공기업 수입 등)과 공법상 수입(조세수입 · 수수료 수입 등)이 있다.

(3) 지출

① 지출원인행위

지출은 지출원인행위에 따라서 행해지는바, 지출원인행위란 국가의 지출의 원인이 되는 계약 기타의 행위를 말한다. 모든 예산은 지출원인행위를 한 때로부터 예산을 지출할 수 있는 근거가 생기게 되며, 지출원인행위는 각 중앙관서의 장 또는 그 위임을 받은 자가 법령 또는 배정된 예산의 금액범위 내에서 한다. 지출원인행위를 할 수 있는 권한을 가진 자를 재무관이라 한다.

경찰의 경우는 경찰청장 또는 그 위임을 받은 자가 지출원인행위를 할 수 있다.

② 지출행위

계약 체결 등 지출원인행위를 한 후 사업계획에 의한 공사나 사업 진행 진도에 따라 자금 배정을 받은 범위 내에서 국고를 지출하게 되는데 이를 지출행위라고 한다. 또한 재무관이 한 지출원인행위에 따라 지출을 명하는 기관을 지출관이라 한다.

③ 원칙적 지출 방법

지출은 원칙적으로 후급 · 직접급 · 확정급의 방법으로 한다. 지출관이 지출하려고 할 때에는 현금을 교부하는 대신 한국은행을 지급인으로 하는 수표를 발행하거나 또는 정부 계정 상호간의 국고금 대체를 위해 대체수표를 발행해야 한다(예산회계법 제63조). 지급인은 원칙적으로 한국은행이며, 한국은행은 지출관이 발행한 수표의 제시를 받았을 때에는 그 수표가 발행일로부터 1년이 경과한 것이 아니면 지급해야 한다(예산회계법 제72조 1항).

(4) 지출의 특례–관서운영경비

지출은 배정받은 예산의 범위에서 지출원인행위부에 기재된 대로, 급부가 제공된 후에 국가재정 전산 시스템을 이용해서, 한국은행이 채권자의 금융계좌로 이체함으로써 완료되는 것이 원칙이다(신현기 외, 2011: 304). 지출의 특례는 이런 절차를 부득이 지킬 수 없는 경우에 이용되는 것으로, 경찰과 관련되는 대표적인 예로 관서운영경비를 들 수 있다.

관서운영경비는 운영비, 특수활동비, 업무추진비, 여비, 외국에 있는 채권자가 외국에서 지급받고자 하는 경우에 지급하는 경비 등 지출의 절차를 준수하기 힘든 것으로, 관서운영경비출납공무원이 교부하는 것이다(국고금관리법 시행령 제31·32조). 원칙적으로 정부구매 카드를 이용해야 하나 그것이 불가능한 경우에는 계좌 이체의 방법으로 지급해야 한다. 다만, 국내여비를 비롯한 몇 가지 경우에는 현금으로 지급할 수 있다(국고금관리법 시행령 제36조).

4 결산 및 회계 관계 경찰공무원의 책임

1) 결산 및 회계검사

(1) 의의

결산이란 각 회계연도 중의 국가의 수입과 지출의 실적을 확정적 계수로써 표시하는 행위이며, 예산에 의해 수입과 지출을 행한 정부의 사후적 재정보고이다. 감사원의 회계검사를 거친 결과보고서는 국회에 제출된다. 현금회계는 결산으로써 종료한다.

(2) 목적

결산의 목적은 예산 집행에 대한 정부의 정치적 책임을 명백히 하기 위해 사후적 감독을 기하려는 데 있다. 또한 결산은 장래의 예산의 편성과 심의, 재정계획의 효율적인 운영을 위한 자료의 역할도 한다(이황우, 2002: 461-463).

2) 회계 관계 경찰공무원의 책임

회계 관계 직원은 고의 또는 중대한 과실로 법령 그 밖의 관계 규정과 예산에 정해진 바에 위반하여 국가·지방자치단체 그 밖에 감사원의 감사를 받는 단체 등의 재산에 대해 손해를 끼친 때에는 변상의 책임이 있다(회계 관계 직원 등의 책임에 관한 법률 제4조 1항).

현금 또는 물품을 출납·보관하는 회계 관계 직원은 선량한 관리자로서의 주의를 게을리하여 그가 보관하는 현금 또는 물품이 망실되거나 훼손된 때에는 변상의 책임이 있다. 현금 또는 물품을 출납·보관하는 회계 관계 직원은 스스로 사무를 집행하지 아니한 것을 이유로 그 책임을 면할 수 없다(회계 관계 직원 등의 책임에 관한 법률 제4조 2항, 3항).

한편, 2인 이상의 회계 관계 직원의 행위로 인해 손해가 발생한 때에는 각자의 행위가 손해 발생에 미친 정도에 따라 각각 변상의 책임을 진다. 이 경우 손해 발생에 미친 정도가 분명하지 아니한 때에는 그 정도가 동일한 것으로 본다(회계 관계 직원 등의 책임에 관한 법률 제4조 4항).

5 예산제도

1) 품목별 예산

품목별 예산(line-item budgeting)은 지출 대상을 품목별로 분류하여 지출 대상과 그 한계를 명확히 규정함으로써 예산 집행 시에 유용이나 부정을 방지하려는 예산제도이다. 이것은 전통적 예산 기법에 근거를 두는 예산제도로 정부가 구입하는 물품이나 서비스에 치중하는 통제 중심적 예산으로 우리나라 경찰이 채택하고 있는 예산제도이다.

2) 성과주의 예산

성과주의 예산(performance budgeting)은 정부 예산을 기능·활동·사업계획에 기초를 두고 편성하는 예산이다. 즉, 성과주의 예산은 사업계획을 세부사업으로 분류하고 각 세부사업을 '단위원가×업무량=예산액'으로 표시하여 편성하는 예산을 말한다. 성과주의 예산은 운영상의 절약과 성과의 능률성에 초점을 둠으로써 예산 과정에서의 관리적 측면을 강화하려는 것이다.

3) 계획예산

계획예산제도(Planning Programming Budgeting System: PPBS)란 장기적인 계획과 단기적인 예산을 프로그램 작성을 통해 유기적으로 결합하여 자원 배분에 관한 의사결정을 일관성 있게 합리화하려는 예산제도이다.

4) 영기준 예산

영기준 예산제도(zero-base budgeting system)란 예산을 편성·결정할 때 전년도의 예산을 고려하지 않는 영기준을 적용해서 계속사업·신규사업을 막론하고 각각의 효율성과 효과성 및 중요도 등을 체계적으로 분석하고 그에 따라 우선순위가 높은 사업과 활동을 선택하고 실행 예산을 결정하는 예산제도를 말한다.

영기준 예산은 전년도 예산을 기준으로 하여 점증적·누진적으로 예산을 책정하는 전통적인 점증예산의 폐단을 극복하고 계속사업도 신규사업과 같이 새로 분석·평가하여 우선순위를 정함으로써 예산과 사업계획에 관한 결정을 총체적으로 명확히 하려는 제도이다. 이러한 제도는 작은 정부 시대에 각광받고 있다.

5) 일몰법

일몰법(sun-set law)이란 특정의 행정기관이나 사업이 일정 기간이 지나면 의무적·자동적으로 폐지되게 하는 법률적 방법이다.

6) 자본예산

정부 예산을 경상지출과 자본지출로 구분하고 경상지출은 경상수입으로 충당시켜 균형을 이루도록 하지만, 자본지출은 적자재정과 공채 발행으로 그 수입에 충당케 함으로써 불균형 예산을 편성하는 제도이다(신현기 외, 2011: 305-308).

제 5 절 경찰 홍보

1 경찰 홍보의 의의

1) 개념

경찰 홍보(Public Relation: PR)란 경찰이 그 목적의 수행을 용이하게 하기 위해 경찰의 시책·업무·관계 법규 등을 일반 국민에게 공개함으로써 경찰에 대한 국민의 신뢰와 협조를 구하는 적극적이고 지속적인 활동을 말한다(김영환, 2006: 418).

참고 경찰 CR(Community Relations)

1. **의의**
경찰 CR(Community Relations)은 경찰과 주민이 자유로운 분위기 속에서 직접적인 대화를 통해 문제점을 해결하고 경찰 업무를 설명하여 상호 이해와 협력을 얻는 집단별, 지역별 공동 체제를 장기적으로 축적하고자 접근하는 활동을 말한다.

2. **PR과의 비교**
(1) 공통점
• 국민이나 주민 등의 협력을 얻기 위한 활동
• 대외적 공보 활동
(2) 차이점
① PR은 일반 국민을 대상(불특정 다수)으로 하고, CR은 지역사회의 주민·사회 각 계층의 인사를 대상(특정 다수)으로 한다.
② PR은 대중 매스컴을 통한 간접 수단적 성격, CR은 주민과의 대화를 통한 직접 수단적 성격을 띤다.

2) 중요성

경찰은 국민의 생명·재산의 보호와 공공의 안녕·질서 유지를 기본 임무로 하는 만큼 그 업무의 효과적인 수행을 위해서는 국민의 경찰에 대한 깊은 이해와 신뢰에 바탕을 둔 협력이 필요 불가결한 것인바, 경찰공보는 경찰 활동 상황을 국민에게 바르게 전달하여 국민의 이해와 협력을 얻으려는 중요한 활동이다.

2 경찰 홍보의 특성 및 일반 원칙

1) 특성

① 수평성

대민공보는 주체와 객체가 대등한 수평적 지위에 있을 것을 그 전제로 한다.

② 의무성

국민은 정부가 현재 및 장래에 대해 어떠한 정책(계획)을 수행해 나가려는지에 대해 알 권리가 있고, 대민홍보의 주체는 이를 국민에게 알려 줄 의무가 있다.

③ 교류성

대민홍보의 주체가 일방적으로 국민에게 알리는 정도로 홍보 기능을 수행해서는 안 되고 국민의 의견을 수렴하여 정책이나 각종 계획에 반영하는 것도 포함되어야 한다. 즉, 대민홍보의 주체와 객체의 의사가 상호 교류되어야 하는 것이다.

④ 계몽성(교육성)

대민홍보의 주체인 국가는 객체인 국민을 계도·설득·교육하여 건전한 여론이 조성될 수 있도록 노력해야 한다.

⑤ 진실성(객관성)

대민홍보의 주체는 그 사업의 성과나 업무 및 정책과 관련한 내용을 객체에게 사실 그대로 홍보해야 한다(왜곡·은폐·과장 금지).

(2) 일반 원칙

경찰 홍보의 원칙으로는 첫째, 공중이 알고 싶어하는 것을 알려야 한다. 둘째, 언론환경 및 사회 분위기를 고려, 적절한 시기에 보도 자료를 제공해야 한다. 셋째, 경찰의 공신력을 유지할 수 있도록 해야 한다. 넷째, 설득적이어야 하며, 다섯째, 정보 전달 채널은 많을수록 좋으며, 평소에 유지 및 관리를 철저히 해야 한다(이황우, 2002: 600-606).

3 현행 경찰 홍보조직

현재 경찰청에서 홍보를 전담하고 있는 부서는 홍보담당관실이다. 홍보담당관실은 홍보과와 홍보 1계, 홍보 2계, 그리고 방송반으로 구성되어 있

참고 **경찰 홍보조직의 구성**

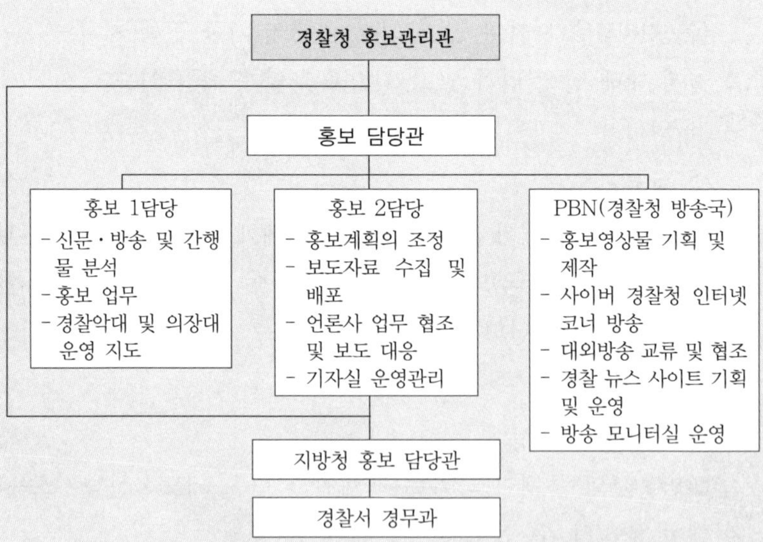

※ 자료: 경찰청 사무분장 규칙 6조.

다. 홍보담당관의 분장 업무는 홍보 1업무와 홍보 2업무, 경찰청 방송국 업무로 이루어진다.

제 6 절 기타 관리

1 장비관리

1) 장비관리의 의의

(1) 장비관리의 개념

장비관리는 물품관리 또는 장비관리는 경찰 업무를 수행하는 데 필요한 물품을 취득하여 효율적으로 보관·사용하고 사용 후에 합리적으로 처분하는 과정이라고 할 수 있다.

(2) 장비관리의 목표

장비관리의 목표는 능률성, 효과성, 경제성에 있다. 절약과 능률을 근간으로 과학적인 관리기법을 적용하여 경찰 업무 수행의 원활한 지원과 사용에 낭비적 요소를 제거함으로써 국가 예산과 물자를 절약하도록 노력해야 한다.

2) 주요 경찰장비관리

(1) 무기 및 탄약관리

① 무기 사용의 법적 근거

㉠ 경찰공무원법 제20조

직무 수행을 위해 필요한 때에는 무기를 휴대할 수 있다.

㉡ 경찰관직무집행법 제10조의4

대간첩작전 수행 등 일정 요건하에서 총기를 사용할 수 있다.

② 관리상 주의할 점

법정 요건과 직무상 지침에 어긋나는 총기 사용으로 인해 타인에게 침해를 입힌 경우에는 형사상·민사상 책임을 면할 수 없을 뿐만 아니라, 무기 사용 요건 위반 등 남용 시에도 1년 이하의 징역 또는 금고에 해당하는 책임을 지게 되어 있다. 총기, 탄약관리 및 사용 시에는 반드시 법정 요건을 준수하고, 안전수칙을 지켜야 할 뿐만 아니라, 총기 지급 및 회수 시에는 반드시 책임 간부의 입회하에 출·입고 조치해야 한다(배철효 외, 2008: 633).

※ 무기와 탄약의 회수 및 보관(경찰장비관리규칙 제169조)

무기·탄약을 즉시 회수해야 하는 자	① 직무상의 비위 등으로 인해 징계 대상이 된 자 ② 형사사건으로 인해 조사의 대상이 된 자 ③ 사의를 표명한 자
무기·탄약을 회수 또는 보관할 수 있는 자	① 평소에 불평이 심하고 염세 비관하는 자 ② 주벽이 심한 자 ③ 변태 성벽이 있는 자 ④ 가정환경이 불화한 자 ⑤ 기타 경찰관서의 장이 부적합하다고 판단한 자
무기·탄약을 무기고에 보관해야 하는 경우	① 술자리 또는 연회 장소에 출입할 경우 ② 상사의 사무실을 출입할 경우 ③ 기타 정황을 판단하여 필요하다고 인정되는 경우

③ 무기·탄약 취급상의 안전관리

「경찰장비관리규칙」 제156조에 따르면, 무기 및 탄약을 취급할 때 안전관리는 다음과 같은 원칙을 준수해야 한다.

제156조(무기·탄약 취급상의 안전관리)

① 경찰관은 권총·소총 등 총기를 휴대·사용하는 경우 다음의 안전수칙을 준수하여야 한다.

1. 권총

가. 총구는 공중(안전지역)을 향한다.

나. 실탄 장전 시 반드시 안전장치(방아쇠울에 설치 사용)를 장착한다.

다. 1탄은 공포탄, 2탄 이하는 실탄을 장전한다. 다만, 대간첩작전, 살인 강도 등 중요 범인이나 무기·흉기 등을 사용하는 범인의 체포 및 위해의 방호를 위하여 불가피한 경우에 1탄부터 실탄을 장전할 수 있다.

라. 조준 시는 대퇴부 이하를 향한다.

2. 소총, 기관총, 유탄발사기
   가. 실탄은 분리 휴대한다.
   나. 실탄 장전 시 조정간을 안전 위치로 한다.
   다. 사용 후 보관 시 약실과 총강을 점검한다.
   라. 노리쇠 뭉치나 구성품은 다른 총기의 부품과 교환하지 않도록 한다.
   마. 공포 탄약은 총구에서 6m 이내의 사람을 향해 사격해서는 아니 된다.
3. 수류탄, 탄약류
   가. 수류탄을 투척할 경우 항상 철모를 착용한다.
   나. 실탄 및 폭발류 등을 임의로 변형해서는 아니 된다.
   다. 수류탄 등은 투척 준비가 될 때까지는 안전핀을 뽑아서는 아니 된다.
   라. 마찰 및 충격을 가해서는 아니 된다.
   마. 불발탄 발생 시 폭발물처리반에 인계하여야 한다.

② 총기 손질 시는 총구를 공중 또는 지면을 향하여 검사 총을 실시하여야 한다.
③ 무기・탄약고 출입 시는 화재 요인이 되는 성냥・라이터 등을 휴대하여서는 아니 된다.
④ 탄약고 내에는 전기시설을 하여서는 아니 되며, 조명은 건전지 등으로 하고 방화시설을 완비하여야 한다(단, 방폭설비를 갖춘 경우 전기시설을 설치할 수 있다).
⑤ 무기・탄약 등 위험물을 수송할 때에는 반드시 무장경찰관 1명 이상을 동승시켜야 하고, 과속 운행과 흡연을 하여서는 아니 된다.
⑥ 개인이 휴대 운반 시에는 견고한 운반 전용대를 이용하여야 하며, 승차 시에는 분실 등 제반 사고 예방을 위하여 항상 몸에 지니도록 하고, 다른 업무를 병행하여서는 아니 된다.

(2) 무기고의 관리

경찰무기는 무기탄약관리규칙에 의거하여 무기고 시설을 갖추어야 한다. 경찰서 무기고의 관리는 일과 시간 중에는 관리책임자, 일과 시간 이후에는 상황실장이 무기고를 관리한다. 지구대 무기고의 관리는 일과 시간 중에는 지구대장이, 일과 시간 이후에는 사무소장이 관리한다.

(3) 진압장비 관리

최루탄과 같은 다중범죄 진압장비의 사용은 안전성과 장비 사용으로 인한 피해를 최소화하기 위해 노력해야 하고, 남용을 해서는 안 된다. 그리고 장비의 구입에서도 안전성과 효과성이 탁월한 장비를 구입해야 하고, 장비 개선과 관리 방법의 연구에도 힘써야 한다.

경찰관은 범인의 체포・도주의 방지 또는 불법 집회・시위로 인해 자기 또는 타인의 생명・신체와 재산 및 공공시설 안전에 대한 현저한 위해 발생을 억제하기 위해 부득이한 경우 현장 책임자의 합리적인 판단으로 필요한 최소한도의 범위 안에서 분사기 또는 최루탄을 사용할 수 있다(경찰관 직무집행법 제10조의3).

또한, "최루탄 사용 시 책임자는 사용 일시·사용 장소·사용 대상·현장 책임자·종류·수량 등을 기록하여 보관하여야 한다"고 함으로써 최루탄 사용에 관해 법적인 통제를 가하고 있다.

(4) 차량관리

차량은 기동화, 광역화되어 가는 범죄에 대비한 경찰의 기동성을 확보하는 데 중요한 장비이다. 하지만 경찰 차량 사고는 차량의 운행에 따른 교통사고의 발생 시 인명 등에 손상을 입히는 등 대형사고의 위험성이 있기 때문에 적정한 차량관리가 필요하다(배철효 외, 2008: 635).

경찰 차량은 개인별 고정 배차를 해서는 안 되고 업무 수행 필요 시 공동 사용할 수 있도록 단위 기관별로 집중관리·운영한다. 다만 전용·지휘용은 제외된다. 물론 경찰 차량을 공무 이외에 개인적 용도로 사용해서는 안 된다.

또한 차량 운행 시 교통 법규를 준수해야 하고 차량 점검이나 운전자 교육에도 주의를 기울여야 한다. 그리고 경찰 차량은 범죄에의 대응이나 작전 등에 대비하여 항상 긴급 출동의 태세를 갖추고 만일의 사태에 대비해야 한다. 아울러 경찰 차량의 운전자들이 흔히 빠지기 쉬운 특권 의식의 불식에도 힘써야 하며, 운행 시 교통 법규를 준수하여 다른 운전자들의 모범이 되도록 주의해야 한다.

2 경찰보안관리

1) 경찰보안관리의 개념

보안이란 국가의 안전 보장 수단으로서 모든 보안활동, 즉 인원, 문서, 시설, 지역, 통신 등에 대한 보안 대책을 비롯하여 검문, 검색, 측정, 감사를 포함한 총체적인 방어 수단이다(행정안전부, 2007: 5). 또한 국가 안전에 관한 문서나 자재, 시설, 인원, 지역 등을 상대자로부터 보호하기 위해 취해지는 일체의 수단과 방법이라 할 수 있다(장노순・남재성, 2009: 15).

2) 보안 책임

국가안전 보장에 관련되는 인원, 문서, 자재, 시설 및 지역을 관리하는 자와 관계 기관의 장은 이에 대한 보안 책임을 진다(보안업무규정 제3조).

(1) 행정 책임

보안 업무를 담당하는 공무원과 관계 기관의 장이 고의 없이 보안 누설이나 보안사고 등에 대해 또는 보안 업무 처리상 하자로 인해 부담하는 징계 책임을 말한다.

(2) 형사 책임

공무원이 자기가 취급하는 비밀 등을 누설하는 경우에는 형법상 공무상 비밀누설죄로 처벌받게 된다(김상호 외, 2005: 427).

3) 보안 업무의 원칙

(1) 알 사람만 알아야 하는 원칙

보안의 대상이 되는 사실은 전파할 때 전파가 꼭 필요한가가 또는 피전파자가 반드시 전달받아야 하며 필요한 것인가 검토해야 한다.

(2) 부분화의 원칙

한 번에 다량의 비밀이나 정보가 유출되지 않도록 하는 원칙을 말한다.

(3) 보안과 효율의 조화

보안과 업무 효율은 반비례 관계가 있으므로 양자의 적절한 조화를 유지하는 방법을 강구해야 한다(김상호 외, 2005: 426-427).

4) 보안의 대상 및 방법

보안의 대상에는 인원, 문서, 시설 등이 있다.

(1) 비밀의 구분

경찰이 보유하는 문서, 음어 자재, 정보 자료 등이 외부로 유출되었을 때에는 국가 안보나 사회 안전 또는 개인의 비밀을 침해할 수도 있으므로 비밀로 구분하고 유출을 막는 보호 조치를 해야 한다.

비밀의 구분은 비밀을 작성하거나 생산하는 자가 그 비밀 내용의 중요성과 가치의 정도에 따라 Ⅰ급 비밀, Ⅱ급 비밀, Ⅲ급 비밀, 대외비로 분류한다.

① Ⅰ급 비밀

누설되는 경우 대한민국과 외교 관계가 단절되고 전쟁을 유발하며, 국가의 방위계획, 정보활동 및 국가 방위상 필요불가결한 과학과 기술의 개발을 위태롭게 하는 등의 우려가 있는 비밀이다.

② Ⅱ급 비밀

누설되는 경우 국가안전 보장에 막대한 지장을 초래할 우려가 있는 비밀이다.

③ Ⅲ급 비밀

누설되는 경우 국가안전 보장에 손해를 끼칠 우려가 있는 비밀이다(이영남, 2008: 334-335).

④ 대외비

위 외에 특별히 보호를 요하는 사항을 대외비로 하며, 비밀에 준해 취급하는 것을 말한다.

(2) 보안의 대상

① 인원보안

인원보안에 관한 사무는 각급 경찰기관의 인사 업무 취급 부서에서 관장한다. 전투경찰순경 및 의무경찰순경에 대한 인원보안 업무는 그 인사 업무를 취급하는 부서에서 담당한다. 인원보안의 대상은 경찰공무원, 국가·지방공무원 등이다(신현기, 2010: 290-291).

② 문서보안

가. 개념

문서보안은 국가 기밀을 담고 있는 문서를 각종 위험으로부터 보호하는 것을 의미한다. 보안의 대상이 되는 문서는 일반문서와 비밀문서를 모두 포함하는바(임재강 · 한태천, 2008: 164), Ⅰ · Ⅱ · Ⅲ급 등의 비밀 표시가 되어 있지 않은 문서라도 국가 기밀에 해당하는 문서는 보안의 대상이 된다.

나. 문서 비밀 분류의 원칙

㉠ 과도 또는 과소 분류 금지의 원칙

비밀은 적절하게 보호할 수 있는 최저 등급으로 분류해야 하며, 과도 또는 과소하게 분류해서는 안 된다.

㉡ 독립 분류의 원칙

비밀은 그 자체의 내용과 가치의 정도에 따라 분류해야 하며 다른 비밀과 관련해서는 안 된다.

㉢ 외국 비밀 존중의 원칙

외국 또는 국제기구로부터 접수한 비밀은 그 발행 기관이 필요로 하는 정도 또는 그 이상으로 보호할 수 있도록 분류해야 한다(김상호 외, 2004: 431-432).

다. 비밀취급권자(보안업무규정 및 보안업무규정 세부시행규칙)

보안업무규정 제7조에 따르면 비밀취급 인가권자 중Ⅰ급 비밀 및 암호자재 취급인가권자는 대통령, 국무총리, 감사원장, 국가인권위원회 위원장, 각 부 · 처의 장, 국정원장, 국무총리실장, 방송통신위원회 위원장, 공정거래위원회 위원장, 금융위원회 위원장 및 국민권익위원회 위원장, 대통령실장, 대통령 경호처장, 검찰총장, 합동참모의장, 각군 참모총장 및 육군의 1 · 2 · 3군 사령관, 국방부 장관이 지정하는 각군 부대장 등이다(「보안업무규정」 제7조).

Ⅱ급 및 Ⅲ급 비밀 취급 인가권자는Ⅰ급 비밀 취급 인가권자, 중앙행정기관인 청의 장, 도지사 및 특별자치도지사, 도 및 특별자치도의 교육감 및 위 사람이 지정한 기관의 장이다.

한편, 경찰공무원(전투경찰순경 포함)은 임명과 동시에 Ⅲ급 비밀 취급권을 가진다. 경찰공무원 중 통신, 항공경과 근무자 또는 일반경과 중 다음의 부서에 근무하는 자(전투경찰순경 포함)는 그 보직 발령과 동시에 Ⅱ급 비밀 취급권을 인가받은 것으로 한다.

- 경비 · 경호 · 작전담당 부서(기동대, 전경대의 경우는 행정부서에 한한다.)
- 정보 · 보안 · 외사부서
- 감찰 · 감사 담당부서
- 상황실
- 경찰청의 실 · 국의 서무담당자 및 비밀을 관리하는 보안 업무 담당자
- 소속기관, 각 시 · 도 지방경찰청, 경찰서의 각 과 서무 담당자 및 비밀을 관리하는 보안 업무 담당자

③ 시설보안

가. 개념

각급 기관의 장과 국가중요시설장비 및 자재를 관리하는 자는 국가 비밀의 보호와 국가중요시설 장비 및 자재의 보호를 위해 필요한 장소에 일정한 범위를 정해 제한지역, 제한구역, 통제구역 등의 보호구역을 설정할 수 있다. 보호구역 설정자는 보안상 불필요한 인원의 접근 또는 출입을 제한하거나 금지시킬 수 있다.

나. 보호구역의 구분

㉠ 제한지역

비밀 또는 정부재산의 보호를 위해 울타리 또는 경호원에 의해 일반인의 출입의 감시가 요구되는 지역을 말한다.

㉡ 제한구역

비밀 또는 주요 시설 및 자재에 대한 비인가자의 접근을 방지하기 위해 그 출입에 안내가 요구되는 구역으로 경찰교환실 및 기계실, 발간실, 송신 및 중계소, 경찰청 및 지방청 항공대, 작전 · 경호 및 정보 · 보안 업무 담당부서 전역, 과학수사센터 등이 해당된다.

㉢ 통제구역

비인가자의 출입이 금지되는 보안상 극히 중요한 구역으로 암호취급소, 정보·보안기록실, 무기고 및 탄약고, 치안상황실, 암호장비 및 정보보호장비관리실, 정보상황실, 비밀발간실, 컴퓨터실 등이 해당된다(김상호 외, 2004: 445-446).

5) 보안감사 및 보안심사위원회

(1) 보안감사

보안감사란 보안의 대상인 인원, 문서, 자재, 시설, 지역 및 장비 등의 보안관리 상태에 대한 적정 여부를 조사하는 것을 말하며, 정기감사와 수시감사가 있다.

정기감사는 연 1회 실시되며, 보안감사 및 통신보안감사는 미리 그 계획을 대상기관에 통보해야 한다. 다만, 필요에 따라 이루어지는 수시감사는 계획의 통보 없이 실시할 수 있다. 감사관은 감사에 필요한 관계 기관의 증언 또는 필요한 서류의 제시를 요구할 수 있다.

국가정보원장은 국방부본부를 제외한 합동참모본부, 국방부직할부대 및 기관, 각군, (「방위산업에 관한 특별조치법」에 의한 방위산업체) 및 연구기관 기타 군사보안 대상에 대한 감사 업무를 국방부 장관에게 위임한다. 다만, 군공작 사항에 대하여는 국정원장이 감사한다(「보안업무규정시행규칙」 제64조).

(2) 보안심사위원회

경찰보안 업무의 효율적인 운영과 중요 보안 사항을 심의·결정하기 위해 경찰청, 직속기관, 각 시·도 지방경찰청, 경찰서에 보안심사위원회를 운영한다. 경찰청에는 차장을 위원장으로 5인 이상 7인 이하의 각 국장·관을 위원으로 구성하고 간사는 경무과장이 된다.

경찰대학은 교수부장을 위원장으로 하고 각 과장을 위원으로 구성하며, 간사는 총무계장이 된다. 경찰교육원, 중앙경찰학교, 경찰수사연수원은 운영지원과장을 위원장으로 하고, 5인 이상 7인 이하의 계장급을 위원으로 하며, 간사는 총무계장이 담당한다.

각 시도지방경찰청은 차장을 위원장으로 5명 이상 7명 이하의 부장 또는 과장급을 위원으로 하며, 간사는 경무계장으로 한다. 다만, 차장이 없는 지방경찰청의 경우에는 경무과장을 위원장으로 하고, 5명 이상 7명 이하의 계장급을 위원으로 하며, 간사는 경무계장으로 한다.

경찰병원은 총무과장을 위원장으로 하고, 5명 이상 7명 이하의 계장급을 위원으로 하며, 간사는 총무계장으로 한다. 기타 경찰서와 대등 총경급 이상이 장인 경찰기관은 해당 기관장을 위원장으로 하고, 과장급을 위원으로 하며, 간사는 경무계장 또는 서무계장으로 한다.

Chapter 06

경찰에 대한 통제

제 1 절 경찰통제의 의의

1 행정책임

행정책임이란 행정조직이 직무를 수행할 때 주권자인 국민의 기대와 요구를 부응하여 공익, 근무규율 등 일정한 기준에 따라 행동해야 할 의무를 말한다. 행정책임은 그것을 확보하는 수단이 강구될 때 그 실효가 있다.

행정책임은 행정통제를 통해 보장되며 행정통제는 행정의 책임성을 확보하는 수단이다. 한국의 경우 종래 권위적 정치문화로 인해 행정기관은 폐쇄적으로 운영되어 외부 통제가 적절히 이루어지지 못했다고 볼 수 있다.

2 경찰책임

민주국가에서 경찰은 국민의 이익을 위해 봉사해야 할 책임이 있으며, 경찰활동은 국민의 의사에 따라 통제되어야 한다. 경찰책임이란 경찰기관 또는 경찰관이 주권자인 국민의 기대·요망에 부응하여 공익·직업윤리·법령과 경찰 목표 등 일정한 기준에 따라 행동해야 할 의무를 말한다.

3 경찰통제의 의의

경찰통제는 경찰책임을 보장하기 위한 사전적·사후적 제어장치로서 경찰조직의 구성원들이 공공의 안녕과 질서 유지 및 국민에 대한 봉사정신 등의 법적·가치적 규범을 일탈하지 않도록 제재와 보상 등을 하는 활동이라고 할 수 있다. 즉, 경찰통제는 경찰의 조직과 활동을 점검하고 감시함으로써 경찰조직과 경찰활동의 적정을 도모하기 위한 제도적 장치 또는 활동을 말한다.

통제는 자기 통제가 바람직하나 조직의 자기 비호와 변화를 거부하는 속성상 외부통제가 필요하다. 그러나 외부 기관에 의한 업무의 상시적인 지휘는 조직의 자율성을 저해하는 등의 문제점이 있으므로 바람직하지 못하다(강용길 외, 2010: 35).

4 경찰통제의 필요성

1) 경찰의 민주적 운영

민주주의를 기본 이념으로 하는 국가에서의 경찰은 민주주의를 수호하기 위한 조직으로서 민주적으로 조직되고 운영·관리되어야 한다. 이를 위해 경찰통제가 필요하다. 경찰법은 경찰위원회 제도를 도입함으로써 경찰의 민주적 통제를 시도하고 있다.

2) 경찰의 정치적 중립성 보장

경찰은 국민 전체에 대한 봉사자이므로 특정 정당이나 특정 집단의 이익이나 이념을 위해 활동해서는 안 되며, 전체 국민과 국가의 이익을 위해 활동해야 한다. 이를 확보하기 위해 경찰통제가 필요하다.

3) 법치주의의 확립

경찰활동이 법이 수권한 범위 내에서 이루어졌는지 여부도 경찰통제의 대상이다.

4) 국민의 인권 보호

경찰 업무의 성격 자체가 사회 공공의 안녕과 질서 유지라고 하는 경찰의 기본적 임무를 수행하기 위해 국민의 인권을 침해할 가능성이 많으므로 국민의 인권을 보호하기 위해 경찰통제가 필요하다.

5) 경찰조직의 부패 방지

경찰의 조직, 예산, 인력, 장비 등의 운영 시에 낭비나 부조리 등을 방지하고 조직을 건전하게 유지하기 위해 경찰통제가 필요하다(강용길 외, 2010: 353-355).

제 2 절 경찰통제의 기본 요소

1 권한의 분산

권한의 분산은 경찰에 대한 국민의 통제 내지 참여를 촉진시킬 수 있다. 권한의 분산은 지방으로의 권한 분산인 자치경찰제의 시행만을 의미하는 것은 아니며, 경찰의 중앙조직과 지방조직 간의 권한의 분산, 상위 계급자와 하위 계급자 간의 권한의 분산 등이 더욱 필요하다.

2 공개

종래 행정기관은 비밀주의에 입각하여 행정이 가지고 있는 각종 정보를 폐쇄적으로 관리해 왔다. 그러나 오늘날 국민의 알 권리 충족, 행정의 민주화, 국민의 권리·이익의 보호, 행정 권한의 남용 방지, 국정 운영의 투명성을 확보하여 국정에 대한 국민의 신뢰성 확보 등을 목적으로 행정기관의 정보 공개가 강력히 요청되고 있으며, 정보의 공개는 행정통제의 근본이 되고 있다. 이를 법적으로 뒷받침하기 위해 「공공기관의 정보공개에 관한 법률」이 제정되어 1998년 1월 1일부터 시행되고 있다.

특히, 경찰행정은 공개를 전제로 투명하게 처리하려는 자세 전환이 필요하다. 다만 경찰이 보유하고 있는 정보 중에는 공개시 개인의 인권을 침해할 우려가 있는 부분이 있으므로 공개 대상이 아닌 정보를 제외하고 공개해야 한다(신현기 외, 2011: 338).

「공공기관의 정보공개에 관한 법률」상 비공개 대상 정보

1. 다른 법률 또는 법률이 위임한 명령(국회규칙·대법원규칙·헌법재판소규칙·중앙선거관리위원회규칙·대통령령 및 조례에 한한다)에 의하여 비밀 또는 비공개 사항으로 규정된 정보
2. 국가안전 보장·국방·통일·외교 관계 등에 관한 사항으로서 공개될 경우 국가의 중대한 이익을 현저히 해할 우려가 있다고 인정되는 정보
3. 공개될 경우 국민의 생명·신체 및 재산의 보호에 현저한 지장을 초래할 우려가 있다고 인정되는 정보
4. 진행 중인 재판에 관련된 정보와 범죄의 예방, 수사, 공소의 제기 및 유지, 형의 집행, 교정, 보안처분에 관한 사항으로서 공개될 경우 그 직무 수행을 현저히 곤란하게 하거나 형사피고인의 공정한 재판을 받을 권리를 침해한다고 인정할 만한 상당한 이유가 있는 정보
5. 감사·감독·검사·시험·규제·입찰계약·기술 개발·인사관리·의사결정 과정 또는 내부 검토 과정에 있는 사항 등으로서 공개될 경우 업무의 공정한 수행이나 연구·개발에 현저한 지장을 초래한다고 인정할 만한 상당한 이유가 있는 정보
6. 당해 정보에 포함되어 있는 이름·주민등록번호 등 개인에 관한 사항으로서 공개될 경우 개인의 사생활의 비밀 또는 자유를 침해할 우려가 있다고 인정되는 정보. 다만, 다음에 열거한 개인에 관한 정보는 제외한다.
   가. 법령이 정하는 바에 따라 열람할 수 있는 정보
   나. 공공기관이 공표를 목적으로 작성하거나 취득한 정보로서 개인의 사생활의 비밀과 자유를 부당하게 침해하지 않는 정보

다. 공공기관이 작성하거나 취득한 정보로서 공개하는 것이 공익 또는 개인의 권리구제를 위하여 필요하다고 인정되는 정보
라. 직무를 수행한 공무원의 성명 · 직위
마. 공개하는 것이 공익을 위하여 필요한 경우로서 법령에 의하여 국가 또는 지방자치단체가 업무의 일부를 위탁 또는 위촉한 개인의 성명 · 직업

7. 법인 · 단체 또는 개인의 경영 · 영업상 비밀에 관한 사항으로서 공개될 경우 법인 등의 정당한 이익을 현저히 해할 우려가 있다고 인정되는 정보. 다만, 다음에 열거한 정보를 제외한다.
가. 사업활동에 의하여 발생하는 위해로부터 사람의 생명 · 신체 또는 건강을 보호하기 위하여 공개할 필요가 있는 정보
나. 위법 · 부당한 사업활동으로부터 국민의 재산 또는 생활을 보호하기 위하여 공개할 필요가 있는 정보
8. 공개될 경우 부동산 투기 · 매점매석 등으로 특정인에게 이익 또는 불이익을 줄 우려가 있다고 인정되는 정보

3 참여

오늘날에는 시민이 공청회 · 행정자문위원회에의 참여와 서명운동, 집단교섭, 데모 등을 통해 행정에 참여하여 행정을 통제하는 경향이 두드러지고 있다. 행정의 전문화 · 복잡화와 재량권의 확대 등으로 입법통제가 약화됨으로써 행정의 민주통제가 어렵게 되어 시민이 직접 행정에 참여하여 통제 기능을 담당하지 않을 수 없게 된 것이다. 행정 참여의 보장을 통해 행정의 공공성, 투명성 및 신뢰성을 확보할 수 있다.

국민의 행정 참여를 보장하기 위해 「행정절차법」에 의한 절차적 권리가 보편적으로 인정되었으며, 이와 같은 요구는 경찰기관에 대해서도 마찬가지로 작용하고 있다. 특히, 민주적 통제장치의 일환으로서 국민의 경찰행정에 대한 참여를 도모하기 위한 목적으로 간접적 참여의 장치인 경찰위원회가 구성되어 있는 외에 교통, 마약, 시위문화 등 각종 사회문제를 해결하기 위해 26개 시민단체 대표가 경찰행정에 참여하는 '시민단체 · 경찰협력위원회'가 2000년 7월 4일 발족했다.

특히, 향후 자치경찰제도가 시행되면 경찰행정에 대한 주민 참여의 폭은 더욱 넓어질 것이다(이황우, 2002: 251).

4 책임

경찰에 대한 통제의 과정에서 잘못으로 드러난 문제에 대해서는 분명히 책임을 추궁해야 한다. 경찰은 그 구성원 개인의 위법행위나 비위에 대해 형사책임·민사책임이나 징계책임 등의 책임을 져야 할 뿐만 아니라 경찰기관의 행정에 대해 조직으로서 책임을 져야 할 경우가 있다. 여기서 '조직으로서 책임'이라는 말은 경찰행정기관의 설명 책임이라고도 해석될 수 있는바, 조직의 과오에 대해 우리는 흔히 공무원 개인의 책임으로 돌리는 경우가 많으나 조직의 구조적인 정책결정의 과오나 구조적인 문제점 등에 대해서는 아무도 책임지려고 하지 않는 경향이 있다.

민주국가에서의 행정책임은 ① 국민의 수임자로서 지는 도의적·규범적 책임, ② 법령에 따라야 하는 법적 책임, ③ 국민과 국회에 대한 민주적·정치적 책임, ④ 국민의 여론에 따라야 하는 응답적 책임, ⑤ 직업윤리에 충실해야 하는 기능적 책임을 의미한다.

한편, 행정책임은 행정인이 자기의 임무에 대해, 소속 조직에 대해 지는 책임과 행정기관이 그 활동에 관해 시민·국민에게 지는 책임으로 대별된다(신현기 외, 2011: 339).

5 환류

경찰통제는 경찰행정의 목표와 관련하여 그 수행 과정의 적정 여부를 확인하는 과정으로 그 확인 결과에 따라 책임을 추궁해야 한다. 그러나 책임추궁에 그쳐서는 안 되고 환류(feedback) 과정을 통해 순환적으로 개선·발전을 유도해야 한다(최영규, 2004: 352-361).

제 3 절 통제의 유형 및 장치

1 민주적 통제와 사법적 통제

1) 민주적 통제

민주적 통제란 시민 또는 그 대표기관을 통해 행정에 참여하고 감시함으로써 행정의 민주성을 확보하는 제도로 영·미법계 국가에서 채택하고 있다. 경찰 분야의 경우는 경찰조직의 민주성을 확보하기 위해 경찰위원회, 경찰책임자 선거, 자치경찰제 시행 등 제도적 장치를 통해 통제하고 있다.

우리나라의 경우 경찰조직의 민주성 확보를 위한 통제로 경찰위원회 제도와 국민감사청구제도가 실시되고 있다. '국민감사청구제'는 2001년 제정된 「부패방지법」 제40조에 의해 2002년부터 시행된 것으로 공공기관의 사무 처리가 법령 위반 또는 부패행위로 공익을 해칠 경우 만 20세 이상의 국민 300명 이상이 감사원에 감사를 요청할 수 있는 제도이다.

한편, 현재 지방자치제를 강화하기 위한 차원에서 자치경찰의 도입이 추진되고 있는데, 이는 경찰을 주민과 더 가까워지게 한다는 측면에서 경찰에 대한 민주적 통제를 강화시킬 수 있을 것이다.

2) 사법적 통제

사법적(司法的) 통제란 국민이 행정에 의해 위법 또는 부당하게 권익을 침해당한 경우 법원이 행정소송이나 국가배상제도 등을 통해 행정부의 행위를 심사함으로써 행정을 통제하는 제도로서 대륙법계 국가가 주로 채택하고 있다. 대륙법계 국가에서는 초기에는 행정소송의 열기주의를 채택했으나 개괄주의로 전환함으로써 행정에 대한 법원의 통제를 확대하고 있다.

우리나라에서는 행정소송법과 국가배상법을 통해 행정의 위법한 처분 등에 대해 통제를 가하고 있다. 따라서 국민은 경찰관청의 위법한 처분 등 공권력의 행사 또는 불행사로 인해 권리 또는 이익의 침해를 받은 경우에는 항고소송 등의 행정소송을 통해 구제를 받을 수 있고, 경찰공무원의 위법한 행위로 손해를 입은 국민은 국가 를 상대로 손해배상을 청구할 수 있다(강용길 외, 2010: 340-341).

3) 양 제도의 혼합적 채택

종래 영·미법계 국가에서는 민주적 통제에 중점을 두었고, 대륙법계 국가에서는 사법적 통제에 치중했으나 오늘날에는 모든 국가에서 양 통제 시스템을 모두 채택하는 혼합적 시스템이 구축되고 있다.

2 사전적 통제와 사후적 통제

1) 사전적 통제

행정으로 국민의 권리나 이익이 침해받기 전에 행정에 절차적으로 참여하여 통제하는 방법이다. 법적 근거로는 「행정절차법」이 있다. 「행정절차법」은 행정에 대한 사전통제를 규정하고 있는데, 동법은 행정청이 불이익 처분 등을 행할 경우에 상대방에 대해 청문 등의 절차에 참여케 하여 자기의 이익에 관해 변명할 기회를 부여하고 있다. 또한 입법이나 행정계획 등을 수립할 경우에도 관계자의 권리나 이익을 고려하여 입법예고제(행정절차법 제41조)나 행정예고제(동법 제46조) 등을 통해 미리 입법 등의 수립에 이해관계인의 참여 권리를 인정하고 있다. 그런데, 행정계획 절차는 계획마다 성질 자체가 지나치게 다양하여 일률적으로 규정하기 곤란하여 개별법에 맡기고 있다.

그리고 국회에 의한 사전통제도 있는바, 경찰 관계 법령의 제정이나 국정감사·조사 등의 행정 감독 기능 행사, 경찰예산의 편성 과정 등을 통해 통제할 수 있다.

2) 사후적 통제

사후통제는 행정청의 행위로 국민의 권리·이익이 침해를 받은 후에 사법부가 사법심사에 의해 구제하는 방법으로 행정통제를 하는 제도이다. 사법부의 사법심사에 의한 통제 외에도 행정부 내에서의 징계책임, 하급기관에 대한 감사권, 행정심판과 국회의 예산결산권, 국정감사·조사권 등의 행사 등도 사후통제의 방법이다(허경미, 2013: 257-263).

3) 통제 방법의 변화

과거에는 주로 실체적 권리를 중심으로 국민이 자기의 권리나 이익이 침해를 받은 후에 법원 등을 통해 구제를 청구하는 사후통제 중심이었으나 오늘날은 행정청에 대해 권리나 이익이 침해받기 전에 절차적으로 참여하는 등 사전통제가 강화되고 있다.

3 내부적 통제와 외부적 통제

1) 내부적 통제

(1) 감사관제도

① 의의

경찰조직 내 자체 통제를 위해 경찰청에 감사관, 지방경찰청에 감사담당관, 각 경찰서에는 청문감사관을 두고 경찰기관 공무원에 대한 진정이나 비위 사항의 조사·처리 등의 업무를 처리하게 하면서 경찰 업무의 내부통제를 하고 있다. 이 제도는 경찰의 대국민 신뢰 제고를 위한 취지에서 1999년 신설된 경찰서의 감찰·감사 업무를 담당하는 제도이다. 이 제도의 목적은 수사·형사·교통·방범 등 대민 업무 관련 민원인의 고충 등 불편사항을 상담, 해소하고 피의자·참고인 등의 인권을 옹호하기 위해 설치한 것이다.

② 직무 범위

감사관의 직무 범위는 수사 · 교통사고 진행문의 카드제 및 진술인 의견 청취제 운용 실태 확인 및 지도, 고소 · 고발사건 및 교통사고사건 등 관련 민원인 불편 · 불만 사항 상담 및 해소, 범죄 다발지역에 대한 순찰 강화 등 주민 요구 사항이 제대로 반영되고 있는지 여부에 대한 확인 및 시정, 대민 친절봉사 이행 실태 점검 및 태도, 유치장 형사계 등 구속 또는 조사 장소 인권 보호 실태 점검 및 지도, 경찰서의 검찰 · 감사 업무도 함께 관장 등이다(김상호 외, 2005: 151).

(2) 훈령권, 직무명령권

상급 관청은 하급 관청에 대해 지시권이나 감독권 등의 훈령권을 행사함으로써 하급 관청의 위법이나 재량권 행사의 오류를 시정하는 등 통제를 가할 수 있다. 또한 상급자는 하급 경찰공무원에 대해 직무명령을 통해 그 행위를 통제하기도 한다.

(3) 행정심판의 재결권

행정청의 처분 또는 부작위에 대해 행정심판을 하는 경우 해당 행정청의 직근 상급 행정청이 재결청이 되므로 하급 경찰관청의 위법 또는 부당한 처분에 대해 통제를 가할 수 있다. 그러나 경찰공무원의 징계 등 불이익 처분에 관한 심사청구는 안전행정부에 설치된 소청심사위원회에서 심사하므로 외부적 통제에 해당한다.

2) 외부적 통제

(1) 입법부에 의한 통제

국회는 경찰 관련 입법활동을 통한 통제, 재정에 대한 통제(예산 · 결산권 행사), 국정감사 · 조사권의 행사를 통한 통제를 통해 경찰을 통제한다. 입법부에 의한 통제는 행정통제 방법 중에서 가장 역사가 오래되었으나 오늘날에는 행정의 전문화 · 기술화에 따라 그 효과가 제한되고 있다. 그러나 국민의 대표기관에 의한 공식적 외부통제라는 점에서 결코 과소 평가할 수 없다.

(2) 사법부에 의한 통제

사법부에 의한 통제는 국민이 행정에 의해 위법하게 권익을 침해당한 경우 이를 구제하거나 또는 법률·명령의 위헌·위법 여부를 심사함으로써 사법부가 행정을 통제하는 것을 말한다. 사법부는 행정소송의 심판, 위헌·위법 명령·규칙의 심사 등을 통해 위법한 처분을 취소케 하거나 경찰공무원 개인에게 형사·민사책임을 물음으로써 경찰행정을 통제한다.

사법부에 의한 통제는 사후통제이기 때문에 행정 결정에 대해 효과적인 구제책이 되지 못한다는 점, 법관이 행정에 대한 전문지식을 갖고 있지 않다는 점, 많은 시간과 비용이 소요된다는 점, 위법성 여부만을 다룰 수 있을 뿐 행정의 비능률성이나 부당한 재량행사는 다룰 수 없다는 점 등의 단점이 있다(강용길 외, 2010: 340-341).

(3) 행정부에 의한 통제

① 대통령

대통령은 행정부의 수반으로서 경찰청장 임면권이나 경찰의 주요 정책 결정 등을 통해 경찰을 통제한다.

② 안전행정부 장관

경찰청은 안전행정부 장관 소속하에 두게 되어 있고(경찰법 제2조), 안전행정부 장관은 경찰청장과 경찰위원회 위원의 임명제청권을 가지므로 상급관청으로서의 권한 행사를 통해 경찰을 통제할 수 있다.

③ 국민권익위원회의 통제

경찰권의 행사로부터 국민의 권익을 보호하고 경찰의 신뢰를 확보하기 위한 외부통제 방안의 일환으로 국민고충처리위원회에 경찰 관련 민원처리를 담당하는 경찰특별소위원회가 2006년 12월 21일 설치됨으로써 '한국형 경찰 옴부즈만'이 출범하게 되었다. 그후 2008년 2월 29일 국가청렴위원회와 행정심판위원회 등과 통합되어 '국민권익위원회'가 새롭게 출발하게 되었으며, 국민권익위원회 내 경찰특별소위원회에 경찰 옴부즈만이 설치되고, 고충처리부 산하 사회민원조사단 내 경찰민원과에서 경찰 관련 고충민원을 처리하고 있다.

(4) 감사원에 의한 통제

감사 기능은 전문성이 상당히 높으며 사후통제적 성격을 갖고 있다. 통제와 관련된 감사원의 기본적 기능은 경찰기관과 경찰관에 대한 직무감찰과 회계검사로 구분되는데 최근에는 여기에 추가하여 성과감사의 강화가 요청되고 있다. 즉, 기본적으로 수행하던 감사와 더불어 행정부가 추진하는 각종 정책에 대한 성과 중심의 감사를 강화해야 한다는 것이다(이종수 외, 2006: 217). 하지만 경찰에 대한 성과의 강조는 그 직무 특성상 여러 폐단도 적지 않아 무리한 적용에는 신중을 기할 필요가 있다.

(5) 경찰위원회에 의한 통제

경찰위원회는 행정안전부 장관 소속하에 설치되어 있다. 경찰의 주요 정책 등에 관해 심의·의결하는 권한을 가지고 있으므로 경찰에 대한 통제를 할 수 있으나 안전행정부 장관의 재의요구권이 있어서 실질적으로는 심의회 수준에 머물고 있는 등 그 기능을 제대로 수행하고 있지 못하다.

(6) 국가인권위원회에 의한 통제

국가인권위원회는 인권 침해 행위에 대한 조사와 구제 등의 업무를 수행하게 되는데, 특히 경찰서 유치장이나 사법경찰관리가 그 직무 수행을 위해 사람을 조사·유치 또는 수용하는 시설에 대한 방문조사권을 가진다. 또한 경찰청장은 인권의 보호와 향상에 영향을 미치는 내용을 포함하고 있는 법령을 제정 또는 개정하고자 하는 경우 미리 위원회에 통보해야 한다.

최근에는 수사 과정이나 집회 관리 등에서 발생하는 인권 침해에 대한 위원회의 관련 결정이 경찰정책에 많은 영향을 미치고 있다(경찰공제회, 2006: 404).

(7) 민중통제

민중통제란 일반 국민 또는 시민에 의한 통제로서 선거권 행사, 이익단체의 구성·활동, 시민단체 활동, 여론의 조성·작용 등을 통해 행정을 주고 간접적·비공식적으로 통제하는 것을 말한다(김상호 외, 2005: 525-531).

Chapter
07 한국 경찰의 향후 과제

제 1 절 경찰제도의 개혁

1 행정개혁

1) 의의

행정개혁이란 행정을 현재 상태로부터 더 나은 상태·방향으로 개선시키기 위해 행정부가 의도적으로 추구하는 계획된 변화라고 할 수 있다. 이와 같은 변화 속에는 행정조직의 구조 변동과 새로운 정책, 행정 기술, 방법의 채택·적용뿐만 아니라 행정인의 가치관, 신념, 태도를 변화시켜 개인발전과 조직 발전을 통합시키려고 하는 행정 체제의 모든 측면의 변화가 전부 포함된다(이종수 외, 2006: 667-668).

2) 특징

행정개혁은 미래지향성, 가치(목표)지향성, 행동지향성, 계속성(지속성)의 특징을 갖는다. 또한 행정개혁은 인위적·계획적·기술적 노력뿐만 아니라 포괄적 관련성(행정 전체적 관련성), 성공 여부에 대한 불확실성과 위험을 포함한다.

반면, 기득권을 가진 세력에 의한 저항을 수반할 뿐만 아니라 정치적 성격(정치적 상호작용 과정의 산물)을 다수 내포한다는 점 역시 특징이다(하상군 · 장문학, 2009: 504).

3) 행정개혁의 주요 원인

행정개혁의 주요 원인은 새로운 철학의 추구, 행정의 능률화와 새로운 기술 도입의 필요성의 발생, 신행정 수요의 발생과 기관장의 변동, 인구 및 고객구조의 변화 등이다.

4) 행정개혁의 추진 전략

(1) 개혁의 폭과 속도에 따른 전략

① 급진적 · 전면적 전략

근본적인 변화를 일시에 달성하려는 광범위하고 빠른 속도의 추진 전략(개발도상국에서 사용)을 말한다.

② 점진적 · 부분적 전략

개혁의 영향, 수용 태세, 동원 자원을 감안하여 추전하는 전략(소극적 개혁)이다.

(2) 개혁의 추진 방향에 따른 전략

① 명령적 · 하향적 전략

대내외의 참여 없이 상층부에서 일방적으로 추진하는 전략(저항 유발, 지속화 곤란)이다.

② 참여적 · 상향적 전략

구성원의 아이디어를 수집하고 그들의 의견을 반영하여 추진하는 전략(저항최소화, 신속한 변화 곤란)이다(하상군 · 장문학, 2009: 506-507).

5) 개혁에 대한 저항의 원인과 극복 방법

(1) 저항의 주요 원인

행정개혁은 사회문화적 가치 체계와의 갈등, 자원의 부족, 정치적 갈등, 제도와 법적 해석상의 차이 등으로 인해 저항을 유발한다. 그뿐만 아니라 관료제의 경직성과 보수성, 개혁 추진 세력에 대한 불신, 개혁의 시기, 방법, 절차의 차이, 개혁 과정의 폐쇄성으로 인한 참여 부족 역시 저항을 유발하는 주요 요인이다(백정현, 2005: 439).

(2) 저항의 극복 방법

행정개혁 시 저항을 극복하기 위해서는 참여의 확대, 개혁안의 명확화와 공공성의 강조, 개혁 방법과 기술의 수정, 의사소통의 촉진, 개혁의 점진적 추진 등의 방법을 강구해야 한다(백정현, 2005: 439).

(3) 에치오니(A. Etzioni)의 저항 극복 전략

① 공리적 전략

경제적 보상을 이용하는 전략으로 이것은 가장 현실적 전략이다. 공리적 전략에서는 적절한 시기 선택이 중요하고, 대안이 명확할 때, 그리고 점진적으로 추진할 때 이용할 수 있다.

② 강제적 전략

혁신에 저항하는 행위에 대해 제재를 요함으로써 혁신에 동참시키는 전략으로 반감이나 오해를 야기할 수 있으므로 긴급을 요할 경우나 최후의 수단으로 사용해야 한다.

③ 규범적 전략

개혁 지도자의 카리스마, 개혁의 논리와 당위성에 대한 여론, 교육과 훈련을 통한 의식의 개혁 등을 이용해 잠재적 저항 심리를 완화하거나 혁신에 동조하도록 하는 전략이다(송교석, 2005: 228).

2 경찰제도의 개혁

1) 경찰 개혁의 배경

종래 경찰 개혁은 4·19, 5·16, 10월 유신, 1980년대 민주화운동 등 변혁기마다 외부의 영향에 따라 기구와 인력 중심의 형식적 수준의 개편이 이루어졌으나 수차례의 개혁에도 불구하고 국민의 지지와 신뢰를 얻지 못하는 등 위로부터의 일방적인 개혁 추진으로 조직구성원들의 공감과 동참을 이끌어내지 못했다.

2) 경찰 개혁의 목표

경찰 개혁의 궁극적인 목표는 국민으로부터 신뢰와 사랑을 받을 수 있는 경찰상의 정립이라고 할 수 있다. 이를 위해 국민을 치안의 객체만이 아닌 주체로 인식하는 경찰 운영 철학의 대전환을 바탕으로 불합리한 의식·제도·관행을 철폐하여 선진화된 조직관리를 통해 신바람나게 일할 수 있는 직장 분위기를 조성하고, 활력 넘치는 자세로 국민이 만족하는 치안활동을 전개하며 기본이 바로 선, 국민과 함께하는 국민의 경찰로 탈바꿈하는 총체적 변혁이 필요하다(이영남, 2008: 377-378).

3) 경찰 개혁을 위한 방안

(1) 경찰관 개개인의 의식 개혁

국민을 치안의 객체(규제, 단속, 강제 진압 등의 대상)만이 아닌 주체(서비스, 지도, 관리 대상)로 인식하는 경찰관 개개인의 의식 전환이 필요하다.

(2) 경찰조직의 효율화

경찰조직이 생산성의 극대화를 위해 적합한 조직구도를 가지고 있는지 검토해야 한다. 즉, 현행의 전국 획일적인 계층구조와 조직 규모는 과연 최적의 구조인지를 분석하여, 지휘계층의 비대화와 중복은 없는지, 치안 수요에 따른 폐지·축소와 통폐합 또는 새로운 탄력성 있는 구조로의 전환은 필요하지 않은지 등을 분석·평가하고 이를 바탕으로 조직 내부의 개혁이 이루어져야 한다.

(3) 행정 체제적 사고 방식

행정 체제(system)란 일반적으로 복수의 구성 요소 또는 변수가 일정한 관계를 가지고 상호의존성·상호작용성·통일성 등을 추구하면서 환경과 끊임없이 영향을 서로 주고받는 실체 내지 전체를 의미한다.

그 특징으로는 ① 체제는 여러 하위 체제로 구성되며 그들은 상호의존 관계에 있고, ② 체제는 경계라는 개념에 의해 다른 체제와 구별되며, 한 체제는 다른 체제의 환경이 되고, ③ 체제는 체제와 환경 간, 하위 체제 상호간의 균형을 통해서만 안정적으로 존재할 수 있다(유영옥, 1998: 62).

(4) 발탁 인사

① 의의

발탁인사제도는 미국의 제너럴 일렉트릭(GE)사 웰치(Jack Welch) 회장의 인사관리 기법에서 유래된 것으로 리더 재능이 있다고 평가받는 인물은 나이와 경험에 상관없이 책임 있는 자리에 앉히는 제도이다.

② 공공 부문에의 도입 시 장·단점

장점	• 조기 승진이나 인사의 유연성에 대한 제도적 장애를 제거한 것으로 승진 연한 때문에 제한을 받고 있는 능력 있는 인재를 적재적소에 활용할 수 있다 • 다른 직원들에게도 동기를 부여할 수 있다.
단점	• 구성원 간의 갈등을 초래할 수 있으므로 조직문화와 조직 발전에 기여할 수 있도록 신중하게 적용되어야 한다(나승우, 2008: 123).

(5) 목표에 의한 관리(MBO)

① 의의

목표에 의한 관리란 조직구성원의 참여 과정을 통해 조직의 공통된 목표를 명확히 하고 체계적으로 조직구성원들의 목표를 부과하며, 그 수행 결과를 평가하고 환류시켜 궁극적으로 조직의 효율성을 향상시키기 위한 관리기법을 말한다.

② 공공 부문에의 MBO 도입 시 장·단점

장점	· 조직목표에 조직활동을 집중시킴으로써 이로 인한 효과성 제고 · 조직목표와 개인목표의 통합 · 참여적 방법에 의한 조직구성원의 사기 제고 · 갈등의 극소화 · 조직의 인간화와 조직의 발전 등
단점	· 급격한 변화나 복잡한 환경에서는 목표 설정이 곤란 · 단기적·양적 목표에 치중 · 구성원 간의 합의도출이 곤란 · 목표 성과의 측정이 어려운 점 등(김문성, 2004: 62).

제 2 절 수사구조의 개혁

1 개관

현행 형사소송법 등은 검사를 수사권·수사지휘권·수사종결권을 가지고 범죄를 수사하는 수사의 주체로 규정하고 있다. 반면에 경찰법 제3조와 경찰관직무집행법 제2조는 범죄 수사를 명백하게 경찰의 직무로 규정하고 있고, 실제상 수사의 대부분은 경찰에 의해 행해지고 있다. 신속한 수사 기술의 필요로 인해 경찰의 수사 범위는 계속 확대되고 있다.

수사를 위해서는 전국적으로 조직화된 수사망이 필수적인 전제가 됨에도 불구하고 검사에게는 범죄 수사를 위한 조직이나 충분한 장비가 갖추어져 있지 않고, 조직 면에서 검사와 경찰 사이의 결합 관계도 존재하지 않는다.

경찰의 수사권은 형사소송법 제196조 등의 규정에 의거, 검사의 지휘를 받도록 되어 있는 등 제한된 범위 내에서 행사할 수 있도록 되어 있다. 각종 영장 청구의 경우도 검사가 법원에 하도록 되어 있고 경찰은 검사에게 신청하는 방식으로 행해진다(이재상, 2008: 192).

여기서 수사활동의 실효성을 담보하기 위해서는 경찰 수사의 자유와 재량이 확보되어야 한다는 경찰수사권 독립론이 주장되고 있다.

2 외국의 경찰수사권

경찰의 수사권과 관련한 각국의 실상은 국가마다 차이가 있어 획일적으로 논할 수는 없으나, 입장의 차이는 경찰을 행정경찰과 사법경찰로 구분하는 데서 출발한다고 볼 수 있다. 이러한 분류는 프랑스의 권력 분립 사상에서 유래하여 이른바 대륙법계에서는 원칙적으로 행정경찰 기능은 행정권에 속하고 사법경찰 기능은 사법권에 속한다고 하고 있으나, 영·미법계 국가에서는 이와 같은 구분을 인정하고 있지 않다.

영·미법계 국가인 영국, 미국은 경찰의 독자적 수사권이 인정되나, 대륙법계인 독일, 프랑스 경찰은 원칙적으로 독자적 수사권이 없고 수사에서 검찰의 보조기관에 불과하다. 일본은 제2차 세계대전 후 영·미법계의 영향을 받아 경찰에 독자적 수사권을 인정하고 있다.

결국 경찰에 수사권을 인정할 것인가의 문제는 각국의 역사와 전통에 따라 다르나, 경찰의 수사권 자체의 인정 여부는 어떤 논리 필연적인 귀결이 아니라, 궁극적으로는 입법정책의 문제로 볼 수 있을 것이다.

1) 영국

영국의 검사는 소추권, 기소권을 가지고 있다. 반면, 경찰은 독자적 수사권을 갖고 있고 사법경찰의 업무도 경찰의 고유 업무로 하고 있다. 1985년 왕립기소청의 설치로 검찰제도가 시행되면서 경찰의 기소권은 인정되지 않고 검찰이 기소권을 행사하고 있다.

검사와 경찰과의 관계는 형식적·실질적 상호 협력 관계이다(다만, 스코틀랜드는 검찰의 수사지도 및 감독권 인정)(김형만 외, 2007: 244-248).

2) 미국

미국 역시 검사는 소추권, 기소권을 가지고 있다. 경찰은 원칙적으로 독자적 수사권을 보유하고 있다. 다만 검찰은 개별 사건에 대한 기소를 결정하는 과정에서 검찰의 수사 방향과 증거 수집에 관해 예외적으로 수사 지휘를 하기도 한다. 검사와 사법경찰의 관계는 법률 조언 및 협력 관계이다(정병대, 2007: 302-303).

3) 독일

독일은 검사가 소추권, 기소권을 가지고 있으며, 수사의 주재자이다. 사법경찰은 수사의 보조자의 위치에 있다. 다만 검사는 경제사범, 테러범, 정치범, 강력범의 경우에만 수사에 관여하고 기타 사건은 경찰에 독자적 수사를 위임하고 있으며, 경찰에 독자적 초동수사권을 인정하고 있다. 검사와 사법경찰의 관계는 지휘 감독 관계이다(이완규, 2003: 349-350).

4) 프랑스

프랑스는 검사가 수사의 주재자이다. 다만 예심판사도 광범위하게 피의자의 신문, 증거의 수집 등을 행해 수사를 공소 제기 전의 증거활동 등 공판 준비활동으로 본다면 예심판사도 기능적으로 수사의 주체로 보아야 할 것이다.

사법경찰은 수사의 보조자이고 법무부 장관의 관할 하에 있다. 다만 검사는 10년 이상의 중죄, 복잡한 범죄에 대해서는 예심판사에게 청구하며, 대부분의 경우 사법경찰관이 예심판사의 지시에 따라 수사를 수행하고 일반적인 사건은 경찰에서 검사의 지휘하에 수사한다. 검사와 사법경찰은 지휘 감독 관계이다(박철우, 2008: 60-61).

5) 일본

일본은 검사가 소추권, 수사권 및 수사종결권을 가지고 있다. 경찰은 독자적 수사권, 즉 일반 사건에 대한 제1차적 수사권을 가진다. 다만 고도의 법률 지식을 요하거나 정치성을 띠는 사건은 검사가 직접 수사한다.

검사와 경찰은 상호 협력 관계에 있다. 검사는 경찰이 검사의 지휘에 정당한 이유 없이 따르지 않을 경우 공안위원회에 징계 또는 파면을 요구할 수 있다(경찰청 수사구조개혁팀, 2006: 105-119).

※ 각국의 수사구조 및 검·경 관계

	검사와 사법경찰과의 관계	인신 구속제도	신문조서 증거 능력	수사종결권
한국	상하 복종 관계	영장은 검사가 법관에게 청구하며, 경찰의 독자적 영장청구권은 없음	검사 작성 피의자 신문조서와 경찰 작성 피의자 신문조서는 증거 능력에서 차이를 둠	수사종결권 없음
영국	• 잉글랜드, 웨일스: 형식적, 실질적 상호 협력 관계 • 스코틀랜드: 수사지도 및 감독	모든 영장을 경찰이 법관에게 직접 청구	경찰작성 조서는 녹취의 형식을 취하며, 증거 능력 인정됨	기소 가치 없는 사건에 대해 자체적으로 수사 종결. 불기소 처분이 명확한 사건도 종결 가능
미국	법률 조언 및 협력 관계, 원칙적으로 사법경찰관이 독자적 수사권 보유	영장은 법집행기관이 법관에게 청구	검사 작성조서와 사법경찰관 작성조서는 증거 능력에 차이가 없음	기소 가치 없는 사건에 대해서는 자체수사로 종결
독일	지휘감독 관계(상명하복)	체포, 구속, 압수, 수색 영장은 검사가 법관에게 청구	경찰관 작성조서와 검사 작성조서는 동일한 가치가 부여되나 모두 증거 능력이 없고, 경찰관이 증인으로 출정하여 진술한 것만 증거로 채택	수사종결권 없음
프랑스	지휘감독 관계(상명하복)	체포, 구속, 압수, 수색 영장은 검사가 법관에게 청구, 수사상 필요시 24시간까지 영장 없이 보호 유치 가능	경찰관 작성조서와 검사 작성조서는 동일한 가치가 인정되나, 경찰관이 증인으로 출정하여 진술한 것만 증거로 채택	수사종결권 없음
일본	상호 협력 관계	긴급체포장과 구속 이전 단계인 체포장(48시간)은 경부 이상의 경찰관이, 압수, 수색, 검증 영장은 순사부장 이상의 경찰관이 법관에게 직접 청구	사법경찰관 또는 검사작성 조서는 그 요건이 엄격히 제한되어 있으며, 증거 능력의 차이가 없음.	수사종결권 없음

3 우리나라의 경찰수사권

1) 수사기관

(1) 검사

법무부 소속의 검사는 수사의 주재자로서 수사권, 사법경찰관에 대한 수사지휘권, 수사종결권을 가지고 범죄를 수사하는 수사의 주체이다. 검사는 범죄의 혐의 있다고 사료하는 때에는 범인, 범죄 사실과 증거를 수사해야 한다(형사소송법 제195조).

(2) 사법경찰관리

수사관, 경무관, 총경, 경정, 경감, 경위는 사법경찰관으로서 모든 수사에 관해 검사의 지휘를 받는다. 사법경찰관은 범죄의 혐의가 있다고 인식하는 때에는 범인, 범죄 사실과 증거에 관해 수사를 개시・진행하여야 한다. 또한 사법경찰관리는 검사의 지휘가 있는 때에는 이에 따라야 한다. 검사의 지휘에 관한 구체적 사항은 대통령령으로 정한다. 사법경찰관은 범죄를 수사한 때에는 관계 서류와 증거물을 지체 없이 검사에게 송부하여야 한다.

한편, 경사, 경장, 순경은 사법경찰리로서 수사의 보조를 하여야 한다(형사소송법 제196조).

(3) 검사와 사법경찰관리의 관계

검사는 수사의 주재자이고, 사법경찰관리는 검사의 보조기관이다. 즉, 검사와 사법경찰관리는 상호 협조 관계에 있는 것이 아니라 상명하복 관계에 있다. 따라서 검사는 사법경찰관리에 대해 수사에 관한 일반적・구체적 지휘권을 갖는다.

2) 검사와 사법경찰관리와의 구체적 관계

(1) 복종 의무

사법경찰관리는 범죄 수사에 있어서 소관 검사가 직무상 발한 명령에 복종하여야 한다(검찰청법 제53조).

(2) 경찰의 보고 의무

① 수사사무 보고 의무

사법경찰관은 중요 범죄가 발생하였다고 인정할 경우에는 즉시 관할지방검찰청 검사장 또는 지청장에게 보고하여야 한다. 다만 비상사태 또는 이에 준하는 사태하에서는 아직 범죄가 발생하지 아니하였다 하더라도 그 발생의 우려가 있는 경우에는 그 동태를 보고하여야 한다(사법경찰관리집무규칙 제11조).

② 정보 보고 의무

사법경찰관은 다음 각호의 1에 해당하는 사실이 있을 때에는 지체 없이 그 사실과 경찰 조치를 관할 지방검찰청 검사장 또는 지청장에게 보고하여야 한다(사법경찰관리집무규칙 제12조).

- 소요의 발생 기타의 사유로 사회적 불안을 조성할 우려가 있을 때
- 정당, 사회단체의 동향이 사회 질서에 영향을 미칠 우려가 있을 때

(3) 사법경찰관의 사건 송치 의무

사법경찰관은 수사하던 사건의 혐의를 입증하거나 아니면 법률상 공소권이 없는 등 수사를 마무리할 필요가 있는 경우에도 임의적으로 종결할 수 없고 반드시 관할 검사장 또는 지청장에게 송치하여야 한다(사법경찰관리집무규칙 제54조).

(4) 사법경찰관리의 관할구역 외에 수사에 대한 보고 의무

사법경찰관리가 관할구역 외에서 수사를 하거나 관할구역 외의 사법경찰관리의 촉탁을 받아 수사할 때에는 관할 지방검찰청 검사장 또는 지청장에게 보고하여야 하며 긴급을 요할 때에는 사후에 보고할 수 있다(형소법 제20조).

(5) 검사장의 수사중지명령권과 교체임용요구권

① 서장이 아닌 경정 이하의 사법경찰관리가 직무 집행에 관하여 부당한 행위를 하는 경우에는 관할 지방검찰청 검사장은 당해 사건의 수사 중지를

명하고, 임용권자에게 그 교체 임용을 요구할 수 있다.

② 이 요구가 있는 때에 임용권자는 정당한 이유를 제시하지 아니하는 한 교체 임용의 요구에 응하여야 한다(검찰청법 제54조).

(6) 검사의 구속장소감찰권

검사는 매월 1회 이상 경찰의 피의자 구속 장소를 감찰하여 피구속자가 불법으로 구속된 것이라고 의심할 만한 상당한 이유가 있을 때에는 즉시 체포 또는 구속된 자를 석방하거나 사건을 검찰에 송치할 것을 명하여야 한다(형소법 제198조의2).

(7) 검사의 영장청구권

검사만이 영장을 청구할 수 있다(헌법 제11조 3항, 형소법 제201조, 제215조). 사법경찰관은 직접 법원에 영장을 청구할 수 없고 검사에게 신청하여 검사가 그 필요 여부를 판단한 후 판사에게 청구하도록 되어 있다. 이러한 검사의 독점적 영장청구권은 사법경찰에 대한 수사통제에 아주 유용한 수단으로 이용된다.

(8) 사법경찰관의 긴급 체포에 대한 검사의 사후승인권

사법경찰관이 피의자를 긴급 체포한 경우에는 즉시 검사의 승인을 얻어야 한다(형소법 제200조의3).

(9) 검사의 변사체 검시에 대한 지휘권

변사체가 발생하면 사법경찰관은 검사에게 보고하고 지휘를 받으며, 그 명령에 의하여 검시조서를 작성한다(형소법 제222조, 사법경찰관리집무규칙 제33조).

이와같이 한국 검찰은 세계 어느 나라에서도 찾아볼 수 없는 무소불위의 권력을 행사하고 있다.

4 수사권 조정 찬반론

1) 찬성론

(1) 수사 현실과 법규범의 괴리

수사 현실을 보면 전체 사건의 94.7%를 경찰이 담당하고 있는데, 소수의 검사가 모든 범죄에 대해 경찰 수사를 지휘한다는 것은 불가능하다.

(2) 국민의 편익 저해

객관적 소송 업무를 수행해야 할 검사가 수사 개시 단계부터 공소 유지, 형의 집행까지 맡고 있어 사건에 대한 예단(豫斷)을 가짐으로써 피의자 및 피고인에 대한 무죄 추정의 법리가 침해될 수 있고, 사법경찰관으로부터 조사를 받은 피의자가 검찰에서 중복 조사를 받아야 하는 등 국민의 불편을 주는 예가 많다.

(3) 행정조직 원리에의 위배

명령·지휘 계통의 일원화, 즉 명령 통일의 원리는 행정조직의 기본 원리임에도 불구하고 현행 우리나라의 수사구조는 경찰청 소속 사법경찰관이 법무부 산하 검찰청 소속의 검사의 지휘를 받음으로써 명령 계통이 확립되지 못해 책임행정의 원리가 침해될 뿐 아니라 수사의 효율성도 저하시키고 있다.

또한 행정경찰과 사법경찰을 총괄하는 경찰관청으로서의 지위도 갖는 경무관과 총경을 형사소송법상 검사의 지휘를 받는 사법경찰관에 포함시키는 것은 적절하지 못하다.

(4) 권한과 책임의 불일치

치안 질서의 유지는 방범과 수사 상호간의 유기적인 조화 속에서 이루어지므로 경찰이 이 두 기능을 합리적으로 운영해야 하는데 방범은 경찰이, 수사는 검찰이 직접적으로 지휘하므로 기능적으로 불합리하다. 그리고 수사의 권한은 검찰에 있음에도 불구하고 수사 부진 등의 경우에 검사의 지휘를 받는 경찰에게만 책임을 지우는 것이 현실이다.

(5) 경찰 업무의 과중화

검찰이 수사지휘권을 이용하여 수사 지휘와 관계없는 부가적 지시를 경찰에 요구하여 경찰 업무를 가중시키고 있다(예: 벌과금 징수, 호송 업무 동원, 경찰서 유치장을 대용 감방으로 운용 등).

(6) 수사요원의 사기 저하

대부분의 사건을 실제로 경찰이 처리하면서도 검사의 지휘를 받도록 하고 있어 수사경찰의 주체성이 결여되고 또한 경정 이하의 사법경찰관리에 대한 교체임용권을 검사가 행사할 수 있도록 한 것은 경찰의 사기를 저하시킨다.

(7) 검찰에의 권력의 집중 현상

수사권과 공소권 및 형벌집행권까지 모두 소수의 검사에게 집중되어 있고 검찰에 대한 견제 장치가 미흡한 현실에서는 검찰의 권력 남용의 우려가 있다(서보학, 2006: 238-248).

2) 반대론

(1) 공소 제기의 준비로서 수사

범죄 수사는 공소 제기를 위한 준비행위이므로 공소권을 갖는 법률 전문가인 검사가 수사권을 갖는 것이 바람직하다.

(2) 적정 절차 보장과 인권 존중

사법경찰관이 독자적으로 수사를 하게 하면 수사의 합목적성만 추구한 나머지 적정 절차와 인권 존중을 무시할 우려가 있다.

(3) 법집행의 왜곡 방지

법률 전문가인 검사가 수사의 전 과정을 지휘함으로써 법집행의 왜곡을 막을 수 있다.

(4) 경찰에의 권력 집중 방지

막강한 정보 수집력을 가지고 있는 경찰에 독자적 수사권을 부여하게 되면 경찰에의 권력 집중으로 인한 폐단이 우려된다.

3) 시기상조론

경찰 수사의 현실을 직시할 때 인권 옹호의 관점에서 경찰의 독자수사권은 시기상조이고 경찰의 지방분권화, 즉결심판청구권의 폐지와 함께 논의되어야 한다고 한다(대검찰청, 2005: 28-31).

제 3 절 통합 경찰작용법의 제정

1 필요성

현행 경찰작용에 관한 법으로는 일반법이라고 할 수 있는 경찰관직무집행법과 다수의 단행법(집회 및 시위에 관한 법률, 총포·도검·화약류 단속법, 사격 및 사격장단속법, 식품위생법, 청소년보호법, 음반·비디오물 및 게임물에 관한 법률, 도로교통법 등)이 있다.

그러나 경찰작용법 전체가 체계적 통합성과 법적 명확성을 가지고 있지 못한 한계를 지니고 있다. 그 결과 경찰 자신이 자신을 규율하는 법제를 명확히 파악하기 쉽지 않고, 국민의 입장에서도 경찰이 과연 어떠한 법령에 의해 규율받고 있는지를 잘 알 수 없으므로 국민의 권익을 보호하기 위해 경찰작용에 관한 기본법을 제정해야 한다.

2 현행 경찰관직무집행법의 문제점

1) 일반 경찰작용법으로서의 기능 미흡

경찰권의 행사에서 일반법적인 기능을 하지 못하고 주로 경찰 수단 가운데 즉시강제에 관한 사항을 규율하고 있어서 사항적 한계를 지니고 있다.

2) 경찰의 직무규정의 불명확

경찰관직무집행법 제2조에서 경찰의 직무를 규정하고 있으나 경찰의 임무와 권한을 명확히 구분하지 못해 이 규정이 임무 규정인지 개괄적 수권 조항인지 명확하지 않다. 경찰 직무의 한계로서 다른 기관과의 관계에 대한 규정이 결여되어 있다.

3) 민사 관계에 관한 경찰개입의 한계(경찰공공의 원칙) 비명문화

경찰권 발동에 대한 조리상의 한계인 경찰 공공의 원칙을 명문화하고 있지 않다.

4) 경찰권 행사에 대한 제한 규정의 미비

경찰권 행사는 국민의 권리와 자유를 침해하는 전형적인 권력적·침해적 작용이므로 그 요건·한계 등이 명백히 규정되어야 한다. 그러나 현행 경찰관직무집행법은 제1조 2항에서 최소 침해의 원칙과 남용 금지의 원칙만을 간략하게 규정하고 있을 뿐이고 경찰권 행사에 대한 구체적 제한 기준을 규정하고 있지 않다.

5) 경찰 비용의 책임에 관한 규정의 미비

경찰 비용에 대한 책임 문제는 경찰책임자에 대해 경찰권이 발동된 경우에는 원칙적으로 문제가 되지 않으나, 다수의 경찰책임자가 있는 경우에는 누가 경찰 비용에 대해 상환 책임이 있으며, 어떻게 비용을 상환할 것인가하는 문제가 발생한다. 또한 경찰 비책임자에 대해 경찰권이 발동된 경우에 손실 보상의 문제가 제기되는데 이에 관한 규정이 없다.

6) 경찰상 강제 수단의 문제점

경찰상의 강제 수단과 관련하여 경찰관직무집행법은 제3조 이하에서 개별적으로 즉시강제의 수단만 규정하고 있고, 그 밖의 일반적인 강제집행 수단에 대하여는 별다른 규정을 두고 있지 않다(윤성의, 2008: 116-124; 김태진, 2003: 73-86).

참고 문헌

국내 문헌

강구철(1991). 『경찰권의 근거와 한계』, 서울: 고시연구.

강용길 외(2010). 『경찰학개론 Ⅰ』, 서울: 경찰공제회.

경찰공제회(2005). 『경찰실무종합(상, 하)』, 서울: 경찰공제회.

———(2006). 『경찰실무종합』, 서울: 경찰공제회.

경찰청 수사구조개혁팀(2006). 『일본경찰제도 관련 참고자료』, 서울: 경찰청.

권경주 외(2002). 『현대행정의 이해』, 서울: 대영문화사.

김남진(2001) 『행정법(Ⅱ)』, 서울: 법문사.

———(2002). 『경찰행정법』, 서울: 경세원.

김당택(2007). 『우리 한국사』, 서울: 푸른역사.

김도균(2006). 『법치주의의 기초: 역사와 이념』, 서울: 서울대학교출판부.

김동희(2004a). 『행정법(Ⅰ)』, 서울: 박영사.

———(2004b). 『행정법(Ⅱ)』, 서울: 박영사.

김문성(2004). 『행정학 NET』, 서울: 박영사.

김삼웅(1999). 『한 권으로 보는 해방 후 정치사 100장면』, 서울: 가람기획.

김상호 외(2004). 『경찰학개론』, 서울: 법문사.

———(2005). 『경찰행정학』, 서울: 법문사.

김영환(2006). "경찰홍보의 효율화를 위한 경찰조직과 군중과의 관계성 형성 요인에 관한 연구", 한국법학회, 『법학연구』, 제22권.

김창윤(2009). "일본의 연합국 총사령부 점령기 치안정책 연구", 한국경찰학회, 『한국경찰학회보』, 제11권 제3호.

김철용(1999). 『행정법 Ⅰ』, 서울: 박영사.

김충남(2004). 『경찰학개론』, 서울: 박영사.

김태진(2003). "한국 경찰법제의 개선 방안에 관한 연구", 동아대학교 대학원,

박사학위논문.
김형만 외(2003). 『비교경찰제도론』, 서울: 법문사.
———(2007). 『비교경찰제도론』, 서울: 법문사.
나승우(2008). 『연봉제 인사평가와 운영실무』, 서울: 미래와 경영.
대검찰청(2005). 『수사권 조정에 대한 검찰의 입장』, 서울: 대검찰청.
류지태(2006). 『행정법신론』, 서울: 신영사.
박상희・서정범(1996). 『경찰작용법제의 개선 방안』, 서울: 한국법제연구원.
박윤흔(2001). 『최신행정법강의(하)』, 서울: 박영사.
박창호 외(2004). 『비교수사제도론』, 서울: 박영사.
박철우(2008). "수사권의 합리적 배분에 관한 연구", 조선대학교 대학원, 박사학위논문.
배철효 외(2008). 「경찰학개론』, 서울: 대영문화사.
백정현(2005). 『행정학요론』, 서울: 학문사.
서보학(2006). 『비교경찰제도론: 검찰・경찰의 수사권 조정은 시대적 요구, 서울: 법문사.
송교석(2005). 『조직관리론』, 서울: 학문사.
시・도공무원교육원(2002). 『행정법』.
신현기(2010). 『경찰학개론』, 파주: 21세기사.
신현기 외(2011) 『새 경찰학개론』, 서울: 우공출판사.
———(2012). 『새경찰학개론』, 서울: 우공출판사.
역사학연구소(2004). 『함께 보는 한국 근현대사』, 서울: 서해문집.
유영옥(1998). 『경영조직론』, 서울: 학문사.
윤성의(2008). "경찰관직무집행법상 경찰활동의 문제점과 개선 방안에 관한 연구", 호남대학교 대학원, 박사학위논문.
이기백(1986). 『한국사신론』, 서울: 일조각.
伊藤俊介, "甲午改革期 警察機構 硏究"(2010). 경희대학교 대학원, 박사학위논문.
이명구(2000). 『행정법원론』, 서울: 대명출판사.
이상안(1999). 『신경찰행정학』, 서울: 대명출판사.
———(2003). 『현대사회봉사론』, 서울: 박영사.
이영남(2008). 『경찰행정학』, 서울: 대영문화사.
이완규(2003). "독일에서의 경찰독자수사권 논쟁과 결과", 한국형사정책연구원, 『형사정책연구』, 제14권 제1호.

이운주(2001). 『경찰학개론』, 용인: 경찰대학.
이윤근(2001). 『비교경찰제도론』, 서울: 법문사.
이재상(2008). 『형사소송법』, 서울: 박영사.
이종수(2009). 『행정학사전』, 서울: 대영문화사.
이종수 외(2006). 『새행정학』, 서울: 대영문화사.
이철호(2008). 『경찰행정법』, 서울: 대영문화사.
이황우(2002). 『경찰행정학』, 서울: 법문사.
이황우 · 김진혁 · 임창호(2007). 『경찰인사행정론』, 서울: 법문사.
임병준(2003). 『조선의 암행어사』, 서울: 가람기획.
임상곤(2003). 『경찰학개론』, 서울: 백산출판사.
임재강 · 한태천(2008). 『경찰학개론』, 파주: 21세기사.
임준태(2002). 『경찰학개론』, 서울: 도서출판 좋은세상.
———(2004). 『독일형사사법론』, 파주: 21세기사.
장노순 · 남재성(2009). 『보안경찰의 새패러다임 정립 방안』, 용인: 치안정책연구소.
장영민(1995). 『경찰관직무집행법에 관한 연구』, 서울: 한국형사정책연구원.
정병대(2007). 『수사구조에 관한 연구: 수사절차에 있어서의 검찰 · 경찰제도의 비교법적 고찰』, 용인: 법무연수원.
정진환(2006). 『경찰행정론』, 서울: 대영문사.
조철옥(2007). 『경찰학개론』, 서울: 대영문화사
———(2008). 『경찰학개론』, 서울: 대영문화사.
———(2012). 『경찰학개론』, 서울: 대영문화사.
차인배(2008). "조선시대 포도청 연구", 동국대학교 대학원, 박사학위논문.
최영규(2004). 『경찰행정법』, 서울: 법영사.
하상군 · 김종길 · 조성택(2013). 『경찰학개론』, 서울: 대영문화사.
하상군 · 장문학(2009). 『행정학개론』, 서울: 대영문화사.
한견우(1996a). 『행정법(I)』, 서울: 홍문사.
———(1996b). 『행정법(II)』, 서울: 홍문사.
행정안전부(2007). 『보안업무편람』, 서울: 행정안전부.
허경미(2003). 『경찰행정법』, 서울: 법문사.
———(2013). 『경찰학개론』, 서울: 박영사.
허남오(1998). 『한국경찰제도사』, 서울: 동도원.
홍성방(1999a). 『헌법 I 』, 서울: 현암사.

———(1999b). 『헌법Ⅱ』, 서울: 현암사.
홍정선(2004a). 『행정법원론(상)』, 서울: 박영사.
———(2004b). 『행정법원론(하)』, 서울: 박영사.
———(2007). 『행정법특강(제6판)』, 서울: 박영사.

http://sochung.mopas.go.kr/appeal/process.asp.

찾아보기

ㄱ

가속행위 40
감봉 145, 161
감사관제도 261
감사기관 118
감사원 264
감시권 124
갑오개혁 41, 51, 55
강등 161
강제면직 146
강제 수단 33
강제적 전략 267
개별적 수권 조항 167
객관적 위험 28
검사 274
게슈타포(Gestapo) 92
견책 161
결산 237
겸직 금지 의무 158
경과 137
경력직 공무원 136
경무부경찰 체제 54
경무청관제직장 51, 52
경부경찰 체제 53
경시청 54
경시청관제 52
경죄처벌법전 16
경찰강제 32, 182
경찰개입청구권 25, 173
경찰 개혁 84, 268
경찰공공의 원칙 169
경찰공무원 136
경찰공무원교육훈련규정 230
경찰공무원법 63, 136
경찰공무원 보통징계위원회 162
경찰공무원인사위원회 139
경찰공무원임용령(대통령령) 139
경찰공무원 중앙징계위원회 161
경찰관리자 203
경찰관직무집행법 23, 63, 189
경찰교육원 229
경찰교육원장 139
경찰국가 12
경찰권 55, 85, 91, 166

경찰대학 229, 251
경찰대학설치법 64
경찰대학장 139
경찰면제 32, 180
경찰 및 형사증거법 75
경찰벌 182, 186, 188
경찰법 24, 62, 65, 73, 110
경찰병원장 139
경찰보안관리 246
경찰보조기관 117
경찰보좌기관 117
경찰 비례의 원칙 170
경찰사무에 관한 취극서 55
경찰사법권 59
경찰상 강제집행 183
경찰상 공증 32
경찰상 수리 32
경찰상 즉시강제 184
경찰상 통지 32
경찰상 확인 32
경찰서장 130
경찰 소극 목적의 원칙 169
경찰수사권 271
경찰위원회 131, 132
경찰윤리헌장 63
경찰의 관할 36
경찰의결(참여)기관 117, 131
경찰자문기관 117
경찰작용법 165, 279
경찰장구 198
경찰장비 198
경찰재량의 0으로의 수축 25
경찰조사 186
경찰조직 207
경찰조직법 115, 127
경찰질서벌 188
경찰집행기관 117
경찰책임 253
경찰책임의 원칙 171
경찰책임자 29
경찰청 105
경찰청장 129
경찰통제 254
경찰 평등의 원칙 172
경찰하명 31, 174
경찰행정관청 116
경찰행정기관 116
경찰허가 32, 177
경찰협의기관 131
경찰형법 188
경찰 홍보 240
경합책임 172
계급 137
계급제 219
계몽주의사상 13
계엄령 22
계엄사령관 135
계층제 210
계획예산 239
고구려 43, 44
고등경찰 59
고려 46
고문경찰제도 53
고조선 42

고충심사 151
공개 256
공공기관의 정보공개에 관한 법률 256
공공의 안녕 24
공공의 질서 27
공리적 전략 267
공무원 136
공원경찰 81
공직자 재산 등록 및 공개 의무 156
관구경찰국 104, 106
관료제 208
관서운영경비 237
관세조사국(BC) 87
관습법 113
관인수재죄 45
관찰사 50
광무개혁 53
교구경찰 72
교육훈련 229
교통안전국 87
구속장소감찰권 276
구체적 위험 28
국가경찰 22
국가경찰력향상국(NPIA) 76
국가공무원 136
국가공무원법 160
국가공안위원회 105
국가범죄수사국(NCS) 75
국가상황실 79
국가인권위원회 264
국립경찰 98
국립공원국 87
국립범죄정보국(NICS) 75
국민권익위원회 263
국세조사국(IRS) 87
국제법규 112
국토교통부 37
국토안보부 87
군대 및 원자력위원회경찰 80
군보안관 85
군인경찰 96, 98, 100
군주주권론 12
권력적 사실행위 39, 40
권력행위 39
권한의 대리 120
권한의 대행 121
권한의 위임 122
규범적 전략 267
규제행위 39
규칙 113
근거 규범 109
근무성적평정 221
금오위 46, 47
급부 31
급부하명 175
급부행정 39
기동경찰 95
기본 교육 230
기소권 271
기한 181
기획재정부 장관 234
긴급 체포 276

ㄴ

내각총리대신 104
내무아문 52
내무행정 12
내부적 통제 261
능력 요건 141

ㄷ

단일(독임제) 경찰관리자제도 90
달솔 45
대가택적 즉시강제 185, 200
대륙법계 12
대물적 즉시강제 185, 200
대물적 하명 176
대물적 허가 178, 179
대인적 즉시강제 185
대인적 하명 175
대인적 허가 178, 179
대집행 183
대학경찰 81
데라우치 마사다케(寺內正毅) 55, 56
도도부현공안위원회 106
도부현경찰본부 104, 106
도시경찰 85
도쿄도경시청 104, 106
독일 경찰 91
독일 기본법 92
동맹파업권 99
동물보호국 87
동예 43

ㄹ

런던경시청 78
런던시 경찰청 79
로버트 필경(Sir Robert Peel) 72

ㅁ

마약단속국(DEA) 86
맥클랜드(David McCleland) 225
머슬로(Abraham Maslow) 226
메이지유신(明治維新) 101
면직 146
명령 113
명령 통일의 원리 213
목표에 의한 관리(MBO) 269
무기 199, 243
무기고 245
무기 휴대 및 사용권 153
무려라 44
문서보안 249
미군정기 58
민간경비 86
민간항공경찰 81
민사관계 불간섭의 원칙 170
민사상 손해배상 165

민주성 128
민주적 통제 259
민중통제 264

ㅂ

반사적 이익의 보호 법익화 25, 173
발탁 인사 269
방령 45
백제 45
범죄 수사 30, 39
법규명령 187
법규하명 175
법령 준수 의무 157
법률 112, 187
법률의 법규창조력 108
법률의 우위 108
법률의 유보 108
법률행위 39
법률 효과의 일부 배제 181
법무아문 52
법정경찰 19
법정경찰권 34
법정대리 121
법질서의 불가침성 24
법철학 111
법치주의 107
법치행정 107
변상책임 163
병마사 48
병부 46, 47
보급품 수령권 154
보상청구권 154
보수청구권 153
보스턴 시경찰국 84
보안 246, 248
보안감사 251
보안경과 138
보안경찰 15, 20
보안법 59
보안심사위원회 251
보안 업무의 원칙 247
보안 책임 247
보충성 원칙 25, 27
보통경찰관청 129
보통경찰기관 129
보통경찰제도 57
보통경찰집행기관 133
보호 조치 196
복종 의무 157
복직 145
본예산 233
봉사경찰 21
부관 181
부담 181
부속기관 118
부여 43
부작위(금지) 31
부작위하명 175
부족국가 41
북아일랜드 경찰 82
분권화 체제 68
분사기 199

분업(전문화)의 원리 214
불문 법원 109, 113
불심검문 195
비경찰화 13, 59
비권력적 사실행위 39
비밀 248
비밀 엄수 의무 155
비상경찰 21
비상경찰기관 135
비스마르크(Otto E. L. von Bismarck) 91

ㅅ

사기관리 224
사물 관할 36
사법경찰 19
사법경찰관리 274
사법부에 의한 통제 263
사법적 통제 259
사생활 불가침의 원칙 169
사실행위 40
사전적 통제 260
사주소 불가침의 원칙 170
사헌부 49
사회철학 111
사후적 통제 261
삼국 시대 44
삼별초 48
삼한 44
상태책임 172
서비스 30
선서 의무 155
성과주의 예산 238
성문 법원 109, 112
성문법주의 112
성실 의무 155
성취동기이론 225
소급 적용 금지의 원칙 114
소도 44
소방공무원 133
소속기관 118
소청 148
소청심사위원회 148
소추권 271
손해 28
수도경찰청 72, 79
수령 50
수사경과 138
수사구조 270
수사권 35
수사권 조정 277
수사기관 274
수사종결권 273
수상경찰 95
수인하명 175
수정 부담 181
수정예산 233
순군만호부 47, 48
순군부 46, 47
스코틀랜드 경찰 81
승진 143
시경찰부 106
시민자치권 15

시보안관 84
시보임용 142
시설보안 250
신라 45
신문조서 273
신문지법 59
신분보유권 153
신분상의 권리 152
신분상의 의무 155
신임교육 230
실비 변상·실물 대여를 받을 권리 154
실적주의 219
실질적 경찰법 112
실질적 의미의 경찰 18

ㅇ

안찰사 48
알코올·담배·무기 및 폭발물국(ATF) 86
야경인 71, 83
야경제도 83
어사대 46, 47
에치오니(Amitai Etzioni) 267
연금청구권 154
연방검찰청 86
연방경찰 85, 94
연방경찰관리자아카데미(경찰관리자학교) 94
연방경찰청(BPOL) 94
연방도로국 87
연방범죄수사국(BKA) 94
연방범죄수사국(FBI) 85, 86, 88
연방보안관 86
연방항공국(FAA) 87
연방헌법보호청(BVS) 94
엽관주의 218
영·미법계 15
영고 43
영기준 예산 239
영리 업무 종사 금지 의무 158
영예 등의 제한 156
영장청구권 276
예방경찰 21
예비검속법 59
예산 231
예심판사 99
오상 위험 29
옥저 43
왕권신수설 12
왕립 경찰개혁위원회 73
외관적 위험 29
외부적 통제 262
요구(임의 동행) 196
욕구계층이론 226
욕살 44
운하 및 하천경찰 80
웨일스 경찰 78
위경죄즉결례 52
위수령 22
위수사령관 135
위아 47, 48
위임교육 230

위험 28
위험 발생의 방지 조치 197
위험 방지를 위한 출입 200
위험의 방지 28
위험 혐의 29
윈체스터 법령 71
윌슨(Orlando W. Wilson) 85
유치장 201
을사조약 53
의금부 49
의원경찰 19
의원경찰권 34
의원면직 146
이민국(INS) 86
이토 히로부미(伊藤博文) 55
인가권(승인권) 124
인사관리 216
인신구속제도 273
인적 관할 36
일몰법 239
일반경과 138
일반경찰 77
일반경찰법 111
일반경찰집행기관 133
일반예방경찰 95
일반적 수권 조항 167
일반조항 18
일반통치권 16, 18
일반특기 138
일반회계 232
일책십이법 43, 44
임면 141
임명 140, 141
임시영치 200
임용 141
임의대리 121
임의 수단 33
임의적 사실행위 201
입법부에 의한 통제 262

ㅈ

자본예산 239
자유주의적 법치국가 13
자치경찰 22, 76
자치제경찰 96, 100, 106, 116, 193
자치치안 체제 70
작위 31
작위하명 175
작은 정부 지향 사상 82
장구사용권 153
장비관리 243
재량권의 0으로의 수축 173
재량행위 40
재산상의 권리 153
재한국 외국 인민에 대한 경찰에 관한 한일협정 55
전과 144
전문교육 230
전문특기 138
전보 143
전투경찰대 133
전투경찰대설치법 161

절충(통합)형 체제 69
정보 수집 39
정직 145, 161
정치경찰인 102
정치범처벌법 59
정치운동의 금지 156
정치적 중립성 129
제국경찰법 12
제복착용권 153
제복 착용 의무 158
제약 규범 109
조건 181
조례 113, 188
조리 113
조선 49
조선주답헌병조령 56
조선총독부 56
조약 112
조정의 원리 215
조직 규범 109
주경찰 93, 95
주경찰국 88
주경찰기관 84
주고속도로 순찰대 88
주관쟁의결정권 125
주관적 위험 28
주 군인경찰 88
주 내무부 장관 93
주범죄수사국 95
준법 및 법 집행에 대한 실태조
사위원회 85
준예산 233
중대범죄조직청(SOCA) 75
중앙경찰위원회 60
중앙경찰학교 230
중앙경찰학교장 139
중앙통제 104
즉결처분 및 훈계방면권 59
즉시강제 39
지방경찰 89
지방경찰청장 130
지방공무원 136
지방관관제 103
지역 관할 37
지출원인행위 236
지출행위 236
지휘권 남용 등의 금지 158
직권 면직 사유 147
직명사용권 153
직무대리 121
직무대행 121
직무명령 126, 157
직무명령권 262
직무상의 의무 157
직무수행권 153
직무에 전념할 의무 158
직수아문 50
직위보유권 153
직위분류제 220
직위해제 144
직장 이탈 금지 의무 158
직장훈련 231
진압경찰 21
진압장비 245

질서경찰 21
집권성 129
집권형 체제 68
집단행동의 금지 156
집행벌 183, 187
집회 단속에 관한 법률 59
징계벌 159
징계책임 159

ㅊ

차량관리 246
참여 257
책임 258
책화제도 44
처분하명 175
천군 44
철도경찰 80
철회권 유보 181
청렴 의무 155
청원경찰 133
추가경정예산 233
추상적 위험 28
출판법 59
취소·정지권 125
치안관 83
치안국 62
치안본부 64
치안유지법 58, 59
치안행정협의회 132
치외법권 38
친절·공정 의무 158

ㅋ

카운티 경찰 90
코뮌(Commune) 97, 100
크로이츠베르크 판결 13

ㅌ

타운십 경찰 90
타인강 경찰 80
탄약 243
텍사스 기마경관 84
토지관리국 87
통감정치 54
통솔 범위의 원리 212
통일신라 46
퇴직 145
특기 138
특별경찰 77, 80
특별경찰관청 130
특별경찰기관 134
특별경찰법 111
특별경찰집행기관 133
특별고등경찰과 102
특별권력 34
특별업무국 87
특별지방행정기관 118
특별행정법 111
특별회계 232
특수경과 138
특수경력직 공무원 136

ㅍ

파견 144
파리경찰청 99
파면 160
판례법 113
평시경찰 21
포도청 50
품목별 예산 238
품위 유지 의무 156
프랑스 경죄처벌법전(죄와 형법법전) 13
프랑스대혁명 96
프로이센 일반주법 13
플레인트(Fritz Fleint) 31

ㅎ

한국 경찰사무 위탁에 관한 각서 55
한국 사법 및 감옥사무 위탁에 관한 각서 55
한사군 42
항고소송 40
항만경찰 81
해안경비대 87
해양경찰서장 131
해양경찰청장 130
해양지방경찰청 131
해임 160
행위책임 171
행정개혁 265
행정경찰 19
행정경찰규칙 16, 52, 102
행정경찰장정 16, 51, 52
행정기관 116
행정부에 의한 통제 263
행정소송 151
행정심판의 재결권 262
행정응원 127
행정쟁송권 153
행정 주체 115
행정지도 39
행정책임 247, 253
행정처분 39
행정 체제적 사고 방식 269
행정형벌 164
허위 보고 등의 금지 158
헌법 112
헌병 133
헌병경찰제도 56
협의의 경찰권 34
협의의 행정경찰 20
협의의 행정경찰기관 134
형부 46, 47
형사국 86
형사별 책임 164, 187
형사법 111
형사 책임 247
형식적 경찰법 112
형식적 의미의 경찰 17
혼합적 허가 178, 179
혼합책임 172

확정예산 232
환류 258
효율성 129
훈령 115, 126
훈령권 125, 262
휴직 144

1·21 사태 63
3·1운동 56
3·15 부정선거 63
4·19 혁명 63, 68
5·16 군사쿠데타 63, 268
8조금법 42
Frankpledge제도 70
Hundred제도 70
Tything(10인조)제도 70

저자 소개

남재성(南在星)

동국대학교 대학원 경찰행정학과에서 경찰학박사학위를 취득하고 현재 원주 한라대학교 학생처장 겸 경찰행정학과 교수로 재직 중이다. 또한 현재 사단법인 한국공안행정학회 편집위원, 한국범죄심리학회 편집위원, 한국경찰연구학회 편집위원, 한국치안행정학회 이사, 사단법인 대한범죄학회 이사, 강원지방경찰청 시민감찰위원과 원주경찰서 집회시위자문위원으로 활동하고 있다.

주요 관심 분야는 범죄 원인 및 대책, 경찰 정책, 교정학 관련 분야 등이다. 최근 논문으로는 "중소기업의 산업기밀 유출범죄 실태 및 대책"(2012), "이명박 정부 이후 보안경찰의 변화와 정책적 함의"(2012), "청소년의 사이버폭력 피해에 관한 연구"(2011), "아동·청소년 성범죄자 신상공개제도에 대한 부모들의 인식"(2011) 등 30여편이 있으며, 저서로는 『새경찰학개론』(공저, 2013), 『경찰학사전』(공저, 2012), 『현대사회와 범죄』(공저, 2011) 등이 있다.

이정덕(李廷德)

동국대학교 대학원 법학과에서 법학박사학위를 취득하고 경기대학교 대학원 경찰행정학과에서 박사과정을 수료했다. 현재 원주 한라대학교 교수로 재직 중이며, 한국테러학회 편집위원, 사단법인 대한범죄학회 편집위원, 사단법인 한국자치경찰연구원 이사, 지식경제부 기술표준원 산업표준심의회 범죄예방환경설계 전문위원, 대한범죄학회 편집위원, 원주시 정보공개심의회 심의위원 및 지식재산위원회 위원으로 활동 중이다.

주요 관심 분야는 테러, 지적재산권, 범죄학 등이다. 최근 논문으로는 "범죄수사의 신뢰성 확보를 위한 수사 이의신청제도 개선 방안"(2012), "공무원 부패에 관한 국가간 비교연구"(2012), "대학생의 지역사회 통제 및 무질서 인식이 민간조사업 도입 수용도에 미치는 영향: 범죄의 두려움을 매개효과로"(2012), "고위공직자비리 수사기구 설치에 관한 다면적 연구"(2012) 등 30여편이 있다.

경찰학개론 I

펴낸날 / 제1판 제1쇄 2013년 3월 15일
지은이 / 남재성 · 이정덕
펴낸이 / 임춘환
펴낸곳 / 도서출판 대영문화사
주소 / 서울 용산구 청파동 1가 178-2 ㊞ 140-869
등록 / 1975년 12월 26일 제3-16호
전화 / (02)716-3883, (02)714-3062
FAX / (02)703-3839
홈페이지 / http://www.dymbook.co.kr

ISBN 978-89-7644-435-6

〔값 15,000원〕